監視社会をどうする!

「スノーデン」後のいま考える、私たちの自由と社会の安全

日本弁護士連合会第60回人権擁護大会
シンポジウム第2分科会実行委員会＝編

日本評論社

はじめに

「情報は誰のもの？」
　これは昨年10月、日本弁護士連合会主催の第60回人権擁護大会シンポジウム第2分科会のタイトルだ。副題は「監視社会と情報公開を考える」。今日の様々な情報問題をばらばらに考えているだけでは全体状況を見失う。データ社会において私たちの個人データは誰にどのように利用されているのか、利用されようとしているのか。市民社会にとって重要な情報は社会に公表されているか。全体的に眺めることで現代社会に潜んでいる問題を考えようという企画だ。

　シンポジウムは、エドワード・スノーデン氏がインターネット中継で参加したこともあって、千人近い弁護士や市民が参加し大盛況だった。本書はこのシンポジウムの内容をよりわかりやすく再構成し、若干のその後を付け加えたものだ。

　冒頭にスノーデン氏のインタビュー内容を全文掲載したから、彼の問題意識がよくわかるはずだ。
　第1章以下は、分科会実行委員会（情報問題対策委員会、秘密保護法対策本部、共謀罪法対策本部、人権擁護委員会、消費者問題対策委員会、刑事法制委員会、公害対策・環境保全委員会、憲法問題対策本部の有志）のメンバーで、第1章（監視社会の何が問題か）、第3章（監視社会の実態――日本）、第4章（監視社会を進める制度）、第6章（情報公開による権力の監視）、第7章（調査報道による権力の監視）の執筆を分担した。このようなわけで、日弁連の公式見解は、日弁連の意見書などを除けば出てこない。
　また、シンポジウムのパネリストとしてご参加いただいた曽我部真裕氏には憲法論の観点から第2章（「監視社会と『二つの憲法論』」）、澤康臣氏には報道の今日的意義の観点から第7章4（「取材・報道の力で『逆監視』」）をそれぞれ論文の形で、スティーブン・シャピロ氏にはシンポジウム当日の講演内容である米国社会の実情を第5章（「監視社会の実態――アメリ

カ」）として反訳の形で、ご協力いただいた。

　本書のタイトル、「監視社会をどうする！」は、「情報は誰のもの？」という問いの先に見えてくる現代社会に私たちはどう向き合うかという問題提起である。

　本書は順を追って読む必要はない。興味のあるところから読み始め、そこから他に読み進んでいただき、最終的に全部を読んでいただくことで、読者がこの問題を考えるヒントになれば、著者らとしては幸甚である。

　　　2018年8月

　　　　　　　　　　　　　　　編者を代表して　　清　水　　勉

●——目　次

はじめに　iii

プロローグ
情報は誰のもの？……エドワード・スノーデン《インタビュー》　3
——監視社会の恐怖

第Ⅰ部　監視社会はなぜ問題なのか

第1章
監視社会の何が問題か……………………………田村智明　37
1　はじめに——37
2　パノプティコン——38
3　『デスノート』から監視社会を考える——39
　(1)　はじめに　39
　(2)　デスノートが作り出したパノプティコン状況　40
　(3)　パノプティコンの効果　41
　(4)　凶悪犯罪減少に潜むパラドクス　42
　(5)　複数の「正義」　42
　(6)　監視とマイナンバー　43
4　『1984年』における監視社会——44
5　プライバシー権の実質
　　——プライバシー権侵害によって失われるものとは何か——47
　(1)　スノーデン氏のプライバシー論　47
　(2)　表現の自由を支える権利としてのプライバシー権　48
　(3)　「人間の尊厳」を守る権利としてのプライバシー権　49
6　現代社会のパノプティコン——53
　(1)　はじめに　53
　(2)　フーコーの分析　53
　(3)　アレントの分析　54
　(4)　人生を危険にさらせ　58

第 2 章

監視社会と「二つの憲法論」 ……………………… 曽我部真裕 63
――憲法学から見た監視社会の問題点

1 はじめに――63
2 第一の憲法論――基本権論――64
  (1) 訴訟の意義と限界 64
  (2) 実践的な限界 65
  (3) 権利の制約に関わる問題 66
  (4) 小 括 68
3 第二の憲法論――統治機構論――69
  (1) 法律の留保論 69
  (2) 法律による規律のあり方 70
4 おわりに――71

第 3 章

監視社会の実態 ……………………………… 武藤糾明・瀬戸一哉 73
――日本

1 はじめに――73
  (1) サイバー犯罪捜査としてのインターネット監視 73
  (2) XKEYSCORE 74
  (3) 公権力によるその他のインターネット監視 76
  (4) 検 討 77
2 日本国内における監視の現状――79
  (1) イスラム教徒に対する監視 79
  (2) 大垣警察署警備課による市民監視 81
  (3) 自衛隊情報保全隊による情報収集活動 86
  (4) 情報機関による監視 89
  (5) 公安警察等情報機関への規律について 92
3 監視カメラの普及と高度化――104
  (1) 日本における監視カメラの状況 104
  (2) 公職選挙法違反事件捜査による隠し撮り撮影 105
  (3) 民間による監視カメラの設置・運用 106
  (4) 監視カメラの高度化――顔認証システムとの結合 108
  (5) 監視カメラに関する検討 111
  (6) 提言――自由な社会の確保のための法制度 113
4 GPS 位置情報を利用した監視――116
  (1) 私たちの位置情報の探知、記憶化 116
  (2) 位置情報取得による捜査の方法 116

(3)　最大判平成29・3・15判タ1437号78頁　119
　　　(4)　GPS捜査の法的問題　121
　　　(5)　GPS捜査の要件・手続の法定の必要性　124

第4章
監視社会を進める制度……………………………………海渡雄一　129
――秘密保護法、共謀罪

　　1　秘密保護法――129
　　　(1)　秘密保護法は廃止されるべきである　129
　　　(2)　民主主義と国家安全保障　130
　　　(3)　法と運用基準では秘密の恣意的指定を防ぐことができない　133
　　　(4)　ツワネ原則の定める秘密指定の基準の在り方　134
　　　(5)　アメリカの秘密指定の基準に関する規定　137
　　　(6)　秘密の指定有効期間と解除　138
　　　(7)　秘密保護の刑事的規制について　139
　　　(8)　第三者機関　143
　　　(9)　通報制度の不十分性　148
　　　(10)　人権侵害を生む適性評価　150
　　　(11)　結　論　152
　　2　共謀罪――152
　　　(1)　はじめに　152
　　　(2)　共謀罪反対運動が明らかにした共謀罪法の危険性とプライバシーの危機　153
　　　(3)　政府の提案には、濫用の危険が残っている　156
　　　(4)　共謀罪の捜査によるプライバシー侵害の危険性が著しく高まる　160
　　　(5)　政府は国連特別報告者や自由権規約委員会などの指摘に答えるべきである　162
　　　(6)　共謀罪を廃止するための運動の課題　163
　　　(7)　国連組織犯罪防止条約（TOC条約）と共謀罪　167
　　　(8)　国会に廃止法案が提案された　170

第5章
監視社会の実態………………………スティーブン・シャピロ《講演》　173
――アメリカ

第Ⅱ部　監視社会をどうするか

第6章
情報公開による権力の監視・・・・・・・・・・・・・・・・・・・・・・・・・・・・ 山口宣恭　189
──監視社会に抗するために市民ができること

1. 情報公開による権力監視の実情────189
   (1) 南スーダンPKO派遣部隊の日報廃棄問題　189
   (2) 学校法人森友学園への国有地売却経緯に関する書類廃棄、決裁文書の改ざん問題　192
2. 情報公開制度と公文書管理制度の現状と問題点────194
   (1) 情報公開制度の現状と問題点　194
   (2) 公文書管理制度の現状と問題点　196
3. 情報公開制度の抜け道としての「文書の不存在」の問題────197
   (1) 文書の作成・取得に関する問題点　198
   (2) 「行政文書」に当たらないとして情報公開の対象から外そうとする問題　199
   (3) 文書の保管に関する問題点　201
   (4) 文書の廃棄に関わる問題点　205
4. 真の情報公開を実現するために────208
   (1) これまでの日弁連の取り組み　208
   (2) 公文書管理制度の見直しをめぐる動き　209
   (3) 公文書管理制度改善の具体的方向性　213
   (4) 情報自由基本法の制定を　217

第7章
調査報道による権力の監視・・・・・・・・・・・・・・・・・・・・ 清水　勉・澤　康臣　223
──もうひとつの情報公開

1. 調査報道の持つ意味──権力監視の必要性────223
2. 国内の調査報道────224
   (1) リクルート事件（朝日新聞）　224
   (2) 北海道警察裏金事件（北海道新聞）　226
   (3) イラク派遣報道（中日新聞）　233
   (4) 加計学園をめぐる報道　235
3. スノーデン氏の内部告発とジャーナリスト、メディアの対応
   ──［海外の調査報道①］────241
4. 取材・報道の力で「逆監視」
   ──鍵は情報の自由、弁護士との協業［海外の調査報道②］────247

(1) 情報不自由社会・日本　247
　　(2) 情報抑制の落とし穴　251
　　(3) 意義ある報道を増やす方法　254
　5　報道への政府介入────258
　　(1) テレビに対する権力の介入問題　258
　　(2) 21世紀に入ってからも続く政府の介入　260
　　(3) 女性国際戦犯法廷番組改編問題　262
　6　調査報道の充実のために────267
　　(1) はじめに　267
　　(2) 知る権利の保障　267
　　(3) 記者クラブの機能　268
　　(4) 刑事裁判記録の閲覧制限の見直し　269
　　(5) 適正手続の保障に関する報道　271
　　(6) 取材源を守るということ　271
　　(7) 取材力を上げるための研究交流　272
　　(8) マスコミの連携　274

シンポジウムへのメッセージ……ヨハネス・マージング教授　277

情報は誰のためにあるのか……………………三宅　弘　281
　──おわりにかえて
　1　危機的状況に抗して────281
　　(1) 新たな戦時立法の動きに対する日弁連の取り組み　281
　　(2) 超監視社会とプライバシー権・知る権利の意義　283
　2　公文書管理をどうすべきか────285
　　(1) 次々に明らかになる問題　285
　　(2) 行政の透明性と説明責任を確保するために　287
　　(3) 知る権利の再構成と公文書管理　288

日本弁護士連合会第60回人権擁護大会シンポジウム第2分科会実行委員会［名簿］　289

執筆者一覧　290

プロローグ

情報は誰のもの？
―監視社会の恐怖―

プロローグ

情報は誰のもの？
――監視社会の恐怖

エドワード・スノーデン　Edward Snowden《インタビュー》
笠原一浩　金　昌浩　鈴木雅人　二関辰郎　牧田潤一朗　［訳］

［訳注］本稿は、2017年10月5日に大津市で行われた日本弁護士連合会第60回人権擁護大会シンポジウムにおいて、エドワード・スノーデン氏に対して行ったインタビュー（インタビュワー：金昌浩（弁護士））の記録を本人に確認いただいた後、訳者が和訳したものである。

1

――こんにちは。

スノーデン　（日本語で）コンニチハ。

――本日は日弁連が主催する人権擁護大会にご参加いただきありがとうございます。日弁連は人権大会を毎年開催しており、今年のテーマの一つは、監視社会と情報公開に関するものです。こうしてスノーデンさんに参加していただき嬉しく思います。
　私の後ろには、1000人近い方が、あなたとのディスカッションを楽しむために集まっています。また、今回のインタビューは、あなたとの関西地域での初めてのライブインタビューになります。日本では、昨年（2016年）初めてあなたとの間でインタビューが行われ、当該インタビューの内容は書籍になりました[*1]。また、日本では、あなたについてのオリバー・ストーン監督の映画[*2]が2017年1月に公開されておりまして、監視社会の問題は引き続き注目を集めています。
　さて、監視の問題と、市民に何ができるのかについての議論に入る前に聞

きたいことがあります。あなたはロシアから今日この会場に参加されていらっしゃると思いますが、ロシアでの生活がどういうものなのか、たとえば、買い物に行ったり、街の人と話したりすることはできるのかについてお話をいただけますでしょうか。また、昨年（2016年）日本でライブインタビューを行った後に、アメリカではトランプ氏が大統領になりましたが、そのことがあなたの生活に影響を及ぼしたかどうかについてもあわせてお話いただけますでしょうか。

スノーデン　大統領が変わることで、私の生活に直接の影響があるわけではありません。なぜなら私が果たしている役割は、このような声が社会に存在するということを伝えることにあって、私は、実際の政策を直接変更したり、政策に影響を与えたりするような活動は行っておりませんので。一般の人々は、私がまだ何か重要な情報を持っている、と誤解しているかもしれません。でも、もう私は文書を持っているわけではないのです。私の戦略と計画は、こうした文書をジャーナリストに提供することにありました。私自身、アメリカ政府による監視活動に自分なりの強い意見や感情を抱いていましたが、ジャーナリストであれば、一連のプロセスから私の感情や偏見を取り除いてくれると思っていたからです。私は、自分の見た政府の活動は犯罪行為だと強く信じていました。しかし、その文書は高度の機密情報でしたので、扱いを間違えたらどうしようか、とも心配していました。私の判断がおかしかったらどうしよう。私が過激な行動に出て、一般市民が知るべき情報と知るべきでない情報について間違った判断を下した結果、他の人に被害が生じたらどうしようかとも心配していました。

　ですので、自分で判断する代わりに、ジャーナリストと一緒に行動することにしたのです。私がジャーナリストに情報を提供して、事実は何で真実は何であったかについてジャーナリストに判断してもらい、私の個人的な感情は排除してもらうわけです。ただし、ジャーナリストに情報を提供するにあたっては、伝える事が公共の利益になると彼（女）らまたは彼（女）の組織が判断した記事だけを公表することを条件としました。つまり、記事を出すに際しては、単に興味深い情報だとか、ニュース性があるというだけではなく、強い公共の利益があり、一般市民がこの情報を知るべきだと信じていなくてはならないということです。このような私の判断には、単に哲学的あるいは利他的なものではなく、強い個人的な理由もあ

プロローグ　情報は誰のもの？──監視社会の恐怖　5

エドワード・スノーデン氏

りました。なぜなら、私が香港から亡命先として希望していた南米に向かっていた際には、ロシアは目的地に入っていませんでした。アメリカは、私が香港を出た後に私のパスポートを無効にし、私をロシアに閉じ込めました。また、それ以来私がロシアから移動することを認めていません。でもここで、重要なのは、もし私が機密情報を持っていたとすれば、私が移動することになるすべての空港において、逮捕される危険性があったということです。逮捕するのは、アメリカ政府だったかもしれませんし、ロシア政府、フランス政府、キューバ政府、エクアドル政府だったかもしれません。つまり、これらの政府から「我々にあなたの持っている情報を渡さなければ、あなたは移動することもできないし、自由になることもできない」と言われる可能性があったわけです。

　こうした事態を防ぐ唯一の方法は、機密情報を持たないようにするという対応でしたので、私はこれを実践したまでのことです。さて、ロシアで移動することができるのかという質問に戻りますと、私は特にロシア政府に許可を求めることなく移動することができますし、私の生活が政府に管理されているわけではありません。私は、自分の安全と引き換えに、ロシア政府やその他の政府と取引をしたことはありませんし、これからもそうした取引はしません。そうする必要がないためです。また、もしそうした取引をしたかったとしても、私には情報がなかったから、取引はできなか

ったでしょう。これは私がもともと計画していたことです。ですので、私は、亡命という非日常的な状況で生活している者としては、きわめて日常的な生活を送っているといえるでしょう。たとえば、私は他の人と同様に地下鉄にも乗れます。あなたがモスクワにいれば、電車に乗っている私を見かけることもできるでしょう。

2

――ありがとうございます。続いて、米国国家安全保障局（NSA）の監視と社会への影響への質問に移りたいと思います。実はあなたとのインタビューに先立って、スティーブン・シャピロ弁護士から、外国情報監視法（FISA）第702条に基づくメタデータの収集等も含めて、NSAの監視について概括的に説明をしていただいております（→本書第5章）。そこで、あなたにお伺いしたいのは、果たして、NSAは集めた情報を有効に分析し利用できていたのかという点です。また、収集された情報について、NSAによる濫用の危険はなかったのかという点についても合わせて伺いたいと思います。

スノーデン　まずは、濫用に関する質問から回答させてください。そちらの方が簡単ですので。はっきりさせておく必要があるのは、「情報の濫用のおそれがないか」という問題以前に、実際に情報が濫用されていることが明らかになっているということです。たとえば、ブッシュ政権の下で最高レベルのセキュリティクリアランスを得ていたイスラム系アメリカ人が、政治的信条と信仰を理由に、何年間にもわたって監視されていました。監視されていた方は、訴追されたこともありませんし、裁判手続に乗ったこともありません。我々の知る限り、彼らは何の罪も犯していません。

　にもかかわらず、こうした監視活動が何年にも渡って続いていたのです。ただこの問題はこの位にしておきましょう。ムスリムの宗教的自由や、政治的信条の問題はアメリカではセンシティブな問題ですので。では、それほどセンシティブでない問題の場合にはどうだったのでしょうか。NSAの内部で、LOVEINT（ラビント）と呼ばれている活動があります。これは、恋人に対して大量監視システムを使って情報を集めるという活動で、彼女があなたと話していないときに電話で何を話していたのかを調べるという活動です。NSAの権限濫用について議論している過程で、このような活

動が行われていたことがアメリカ政府によって明らかにされました。このような活動が12回以上行われていたのです。これはもちろんアメリカでも重大な犯罪になります。政府の権限を使って他人の情報を違法に収集するという行為は、1回の違法違反行為につき、10年程度は服役するべきだと思いますが、こうした行為が何回にも渡り繰り返されて来たのです。

　しかし、こうした行為が重罰に値する重大犯罪であるにもかかわらず、こうした活動に関わった者は誰一人訴追されていません。当然疑問が生じます。彼らは法を破り、政府もそれを知っていて、政府も彼らがしたことを認めているのに、彼らはなぜ自分達が行った活動の責任を問われないのかという疑問です。その答えは、政府がスパイ活動においてどのようなことが可能なのかを明らかにしたくない、という点にあります。政府は、一般市民に、アメリカ人か外国人であるかを問わず、電話から送られるショートメッセージの内容を政府が見られるということや、電子メールの内容も政府が見て保存することができるということを知って欲しくないのです。また、権限を濫用した本人が、私が間違ったことをしましたと自己申告しない限り諜報機関はこうした行為を知らなかったことを、一般市民に知って欲しくないのです。

　こうした状況が、「法律に違反した政府を罰することができるのは政府だけ」という問題のある構造を生み出します。もちろん、問題状況はこんなに簡単ではありませんが、このことから、別の問題が持ち上がってきます。

　NSAのプログラムは途方も無い能力を持っています。あなたが選んだ一般人の通信を、技術的にはすべて読むことができるのです。合法性や政策論を議論する際には、「こういう規制があるから、通信にアクセスできる場合は限られてくる」という議論もあり得ます。しかし、技術的には、アメリカ人であれ、日本人であれ、すべての通信は、同じシステムを経由していて、このシステムにアクセスできる者がいるわけです。また、政府も知らない間に、こうした通信にアクセスしたということを隠すこともきわめて簡単にできるのです。これは明らかな事実です。実際私の行為を例にとっても、政府は今に至るまで、私がどの程度の文書、通信記録、報告書等にアクセスし、ジャーナリストに提供したのかについて、よくわからないと主張しています。非常に有名な事件であり、4年間もの調査期間を

費やしているにもかかわらずです。たとえば、政府に知られていない誰かが、ごく一部の情報について、秘密裡にアクセスしたらどうなるでしょうか。現実には、今の政府にはそれを知る術はないし、このような情報へのアクセス権限を管理することもできません。諜報機関の職員は、こうした権限を、もっとも秘匿性の高いプライベートな情報を明らかにするために使うことができてしまうのです。

　このことから、次の問題が持ち上がってきます。そんな信じられないような能力があり、非常に粗い制限や濫用防止措置しかないとすると、テロの問題を解決できるのでしょうか。攻撃が起きる前にそれを予想して予防できるのでしょうか。残念ながら、現実はそんなに甘くはありません。私が監視プログラムを2013年6月に暴露したときから、当時大統領だったオバマ政権は、非常に大きな批判を受けましたが、政権は同時にこのシステムを守り、自分たちの政策を擁護し、自分たちは正しかったと言い張る必要性を感じていました。そのため、政権は、二つの独立した委員会を設置しましたが、*3 この委員会の委員はホワイトハウス、すなわち、大統領によって任命されていました。

　この委員会も政府の仲間であって、政府に対する真の批判者ではないのです。委員の中には、たとえば、CIAの前副長官を務め大量監視を批判するどころか支持していた者まで含まれていました。政権は、こうした人々に機密情報への全面的なアクセス権限を付与しました。委員は、FBIや、CIA、NSAに対して、あなた達が今までこのプログラムを使って行ってきたことのすべてを見せてください、あなた達が防いだ攻撃をすべて教えてください、あなた達が救った命の数を教えてください、と要求することができました。そして、二つの組織が同じような調査をして、最終報告書を作成しました。多くの人々が関わった報告書の中で、意見の一致を見た点がありました。それは、大量監視プログラム、特に、あなたが誰と、どこで、どの程度話したのかという電話記録の大量保存プログラムは、アメリカにおけるテロ攻撃を1件たりとも防ぐことはできなかったという点です。これは驚くべき報告内容です。これらのプログラムは、10年以上にも渡って秘密裡に運用されていたにもかかわらずです。

　私の記憶が正しければ、この報告書が書かれたのは、裁判所がこれらのプログラムは非合法で停止すべきだと命じるよりも1年以上前のことだと

思います。でも基本的に言っていることはシンプルです。すなわち、公にされている情報または機密情報のいずれからも、大量監視が、人命救助に役立ったことはなかったということです。

　公共の安全を守るために有効な監視の方法は、対象を限定した監視だけです。対象を限定した監視とは、ありとあらゆる人の情報を集める代わりに、特定の人の情報だけを集めるというものです。私たちが知っている者や、犯罪者やテロリストだと疑っている者の、携帯電話を傍聴するというような方法です。世界中のありとあらゆる人の電子メールを読む代わりに、特定の人のメールを読むという方法です。

　しかし、こうしたありとあらゆる情報を収集することは、政府にとっては意味がないわけではありません。このことが問題が複雑になる要因です。日本政府であれ、ロシア政府であれ、アメリカ政府であれ、あらゆる政府は、権利の侵害を伴う監視政策を正当化しようとしますし、監視の権限を欲します。その際には、人命救助や、公共の安全を保つといったことが理由としてあげられます。しかし、それは間違っています。

　こうしたプログラムを政府が欲する本当の理由は、一般市民の何気ない情報を集めるためです。たとえば、監視プログラムを濫用して恋人の活動を監視したり、アメリカ政府内部のイスラム系アメリカ人の例に見られたように政府の一員の活動を監視したりするためです。あるいは、市民権運動の時代に政府がキング牧師を監視していたように、政治的に対立する者を監視するためかもしれません（政府は、キング牧師をアメリカの国防上2番目の脅威だと認識していました。「I have a dream（私には夢がある）」という有名な演説を行った2日後には、1番の脅威に格上げしました。）。

　我々が理解すべきは、これが現実だということです。政府は、たとえ最も正確あるいは最も真実だと考えられる主張でなくても、自己の権限を正当化するために最も説得力があると考えられる主張をいつも行うものです。政府は、実際にはテロの防止には役立っていないにもかかわらず、テロ対策を理由に監視プログラムを正当化し、情報収集の権限を確保しようとします。時にはそのような正当化が当たっている時もあるし、外れる場合もあるでしょう。私は、政府が監視の権限を常にとんでもない場面で用いていると言っているわけではありません。場合によっては、敵の活動を一般的に監視したり、ライバルまたは競争相手である他国の政治的人物の活動

を監視する場合もあるでしょうし、適切な場合もあれば、不適切な場合もあるでしょう。

　しかし、こうした類の活動は、本来は裁判所の許可を得て行うべき活動です。秘密の権限は不要なはずです。こうした対象が限定された情報収集活動を行うためには、一方的にどんな活動も行えるような権限は不要なはずです。たとえば、北朝鮮によるミサイル発射に責任がある北朝鮮の将軍が、監視対象として適切でないなどという裁判官は、世界中探してもいないでしょう。

　こうした諜報活動において、秘密の権限や、秘密の裁判所が必要とされる唯一の理由は、こうした活動を監督するレベルや、こうしたプログラムに適用される審査のレベルを下げること以外にはありません。そして、こうした監視活動に対する監督機能の低下は、たとえ当初プログラムが正当な目的を持って設計されていたとしても、権限の濫用をもたらすのです。こうしたプログラムが正当に用いられるための唯一の方法は、こうしたプログラムに適用される規制や、監督、審査のレベルを非常に高く設定することしかありません。監視活動は政府が利用できる権限の中でも、最も権利侵害の度合いが高い活動です。こうした活動は、本来は最終手段のはずです。監視を容易にし、監視のコストを下げると、監視は当たり前のように広まってしまいます。

　監視活動が広まることは一般市民にとって危険というだけでなく、究極的には民主主義にとっての危機を意味します。なぜなら、政府が一般市民の集合体以上の権力を持ってしまうと、市民自らが作った組織に対する市民的コントロールが不安定で脆弱になってしまうからです。

3

——ありがとうございます。次に、私たち日本の組織または人々に対する監視の問題に移ります。まず、対象を限定した監視について質問し、次に大量監視の問題とそのことが日本の人々に対して持つ意味について聞きたいと思います。2015年にウィキリークス[*4]とThe Intercept[*5]が、「ターゲット・トーキョー」（Targeting Tokyo）と呼ばれる何枚かの文書を暴露しました。この文書は、NSAが日本の省庁、日本銀行、三菱などの大手商社など合計35回線を

長期にわたって盗聴していたことを公表しました。

　こうした活動は対象を限定した監視の例だと思いますが、これは、NSA が日本の組織に行ってきた監視活動の氷山の一角なのでしょうか。また、気になっていることとして、それ以前には、NSA はどのような監視活動を日本に対して行ってきたのでしょうか。また、NSA が日本の企業や組織に対する監視を行う場合、もちろんほとんどの文書は日本語で書かれていますが、NSA のプログラムやインターフェイスは、翻訳機能を持っているのでしょうか。NSA はこのような日本語の情報をどのように分析するのでしょうか。

スノーデン　まず初めに、私は機密情報を自ら直接暴露はしないという個人的方針を持っていることをお伝えしておきます。情報の公開は、ジャーナリストの判断の下でなされるべきであると私は常に考えています。ですので、ここで私は、新しいことはお話ししません。他の団体がすでに公表したことや、新聞などで公開されていることに関してだけお話しすることにします。ただ、いまご質問いただいた問題に関しては、数年前に、公共の安全やテロリズムとは関係のない経済的スパイ活動が行われていたということが、すでに報じられています。確か、NSA が、組織を対象にしたスパイ活動を行っていたという内容だったと思います。正確な会社名は思い出せないのですが、三菱の石油関係の会社のようなものとか、経産省の高官や国交省の高官などが対象だったと思います。これは一般の人々にも理解してもらいたい重要なことです。なぜなら、私たちは、諜報機関や監視に関する政策レベルの議論をする場合、日本であれ世界のその他の場所であれ、警察についての議論をするからです。あるいは、安全保障や安全の問題について議論をすることもあります。しかし、実際には、こうした分野は、諜報機関の任務のごくわずかな部分にすぎないことをお伝えしておきたいと思います。諜報機関の行う反テロリズム関連の活動はわずかに過ぎません。彼らがしていることの大半は、単に人々を監視することで、彼らはそのために同じ装置を利用しています。基本的に警察を手伝うために彼らが作った装置と同じものがスパイ活動に利用され、貿易交渉における優越的地位を得るためといった用途に利用されています。このことは、攻撃的な軍事政策を持っていない日本のような国には非常に重要なことです。日本の人々は、世界における影響力を大きくし、自分の将来を守るための手段としては、経済分野の競争で勝つしかありません。それゆえ、も

し人々が公正に競争しておらず、ルールに従わずに競争しているとすれば、それは日本の皆さんにとっては、本当の危険を意味します。

ここで問題にしたいのは、アメリカが日本を経済的にスパイすることは正しいのか、ということです。これは難しい問題です。証拠があるにもかかわらず、アメリカは、そのようなスパイ活動は行っていないと言っています。しかし、もちろんアメリカはやっています。無視できない証拠があるのです。我々が問うべきは、日本は経済的利益のためにスパイをしているのでしょうか、という問題です。そして、ドイツは、フランスは、中国はどうなのか、という問いです。たとえ違法で不適切であっても、各国がそのような活動を行うことが、現在の世界で一般的な状況になってもよいのでしょうか。

私たちにはもちろん法の支配があり、実際に世界では法律が適用されています。でも、この会場にいる多くの方は、権力者が明らかに何らかの法律に違反しているのに、彼らが起訴されることなく、あるいは罪に問われることもないことを見たことがあるでしょう。もしも彼らが、権力者ではなくて、権力や影響力も持たず、色々なリソースやお金も持たない一般市民であったら、同じ違反行為によって間違いなく起訴されているでしょう。

同じような力学が、監視の問題にも働いています。今起きていることは、正しいのか、悪いのか、という問題を生じさせているのです。批判や改革の圧力に直面しているスパイ組織は、質問に答えたり、自己弁護をする中で、「あなたは我々にどうしてもらいたいのか」と言い返してきます。「他の国々は、経済的利益のために我々をスパイしています。あなたは、我々が彼らをスパイするのを止めて欲しいのですか。もし、そうすると、我々は一方的に武装解除することになりますよ。他者が武器を拾っている中で、我々だけが武器を捨てることになります。そうすると、我々は競争力を失うでしょう。」といった具合です。

私たちの直面している問題は、これは正しい議論なのか、ということです。歴史を通じて、人権を侵害してきたあらゆる違反行為について同じような主張がなされてきましたが、このような主張はミスリーディングであると私は考えています。いずれかの国が、最初に奴隷制を廃止しなければなりませんでした。いずれかの国が、最初に女性にも参政権を与えなければなりませんでした。こういったことは誇るべきことであり、恐れるべき

インタビューの様子

ことではないのです。誰かが人権の問題でも先陣を切ることを通じて、私たちは新しい世界に移行してきたのです。同じように、絶え間ない衝突や抑圧が続き、勝者と敗者しかいないゼロサムゲームの中で、スパイゲームの勝者とスパイにより権利を侵害された者しかいないという世界は終わりにし、誰もが協力して利益を得られる積極的な環境を創造する必要があります。

このようなことはユートピア的発想で、まじめな考えではないなどと言う必要はありません。もちろん、中国は日本の技術等を盗みたいと考えているので、中国は日本に協力をしないでしょう。しかし、ここで重要なのは、我々のスパイ能力をいかに向上させるかに注意を向けるのではなく、我々の防御能力をいかに向上させるかを考えるということです。

今の世の中では、誰もがサイバー戦争や、コンピューターのセキュリティの欠如の問題について語っています。この問題に対する答えは、より多くのスパイ活動をすることではありません。ロシアのハッキングチームや中国のハッキングチームの活動を妨害して、彼らの一歩先を行けばよいというものではありません。それは、いたちごっこにすぎないのです。もし、我々がそうした妨害活動をすれば、今度はロシアや中国が、あなたのハッキング部隊を妨害してくるでしょう。それは、終わらない戦いの悪循環に過ぎません。ここでの答えは、より多くの資源を投入して我々のシステム

のセキュリティを向上させ、ハッキングをすることが経済的に見合わないようにさせるということです。

　あと1点だけ指摘しておきたいと思います。それは、なぜ、こうした活動が広く行われるようになったのかという力学に関することです。なぜ、こういった活動が世界のあらゆる国で起こるようになったのでしょう。なぜ、スパイ活動をより難しくするのではなく容易にする法改正がなされているのでしょうか。何らかのスキャンダルが暴かれ、今では法律書でも紹介されているような諜報機関による違法行為が明らかになった場合、諜報機関の活動を法律に適合するように変更するのでなく、むしろ、法律を諜報機関の活動に合わせて変更するのはなぜでしょうか。このことは私たちが望んでいることの逆なはずです。

　なぜ、このようなことが起こるのでしょうか。この問いに答えるためには、再び、実行の容易性の問題に戻る必要があります。今日では、数百万、数千万、数億の人々をスパイすることがあまりにも安価なコストで、簡単に行えます。あなたがしなければならないことは、小さなシステムを構築し、いくつかの設備を準備し、そうした設備をドコモとかNTTなどの通信業者に設置するだけです。こうした設備は、小さな組織には非常に高価でしょうが、政府にとってはきわめて安価なものです。こうするだけで、国内全体の通信を把握することができるのです。国境を通過する外国の通信も見ることができます。

　最初から暗号のレベルを上げて端末相互間で暗号を利用すれば、通信事業者は通信を読むことができなくなり、もともと意図していた通信の相手だけが読めるようになります。電話をした人と電話を受けた人だけが会話を理解できます。もし、見えないような形で、自動的に、全世界的にこのように暗号を掛けることができれば、監視技術はより費用がかかるようになります。現在、政府はこうした事態が始まっていることを認識しています。技術的進化が今まさに起こっているのです。たとえば、WhatsAppというアプリを携帯に入れて使っている人は、これらの暗号化された通信を最初から使っています。あなたはそのことに気づかないでしょうが、そうなっているのです。政府は、こうした技術を恐れています。なぜなら、政府はすでに監視のために費用をかけていますが、かけた費用を回収したいと思っているからです。しかし、こうした暗号化は危険であるとか、問題

であるとする政府の主張に説得されないよう注意する必要があります。なぜなら、暗号化は大量監視を止めるだけだからです。暗号化は、対象を限定した監視をできなくするわけではありません。これは技術的な話なので、もし皆さんが、それはなぜなのかに関心があるようであれば、後ほどこのことに触れたいと思います。しかし、ここでお伝えしたいのは、監視のコストを高くすることで、政府に対して、最も危険な人々や最も正当な監視対象に焦点を絞るようインセンティブを与えられるということです。そうすることで、普通の人々、あなたのおばあさん、子ども、ジャーナリストなどまで監視することは、単純に費用的に見合わないことから、もはや監視の対象にならなくなるのです。それは良いことであり、悪いことではありません。

4

――ありがとうございました。それでは、続いて XKEYSCORE についての質問に移りたいと思います。XKEYSCORE については、今年の NHK と The Intercept の報道によって日本でも明らかにされています。[*6] 今、私の手元には、The Intercept によって明らかにされた、米国政府が XKEYSCORE を日本の防衛省に提供したことを示す一つの文書があります。XKEYSCORE とは何なのか、どのような情報を収集できるのか、また、NSA が日本政府に XKEYSCORE を提供することは何を意味するのかについてお話し頂けますでしょうか。

スノーデン XKEYSCORE の件についてよく知らない人にとってみれば、それはおかしな造語のように聞こえると思います。実際そうなのです。XKEYSCORE というのはコードネームで、中心となる一つの場所でインターネットや携帯電話通信ネットワーク全体を監視するために NSA によって構築された大量監視システムのことを指しています。NSA がやりたかったことは、いわばスパイのための一種の Google を作ることでした。そして、このシステムの背景にあるアイディアは、人々の通信を盗み見ることが出来る世界中の様々なプラットフォームです。先ほど、NTT やドコモに仕組んである幾つかの装置について話をしましたが、ここで指しているのは、アメリカにもある同様の装置のことです。NSA は同様の装置を

AT&Tや Verizon にも仕組んでおり、同様の装置を英国、カナダ、オーストラリア、ニュージーランドの彼らの提携パートナーである電話会社にも仕組んでいます。幾つかの地域や状況下においては、日本のように装置を置いてくれる国から承諾を得て、その情報を共有していたところもあります。NSA が行っているのは、そうしたグローバルなネットワークを通過する際に、情報のすべてが雨のように降り始める状況を作ることにあります。雨は絶えず降り続き、通信の滴がバケツに入ります。誰かの信号は情報通信網を通過する際にコピーされ、バケツに格納されるのです。バケツに入ると、それは Google を使用するのと同じくらい簡単に誰でもいつでも検索することができます。これが XKEYSCORE の中心的なアイデアです。これは監視の歴史の中でも比類のない規模での通信情報を収集し、使用に際しても、専門家が必要ない状態を作り出しています。幾人かの科学者しかこれにアクセスできないという状況とは違うわけです。このシステムを通じて、本当に沢山の職員が検索できる状態になっています。

　このシステムは、諜報機関の通常の業務を、非常に困難で、対象が非常に限定された標的型監視から、非常に簡単で単純な無差別の大量監視に変えてしまうものです。これこそが XKEYSCORE の本当の危険性といえるでしょう。

──XKEYSCORE に関し技術面からの質問があります。私たちがメディアや映画から得ている情報からは、XKEYSCORE は、英語で書かれた情報を収集するためのプログラムやインターフェースだとされています。しかしながら、日本に関していうと、日本語の壁がありますので、XKEYSCORE が日本語で書かれた情報を収集して分析する能力を持っているかどうかは疑問があります。もし、現在そうした日本語の分析ができないとしても、専門家の視点から見て、日本語を含む他の言語に合わせたプログラムを作ることは可能なのでしょうか？

スノーデン　これは興味深いことです。先ほどお話ししましたが、バックエンドシステムのすべてを検索できるフロントエンドシステムというべきもの、それが XKEYSCORE の機能の実態です。ここでバックエンドシステムというのは、世界中のワイヤーの周りに配置されたバケツのすべてと考えることができます。そこから人々の会話が漏れていくのです。

XKEYSCOREがあれば、いくつかの検索情報を送信し、異なるバケツの中のすべての情報を同時に見ることが出来ます。

　面白いことに、ここでは（言葉による）検索の必要はありません。あなたが日本語でインターネット通信を通じて会話する場合、数値で示された自分のコンピュータのアドレスを検索することができます。そして、その日にあなたが送ったすべてのコミュニケーションを、私は、即座に見ることができます。あなたが朝起床してすぐiPhoneのボタンをタップすると、あなたの目に触れぬ状態でiPhoneは作動し、あなたの電子メールをチェックします。私はその通知を受けるわけです。iPhoneは、（あなたとともに）外出し、自分が世界のどこにいるかを知らせてくれるので、あなたがどこにいるのか、在宅なのか、仕事中なのか、現在どのネットワークを使っているのかを確認します。あなたが最新のニュースをダウンロードすると、XKEYSCOREの使用者はあなたがどのようなニュース記事を読むかがわかります。インスタントメッセンジャーなどにメッセージがあるかどうかを確認することもあります。あなたの言語で数多くのことを話さずとも、こういった小さなことのすべてをXKEYSCOREを使って把握することができます。こうした情報を、あなたの人生のパターンと表現しています。

　私は、あなたの携帯電話の電源が入ったときにあなたが目を覚ましたとわかります。私は、あなたの携帯電話がオンからオフになるタイミングで、あなたが夜寝る時間がわかります。また、あなたが旅行中であることもわかります。なぜなら、あなたの携帯電話がネットワークからネットワークに移動するのを見ることができるからです。あなたが取るルートもわかっています。あなたと同じルートを辿って旅行する他の携帯電話もわかります。この機能から、あなたの妻や夫、さらにはあなたの子供の携帯電話を特定することができるでしょう。こうしたことは、言葉とは関係なく行えます。

　しかし、その上でなお、言語の問題にどう対応しているのかという疑問が生ずると思います。これには二つの方法があります。一つ目について、NSAは世界で最も高度でアグレッシブな情報機関であることを理解する必要があります。世界の他の諜報機関には、そのような対応を行う予算はありません。NSAは数十億ドル規模の予算を持っており、その結果、自動翻訳ソフトウェアを持っています。皆さんはインターネットでGoogle

翻訳を見たことがあると思いますが、NSA は内部で独自の翻訳ソフトを持っています。そして、情報を得るたびに、自動的に英語に翻訳されていきます。もちろん、今は完璧ではありません。しかし、こうした翻訳機能は机の上に座っているアナリストが対応できるようにするためのもので、完全に正確でないとしても、興味深い情報なのかどうかはわかりますし、必要な場合には当該情報を送信することも可能です。送信する宛先は、NSA 内部の専門翻訳チームです。NSA には、世界の重要な言語すべてについて言語学者がいます。これが二つ目です。南アジアの非常に小さな部族の言語でさえ専門家がいます。もちろん、日本語の専門家もいます。

しかし、重要なことは、NSA が日本語を理解できるということではありません。日本は経済的に重要な国ですので、元々あらゆる諜報機関は日本語を理解できます。重要なことは、アルゴリズムが十分に進歩すると、デバイスが数値的な情報を発してくれるので、人々が何を話しているかに注意を払う必要がなくなる、ということです。デバイス同士は、非言語の通信プロトコルを通じて通信していますが、それにより、日本語で書いた内容以上のことがわかってしまうのです。

──ありがとうございました。次に、XKEYSCORE プログラムが日本の防衛省に提供されたという話題に戻りたいと思いますが、これは日本政府が何らかの監視活動に従事していることを示唆しているのでしょうか。あなたは日本の政治や日本政府による監視活動の専門家ではありませんが、技術者の視点から見ると、NSA が過去行い、あるいは今行っているような監視活動は、日本政府にもできるものなのでしょうか。

スノーデン ここで問うべきなのは、ある国が大量監視を可能にするソフトウェアの提供を他の国に求める場合に、なぜそれが必要なのか、なぜそれを求めているのか、ということです。こうした文書が出てきた際の、日本政府の対応は残念なものでした。こうした活動が行われていたという証拠が出てきたときに、日本の官房長官は──たしか菅義偉氏だったと思いますが──、ジャーナリストからの、この件についてどう認識しているか、なぜこうした活動を行っていたのかという質問に対して、質問に答える代わりに、文書の真正性を確認することはできず、本物かどうかも分からないので、回答をすることはできませんと答えました。これは本当にばかげ

ています。その場にいたすべてのジャーナリストは、官房長官を笑い飛ばすべきでした。完全に無礼な姿勢を国民に対し公然と示すとともに、我々には答える必要がないので、国民に対し何が起こったかを伝えるつもりもない、というおざなりかつ不誠実な姿勢を示したわけです。こうしたごまかしは屈辱的とも評すべきものです。

　これは民主主義の危機です。なぜなら、この背後にある真のメッセージは、私たちは、本当は国民のために働いているわけではないので、国民に対して応答する義務はない、ということだからです。しかし、本来民主主義においては、政府は国民のために働くことになっています。民主主義が機能している社会では、政府は国民に対し応答しなければなりません。実際、米国政府はこれらの文書の真正性に疑問を呈しませんでした。米国政府は、これらの文書の公表後、法律を改正し、一定の特定の状況下における監視プログラム、具体的には、愛国者法第215条に基づく監視プログラムを終了させました。

　これらの文書が本物かどうか疑義があるという、日本の防衛相や他の政府関係者の主張は真実ではありませんし、説得力もありません。これらの文書が本物であることは疑いようのない真実であり、それはこの文書の出所であるアメリカ政府が、文書公開後に、自らの方針や対応を変更していることからも明らかです。

　次に、問題の核心に移りましょう。日本政府はこうした装置を使って何をしていたのか、またなぜそうした活動を行っていたのか？　私は日本政府の暗号関連の諜報機関で働いていたわけではないので、これは、具体的にはお答えできない事柄です。私がお話できるのは、福生市に住みながら近くの横田空軍基地に勤務していた経験に基づくことだけです。私は、アメリカ国防総省日本代表部の部隊で働いていましたが、この部隊は日本政府の暗号関連の諜報機関である防衛省情報本部と密接に協力しながら仕事をしていました。

　そして、アメリカ国防総省と日本の防衛省との間で、文書に表れているような取引がなされています。私は、日本政府がこのシステムによって日本のすべての人の権利を侵害している、と言っているわけでありませんし、日本政府が、悪意のある目的のためにこのシステムを使用していたと言っているわけでもありません。もしかしたら、良い目的のために使われてい

たのかもしれません。しかし、もし良い目的のために使っているのだとすれば、日本政府は少なくともそれを一般市民に説明するべきでした。そうした説明をすることは、以前に比べると、今日ではずっと簡単なはずです。真実か否かはともかく、「北朝鮮との緊張が高まっている」「日本人が脅威に直面している」といった説明はできたはずですし、日本の国民は政府によるそのような説明を喜んで受け入れたかもしれません。一般市民とは、そのようなものです。

　現在の状況では、日本国民が、政府のこのような監視活動を支持する可能性が非常に高いでしょう。「我々は新しい監視システムを開発しています、我々は法律を変更して監視システムを使いやすくします。なぜなら、皆様の安全を保つために必要だと信じているからです」といった説明はあり得るでしょうし、こうした説明をすることはきわめて容易なはずです。しかし、政府がこうした説明すら拒んだ事実そのものが、国民の懐疑心や、疑惑の原因となります。また、いずれは国民の抗議にもつながると思っています。なぜなら、理由さえ説明せずに、国民の権利を秘密裏に侵害することは、不合理であり、正当化できないことだからです。

　ここで私が最後に述べておきたいのは、2013年以降ここ数年間の日本の法律の改正の状況です。この間、日本政府は、野党の反対や一般市民の反対する声を押し切って、秘密保護法を制定し、新しい共謀罪を作り出すことを意図的に選択してきました。政府機関が今まで段階的に採用してきた政策をまとめてみると、日本の警察の情報機関がいつどこで監視を行えるのかに関する従来の制限を取り払ってきたことがうかがえます。

　私は日本についての専門家ではないので間違っているかもしれませんが、みなさんがいる会場には多くの専門家がいると思います。私の認識する限りでは、人々のプライバシーを守るために日本で提案、討議、制定された新たな保護手段はないと思います。日本の憲法改正に関する議論を聞いていると、国民がこれまで恩恵を受けてきた、国民が望まず犠牲を強いる戦争を政府が始めないようにするための保護措置を取り除くことばかりが議論されているように思います。実際、こうした制約は取り除かれつつあります。しかし、日本の市民のプライバシーの権利を主張して、これを保護していくための新たな保護手段を導入することについては、議論されていません。

他の国に比べて、こうしたプライバシー保護の議論が日本で活発でないことは、私には理解しがたいものです。というのは、日本は、ある面では、他の多くの国よりも、プライバシーを尊重しているからです。日本では、たとえば、法律があるためか、実務上そうしているだけなのかはよく分かりませんが、テレビに逮捕された人が出てくると、報道機関は通常顔をぼかすか、逮捕されて連れ出される人にかけられた手錠を隠します。米国では、そういうことは起こりません。顔もはっきりと見せますし、手錠もはっきりと見せ、彼らに付きまといます。そうした写真は、何年もの間、常に彼らに不利な形で新聞に使用されています。ですから、もし、「プライバシーは重要で価値があり、政府が何か悪いことを企んでいるかもしれないというだけで、その人の社会でのすべての評判を直ちにぶち壊しにするようなことはしてはいけない」という認識が日本にあるならば、どうして、伝統的なプライバシーの概念に対する新たな脅威が技術によって作り出されているときに、そうした脅威を前提とした新しい保護手段を作り出す必要があることを認識しようとしないのでしょうか。

5

――このシンポジウムは、そのようなプライバシーの保護手段について弁護士間で議論するための場の一つですので、今後良い仕組みを考えられるとよいなと思っております。次のパートの質問に行く前に、ちょうどあなたが2013年12月に制定された日本の秘密保護法に言及したのでお聞きしますが、秘密保護法やその他の日本における最近の動きには、アメリカ政府からの何らかの影響が及んでいると考えられますか。

スノーデン　NSAの中に、Foreign Affairs Directorate（外務局）と呼ばれる組織があります。正確な人数はわかりませんが、何百人もの人々が働いています。彼らの仕事の内容は、アメリカにとっての同盟国の政策がどうなっているのかを把握し、同盟国の政策をアメリカの政策に近づけることです。アメリカは、交渉を持ち出し、日本のような国に、高官と会議をするために弁護士を送り、または日本がアメリカに代表を送ります。アメリカは、これが私たちのしていることで、これがあなたたちにしてもらいたいことだと伝えます。日本の代表は、日本の法律でできるのは、「これこれ」

だけであるから、「それ」はできないと言った形で対応するでしょう。

そうすると、アメリカ政府は、私たちも昔はそうでした、と答えます。私たちにも同じような制約があったがそれを変えた。これが私たちのやった方法です、というわけです。そして、アメリカ政府は戦略を与え、レシピを与え、法律が意図していなかったことをその国の政府ができるように、どのように法律を変えるか、どのようにして既存の法律を新しく解釈するかについてアイデアを提供します。いずれにしても、その国の政府が、アメリカから言われたことをできるように法的な正当化根拠を与えます。

アメリカ政府でこうした活動をしている人を捕まえても、諜報機関が活動している他の国で起きていることを目の当たりにするだけです。諜報機関はこう主張するでしょう。「あなたがたは私たちを捕まえた。確かに、私たちは法律に違反した。しかし私たちが法律違反をやめたら、市民が死ぬだろう。だから、あなた達は、現在、私たちが行っていることを合法にして、誰もこのことで刑務所に行かず、罰せられないようにしなければならない。」これがドイツで実際に起こったことです。2013年より後に、ドイツの諜報機関がドイツ市民だけでなく世界中の他の市民の権利を侵害していることが明らかになりました。これは、端的に言って、ドイツの憲法に当たる基本法に違反していました。ドイツ基本法の10条は、このような事態からプライバシーを保護するためのものです。諜報機関は、「もしあなた方が私たちのしていることを続けさせないなら、人々は死ぬでしょう。」と言って議会を脅しました。しかし、それは真実ではありませんでしたが、非常に説得的な議論でした。こうした議論をされると、どんな政治家も、「いや、私はあなたがたを信じない。」とは言いにくいものです。

そこでドイツの議会は頭を抱えて、結局次のようにしました。

「大量監視を許し、ドイツ国内の人々に対する密かな監視を許す法律を通したりすれば、自分たちの評判はとても下がるだろう。それゆえ、我々は法律をそのような名称にはしない。代わりに、それを改革法案と呼ぶことにする。代わりに、我々は諜報機関の運用を制限すると言うことにする。しかし、実際には、その法案の文言の制限はそれほど厳しくないものにする。諜報機関への制限はほとんど機能しない。その代わりに、新しい法律により、実際には諜報機関の活動を正当化する。」

要するに、現状を合法化したのです。以前は違法だったことが今では合法となってしまったのです。これは、端的に言って誤った改革です。皆さんが懸念すべきはこういった危険であり、私たちは日本でこのような危険が現実化しているのを目の当たりにしているのです。日本の秘密保護法について考える際に、問うべきは、なぜこの法律が成立したかということです。日本は、日常的に国家機密の漏洩問題を抱えているというわけではありません。罰則は軽く、人々が情報を共有することを恐れるような状況ではありませんが、それで何の問題もありません。

実際、日本の諜報機関は秘密性が高いことで良くも悪くも知られています。彼らと共に働くNSAでさえ、彼らは情報を十分に共有しない、私たちの戦略を伝えているのに彼らは同じようには戦略を共有してくれないといつも腹を立てていたのです。まぁ、これは、利害対立というよりは文化的な違いによるものでしたが。

しかし、日本の官僚はもっと保守的です。NSAの官僚ほど積極的ではありません。したがって、あなたの質問に対する明確な答えは、日本の諜報機関はNSAの技術を必死に求めていたということです。NSAは、この技術を餌にして、もしあなた方が私たちのように法律を変えたら技術を提供しようと言ってきたというわけです。

これが秘密保護法でまさに起こったことです。秘密保護法は米国の国家機密漏洩罪を模範にしており、秘密を漏洩した場合には米国と同様に最大で10年の刑期になるはずです。「もっと情報共有ができるようにするためには、あなた方の法律は私の国と同じようにしなければならない。すでに他の国もそうしている。そして、こうした法律があれば、国内の通信をもっと監視することができ、その情報を共有できる」というわけです。

どの国の諜報機関も、こうした密かな監視活動の存在をいつも否定します。彼らはいつもこう言います。「たとえ、国内通信を傍受しているとしても、私たちは日本国内の日本の通信ではなく、国内を通過する中国の通信を密かに監視しようとしているのです」と。しかし現実的には、どのように日本の通信と中国の通信を区別できるというのでしょうか。彼らが用いる唯一の方法は、日本、中国、ロシアの通信をすべてシステムに入れて、このシステムでも「まぁ、仕方ない」と言うだけです。彼らは決してこの事実を認めないでしょうが、実際には彼らは、日本の通信についても技術

的に検索可能なシステムの中に保有しています。彼らは、「そのようなことはしていないし、するつもりがないし、すべきでないし、することはできない」と言うでしょうが、実際にはできますし、行っているのです。

　こうした活動は、日本政府が着実に少しずつ何年もかけて、法律を改正し、制限を緩めてきたからこそ可能なのです。そのための政策は、日本の米軍基地や、日本の代表団がアメリカに赴いた際に決定されてきた秘密のもので、公には見えません。なぜこうした活動が必要なのか、費用や便益は何なのかといった本当に開かれた議論は存在しません。監視の問題を公の場で議論する場合には、国民の支持を得られる可能性が高いのにもかかわらずです。もし、自民党が、たとえばテレビで、「NSAが新しい技術を私たちに提供することを提案している。これがあれば、北朝鮮に対してももっと私たちも秘密の監視ができるようになって、安全が守られるだろう。しかし、アメリカは、自分たちの政策を確実に保護するため、日本の法律をアメリカの法律に合わせて変えない限り情報を共有してくれないので、そのようにすることができません」と訴えたとしたら、一般市民はこの方針を支持した可能性も十分あったと思います。しかし、政府はこうしたリスクを取りたがりません。代わりに秘密裏に監視を実施してこう言うのです。「テロ対策のためだから」「テロ対策のためだから」と。しかし、こうした監視は、決してテロ対策のためではありません。これらの監視プログラムは、実際には、経済スパイ、外交的操作および国際的影響力の操作を目的としているのです。権力をめぐって行われているのです。競争相手がやっていること、敵がやっていることを把握し、そして、これらの決定の結果を予測し、先取りしまたは具体化することを可能にするために行われているのです。

　政府がこうした活動を行いたいというのは理解できることです。しかし、こうした活動を行うべきかどうかは、公の場でも安全に議論できる事柄のはずです。こうした議論を公の場で行ったからといって、誰かが死ぬわけでもありません。もし私たちが民主主義社会を標榜するのであれば、私たちはそれにふさわしい行動をとるべきです。

6

――わかりました。次の質問は内部告発者の保護に関するものです。あなたの場合もそうですが、内部告発者はしばしば職場や政府内で報復に遭います。人生を犠牲にしてまで、このNSAの監視プログラムを暴露することをあなたに決心させた理由は何でしょうか。関連した質問ですが、NSAで働いている間、他にあなたと同じような懸念を共有していた職員はいたでしょうか。また、あなたの行動と暴露によって、NSAまたはCIA内で内部告発に対する雰囲気が変わったと思いますか。

スノーデン 私は、NSAが、少なくとも理屈上は彼らが保護し、支持し、守ろうとしている法律に密かに違反していることを知った時、これは変えなければならないと感じました。問題はどうやって変えるかということでした。

　一般市民には、何が起きているかを理解する機会が必要なのです。知る機会があれば、大事な問題があると感じて選挙に行って、政策を変えてくれる人や、権利を侵害するよりは守ってくれる人に投票してくれるでしょう。ただ、内部告発をする際には、危険がありますので、誰に対して、何を話すかが重要な問題になります。もしあなたがこれらの諜報機関の一つに勤務して、私たちの活動は法律に違反していると思うと告げたら、あなたは解雇される可能性が高いですし、場合によっては、捜査されることすらあります。

　しかし、私はリスクをとり、同僚や上司など、10人程度の人には話をし、問題の資料を見せたりもしました。すべてではありませんが、このスライドとかあのスライドとか、ロシア人よりも多くのアメリカ人を監視して、あべこべなシステムだと思うとか。アメリカ人よりもロシア人をもっと密かに監視すべきだと私は思いましたが、私たちはそうしていないのです。私は、これについてどう感じるか彼らに聞きました。「私は狂っていますか、私は問題を理解していませんか、私は計算間違いをしていますか」と。彼らはうなずいて賛同してこう言いました。「その通り。あなたは正しい。これは問題だ。しかし、この種の話は、あなたの職域を超えることだ」と。

　彼らは、「もしお前が揉め事を起こせば、政府はお前を葬り去り、罰するだろうし、その結果何も変わらないだろう」と考えていました。彼らは

全く正しいのです。私たちはNSAで多数の人々がそのような目に遭うのを見てきました。そこそこ知られている人たちです。トーマス・ドレークはNSAの重役でした。ウイリアム・ビニーもいます。国防総省の調査部門のジョン・クレインもいました。こうした内部告発とその後の報復は政府の中で何度も何度も起こってきたのです。それが彼らのやり方なのです。政府には、政府が違法行為を行っていると思う人々がそれを申告するための内部手続があり、申告先となる部署があります。しかし、法律、政策のどこにも書かれていないこうした部署の目的は、トラブルメーカーを特定し、政府に対して問題を起こしそうな場所から追い出すことです。あなたのキャリアを終わらせ、議論が起こる前に沈黙させてしまうのです。

　裁判所、大統領または議会が、不適切または不公正に承認したプログラムをなくすための唯一の道はこれを公に晒すことです。問題は、どのようにそれを実施するのが最良かということです。様々なやり方があります。ウィキリークスのように、資料が直接公然と公表されるやり方もあります。そうすれば、人々が原資料を見ることができます。また私のように少し違うやり方もあります。それはプロのジャーナリストのところへ行き、一般市民が知るべきことを彼（女）らに判断してもらい、彼（女）らが情報を公開するというやり方です。ジャーナリストは、必要以上に情報を公にしないように注意します。こうした情報の公開は、軍や政府にとって危険を生み出す可能性はあります。公開した情報が間違っているかもしれません。私のやり方は慎重すぎて、政府寄りに過ぎるかもしれません。しかし、私はもともとは政府内にいたので、政府に一体感を持っています。ですので、私は政府を完全に壊してしまいたいわけではないのです。私は政府を改革したいだけです。

　それは一種のギブアンドテイクです。皆様に真剣に考えて欲しい問題があります。それは、アメリカ人内部告発者が報復から身を守れる唯一の場所は国外で、しかもロシアのような国であるということは悲劇ではないかということです。なぜ、私は日本のような国に入ることが許されないのでしょうか。なぜ、フランスやドイツのような国に入ることを許されないのでしょうか。これはおかしくないでしょうか。改善しなければいけない問題があるのではないでしょうか。もし、大きな権力を持つ人々に影響を及ぼす非常に重大な問題について内部告発をした者は、例外なく自ら自分の

家に火をつけて全焼させなければならないとなれば、内部告発者を最も必要とする時に、私たちは内部告発者を見つけることができないことになるからです。

——メディアの役割についても聞きたいのですが、その前に一つ質問があります。私はグレン・グリーンウォルドが書いた本を読みましたが、あなたはニューヨークタイムズやCNNのような伝統的な大手メディアではなく、グレン・グリーンウォルドやローラ・ポイトラスのようなフリー・ジャーナリストに連絡を取ろうとしましたね。あなたはなぜ、こうしたフリー・ジャーナリストに連絡を取ろうとしたのでしょうか。あわせて、伝統的なメディアと、独立系メディアの両方について、その役割をどう考えていますか。

スノーデン これは複雑な問題ですが、少しでも理解しやすいよう、なるべく簡潔に説明したいと思います。まずはじめに理解していただきたいのは、私は、グレン・グリーンウォルドやローラ・ポイトラスのようなフリー・ジャーナリストとだけ話をしたかったわけではないということです。こうした、フリー・ジャーナリストを知らない人のために少し説明しますと、グレン・グリーンウォルドは『ガーディアン』紙に寄稿していました。同紙はイギリスの新聞ですが、アメリカに支社があります。また、ローラ・ポイトラスはドキュメンタリー映画の監督です。彼女はドイツの『シュピーゲル』誌とも仕事をしていました。

　ご存知でない方のために、お話ししますと、グレン・グリーンウォルドは、私が初めて話をしたジャーナリストで、アメリカではなくブラジルに住んでいます。また、大変良い仕事をした3人目のジャーナリストがいます。バートン・ゲルマンです。彼は、私から文書を最初に受け取った3人のジャーナリストの一人です。アメリカ第二の新聞である『ワシントン・ポスト』の記者です。『ニューヨーク・タイムズ』のような大手新聞社です。

　私は『ニューヨーク・タイムズ』をあえて使いませんでした。なぜなら、同紙は、NSAによるアメリカ市民に対する不法な盗聴活動に関する話題を知っていたにもかかわらず、2004年のジョージ・W・ブッシュの再選まで隠し続けていたからです。『ニューヨーク・タイムズ』は、ブッシュ大統領の再選前に、NSAがブッシュ大統領の命令に基づいて法を破ってい

たことを知っていました。大統領は再選できるか大変厳しい状況で、『ニューヨーク・タイムズ』は、選挙の1か月前にはこの話題についての準備ができていました。しかし、大統領は新聞社の社長を呼び、彼に圧力をかけました。ここで、大統領は、社長に対して、最近大統領が議会の議員たちを脅かす際に使うのと同じような発言をしました。「あなた方がこの話を記事にすると、死ぬ人々が出てくるだろう」と。社長は、「それは大変恐ろしいことだ、あなたを信じる、この話については記事にしない」と言ったのです。

ジョージ・W・ブッシュは、歴史上もっとも僅差で再選されました。当選をめぐって法廷でも争われました。もし、この話が記事になっていれば、ジョージ・W・ブッシュは記事が出された翌月に大統領ではなかったでしょう。彼は再選に失敗していたはずです。

さて、『ニューヨーク・タイムズ』が2004年に記事にしなかった問題は、2005年に『ニューヨーク・タイムズ』によって記事になりました。それは、社長が考えを変えたとか、もはや安全になったと判断したからではなく、『ニューヨーク・タイムズ』のジェームズ・ライズンというこの問題を発見した記者が、本を書き、『ニューヨーク・タイムズ』がこの問題を公表することを恐れているなら、自分で出版すると言い始めたからです。

こうした圧力に直面して、『ニューヨーク・タイムズ』は立場を変えてこの問題について記事にしました。興味深いことですが、別に記事が出されても誰も死にませんでした。大統領は、生命を危険にさらすことになる、テロリストの攻撃が成功してしまうと述べていましたが、これは、再選するための嘘だったのです。この問題は、メディアが直面している一番の課題を示しています。政府のトップから聞かされた最も深刻な脅威であっても、これを疑うという姿勢を、どうすれば新聞社に持ってもらえるのでしょうか。なぜなら、もし新聞社が疑いを持たなければ、選挙に影響を与え一国の歴史を変えてしまうような事実、一般市民にとって必要な真実の公表を新聞社が臆するようになるおそれがあります。これは大変危険なことです。社会における新聞の役割は、権力を疑うことです。自由な国におけるメディア全体の目的は、政府による情報の独占に挑戦すること、強大な組織による情報の独占に挑戦することのはずです。

権力者が何かを言うときに、メディアの役割はそれをただ繰り返すこと

ではなく、それが真実であるかを検証し、実際に何が起こっているかを調べ、そして一般市民に真実を知らせることにあります。なぜなら、もしメディアがそうしなければ、権力を持つ人々の裏付けのない主張のみによって成り立つ社会になり、民主主義にとっての大きな危機を招くからです。

あなたの質問への回答に戻りましょう。なぜ私が、フリー・ジャーナリストを選んだかについてです。私は競争を作ろうとしていました。私たちは、バートン・ゲルマンという、『ワシントン・ポスト』の著名な記者もチームに引き入れました。また、私たちのチームには、グレン・グリーンウォルドという、精力的で恐れを知らないジャーナリスト兼政府批判者で、『ガーディアン』紙アメリカ版に寄稿している者もいました。彼は、今でも、記事を書いています。そして、最後にローラ・ポイトラスがいました。彼女は当時、どの新聞社とも個人的に近い関係にはなく、真のアウトサイダーでした。この3人全員が、私が提供した文書にアクセスできましたので、もしそのうちの一人が恐れを抱き臆したり、あるいは脅迫されたとしても、たとえばアメリカにいるバートン・ゲルマンが逮捕されたとしても、ブラジルやドイツにいる残りの2人が仕事を続けることができたでしょう。インセンティブを与える仕組み、競争的な構造を作れたことは、この3人を勇気づけるとともに、特定の新聞社の利害、政府の利害、または、彼(女)ら個人の利害よりも、一般市民の利害に奉仕するよう突き動かしたのだと思います。自分以外のジャーナリストも関わっていることを知っているから、相互に誠実に仕事をすることになったのです。

7

――私たちの議論も終わりに近づいてきましたので、日本の市民社会、日本の弁護士たち、また日本の弁護士会はこの監視の時代においてプライバシーを守るために何ができるのか、まとめのご意見、またはコメントを頂きたいと思います。

スノーデン ACLU(アメリカ自由人権協会)の弁護士たちとともに戦う中で学んだ言葉があります。「法的フィクション」という言葉です。日本にも同じような言葉があるかもしれません。たとえば「ある情報がもし公表されれば国の安全が危険にさらされる」ということを、法律が正しいと仮

定するということです。検証を要することなく、ただ政府がページに「秘密」とスタンプを押せば、裁判所は、たとえそれが誰かの昼食メニューであったとしても、実際に害を与えるだろうと仮定します。

　このようなことは、他の多くの文脈でも起こり得ます。私たちは、社会システムのあらゆる領域において、こうした「反射的忠実さ」が持つ害悪とその重大性について考える必要があります。それは、法律の世界でだけ起こるわけではないからです。政治の世界でも起こり得ます。私たちの家庭の夕食のテーブルの周りでも起こり得ます。私たちが良いと信じていることについても、私たちが悪いと信じていることについても起こり得ます。私たちは懐疑的になる必要があります。情報の出典がどこであれ、政府から来る情報であっても、私のような外部者からの情報であっても、ある者からの情報だというだけで、その情報は真実であると考えてはいけません。皆さんには私のことも疑ってほしいのです。私は皆さんに、あらゆることを疑ってほしいのです。なぜなら、それこそが自由で開かれた社会の存在意義であり、そのために私たちの自由が存在するからです。私たちがプライバシーについて語り、なぜ重要なのかを語るとき、政府はよくこう言います。「隠すべきことが何もなければ、何もおそれることはありません。あなたのプライバシーについて心配する必要はありません。何の問題もありません。あなたがよい市民、普通の市民であるなら何ら問題はありません。私たちは、皆さんがよい普通の市民だと信じたいと思います」と。

　しかし、私たちはこうした発言がどこから引用されてきたのかを考える必要があります。これは、第二次大戦時の宣伝大臣、ジョセフ・ゲッベルスによるナチスのプロパガンダでした。彼は、社会における人々の私生活と通信、さらには思考のすべてに対する管理を正当化しようとしていました。なぜなら、そうすることによって、彼が社会を支配することが容易となるからです。過激な人物を見つけて弾圧したり、政府の権限の濫用を指摘して政府の支配に挑戦するような人を見つけるのが容易になります。私は、今日私たちがナチスを相手にしていると言っているわけではありません。また、私は、すべての政府が、社会に対する絶対的な管理を試みようとしていると言っているわけでもありません。私は、先ほどの「隠すことがなければ、何もおそれることはない」といった発言は、大変危険だと言いたいだけです。なぜなら、プライバシーとは何かを隠すことではないか

らです。プライバシーとは守ることです。プライバシーとは開かれた社会を開かれたまま保ち、私たちの自由な生き方を自由に保つことです。

たしかにプライバシーは、多数派にとっては特別な価値を置かれてきませんでした。しかし、すべての権利は、多数派から少数派を保護することを意図したものです。多数派は保護を必要としません。多数派は法律を制定します。多数派は官僚機構を持っています。多数派は警察機構も持っています。組織のトップや政界の要人といった特別の立場にいる人たちにとって、権利とか、法律とかはどうでもよいことです。なぜなら、こうした人々は、たとえ彼らが法律を破ったときであっても、法律が厳しく適用されないようにする影響力を持っているからです。

しかし、普通だけれども少しだけ変わっていたり、普通ではない人々についてはどうでしょうか。独創的な考えを持っていたり、今日では一般には支持されていないけれども、正しい考えを持っているような人の場合はどうなるでしょうか。たとえば、奴隷制の廃止を議論していたような人々のことです。たとえば、女性参政権を実現し、女性の平等で公平な取り扱いを実現しようとした人々、町や国を良くするにとどまらず、世界を良くして人類のために尽くそうとしている人々です。悲しいことに、過去の法律では、奴隷を解放することが違法とされ、逃亡した奴隷を元の持ち主に戻すことは完全に合法とされていました。

法律はすべての社会において重要であり、私たちはできる限り水準の高い法律を持ちたいと考えます。しかし、合法性と道徳性は同じではなく、政府の行為が合法というだけで、彼らの行為が正しいというわけではないということは心に留めておく必要があります。プライバシーは少数者を保護し、社会の進歩のための最初の手段になります。プライバシーの核心には、反対する権利・人と異なることへの権利があるのです。プライバシーにはそれが通常意味するとされていること以上の意義があり、プライバシーは、自分が自分であるための権利です。他の権利が、プライバシーの権利から派生するのです。私有財産について考えてみると、あなたが自分の家を持つことができて他の人は法律を破ることなしに中に入ることができないということも、プライバシーに由来します。信仰の自由について考えてみると、他の人が信じないことを信じることができるということもプライバシーから由来します。裁判を受ける権利も、プライバシーから来てい

ます。

　プライバシーのおかげで、あなたは社会のものではなく、あなた自身のものになれるのです。「プライバシーなんてどうでもよい」と気軽に言うことを許すことは、個人はどうでもよい、政府がどんな社会を目指したいかにのみ注意を払っていればよい、というのと同じことです。皆さん、反対することを恐れないでください。

　大変ありがとうございました。（日本語で）アリガトウゴザイマス。

――大変ありがとうございました。将来も、あなたとこうした議論を続ける機会があることを願っております

スノーデン　大変ありがとうございました。

[訳注]
* 1　2016年6月に公益社団法人自由人権協会（JCLU）が主催して東京大学で行ったシンポジウム。『スノーデン　日本への警告』（集英社〈集英社新書〉、2017年）として出版されている。その後、再びスノーデン氏にインタビューしたシンポジウムが2017年10月に自由人権協会主催で行われ、『スノーデン　監視大国日本を語る』（集英社〈集英社新書〉、2018年8月）として刊行された。
* 2　オリバー・ストーン監督『スノーデン』（2016年）。
* 3　PCLOB（Privacy and Civil Liberties Oversight Board、プライバシーと市民権監視委員会）とNSAのOIG（Office of Inspector General、査察官事務所）の二つの組織を指していると思われる。
* 4　オーストラリアのジャーナリストであったジュリアン・アサンジ代表らが、2006年に創設した内部告発情報を公表するサイト。
* 5　スノーデンによる内部告発により、香港で機密情報の提供を受けたジャーナリストの一人であるグレン・グリーンウォルドらが2014年に設立したアメリカのインターネットメディア。
* 6　2017年4月、NHKが、報道番組「クローズアップ現代＋」において、「アメリカに監視される日本――スノーデン"未公開ファイル"の衝撃」と題して、日本に関する13の未公開ファイルをNHKが入手したことに基づいた報道を行った。
* 7　トーマス・ドレークは、正式な手続にしたがってNSAの大量監視の問題を内部告発したが、2010年に、文書を不適切に取り扱ったことなどを理由としてスパイ法（Espionage Act）違反等で起訴された。ウイリアム・ビニーは、30年以上NSAに勤めた後2001年に退職し、2002年に国防省の監察官（政府機関が法律を遵守しているかを監督する機関）に対してNSAの大量監視問題について調査するよう告発をしている。2007年には、FBIによる家宅捜索を受けた。ジョン・クレインは、国防省の監察官補佐官の立場にあり、監督機関の幹部職員が内部告発者に

報復行為をしてきたことなどを告発したが、2013年に解雇された。
* 8　ライズン記者は、アメリカ国内にいる人々の国際通話や電子メールを、NSAが裁判所の令状なしに秘密裡に盗聴することをブッシュ政権が承認していたと2005年12月の『ニューヨーク・タイムズ』記事で報じた。その記事の中では、ホワイトハウスからの圧力のため、『ニューヨーク・タイムズ』が追加調査を行い記事の発表を約1年遅らせたという記載もある。

第Ⅰ部

監視社会はなぜ問題なのか

第1章 監視社会の何が問題か

田村智明

1 はじめに

　監視社会の何が問題かを知るためには、まず、監視社会を具体的にイメージし、そこでの生活を想像してみることからはじめるとわかりやすいだろう。そこで本章の前半では、現代監視社会の象徴ともいえる「パノプティコン」とは何かについてまず説明し、それをフィクションとして描いた作品として、『デスノート』と『1984年』を紹介する。

　フィクションの長所は、事実や現実とは異なるので他人事のように気楽に鑑賞できるところにある。しかし、本章で紹介するフィクションが描く監視社会のさまざまな弊害は、いまや決して他人事ではない。また、事実は小説よりも奇なり（Truth is stranger than fiction）という言葉もあるように、『デスノート』や『1984年』に描かれているパノプティコン状況は、実は、私たちが生きる現実社会においてすでに気づかれにくい方法で進行しつつある。それにより私たちは大切なものをすでに失いつつあるのにもかかわらず、多くの人はあまり深刻に受け止めてはいない。なぜだろうか。

　それはまず、プライバシー権侵害によって失われる大切なものが何であるかがわかりにくいからだと思われる。とりわけ、プライバシー権を「やましい事柄を隠す権利」と理解している人々にとってはそうであろう。

　さらに、『デスノート』が描くような死神が存在せず、『1984年』が描くような全体主義国家でもない、私たちが生活している現実の自由主義社会において、なぜ、プライバシー権が危機にさらされやすいのかについての

理解が困難なことも原因だと思われる。

　そこで、本章の後半では、プライバシー権の実質と現実のパノプティコン状況について、哲学者の見解や警告などを紹介しながら、考察することにする。

2　パノプティコン

　パノプティコンとは、功利主義者として知られる近代の思想家ジェレミー・ベンサムが構想した刑事施設の方式で、ミシェル・フーコーの『監獄の誕生』（原題は『監視と処罰』）に引用されることでとても有名になった。それは「一望監視方式」などと訳されており、円形に配置された囚人たちの個室が、その中心に位置する看守塔に面するよう設計されており、囚人たちからはお互いの姿や監視者（看守）が見えない一方で、監視者はその位置からすべての囚人を監視できる構造の監視方式である。

　フーコーは、この方式について、「囚人が監視者にたえず見張られるだけで充分すぎるか、それだけではまったく不充分か、なのだ。」というレトリックを用いて説明している。それはどういう意味だろうか。
*1

　人々は監視されているかもしれないと思うと、実際には監視をされていなくても、監視されている場合と同じ行動にでる。だから、監視者はたえず見張る必要はなく、したがって、たえず見張ることは充分すぎるのである。逆に、たえず見張っていたとしても、人々がそのことに気づかなければ監視の効果は生じない。だから、たえず見張るだけでもまったく不充分なのである。パノプティコンは、そのような意味で、暴力はもちろん実際の監視さえなくても、つまり、最小限のコストで監視の効果を発揮する方式なのである。

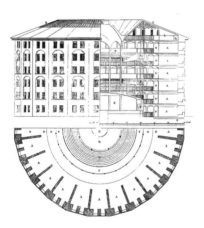

ベンサムによるパノプティコンの構想図
(The works of Jeremy Bentham vol. IV, 172-3)

では、このような方式はなぜ考案されたのか、つまり、パノプティコンが目指した効果とはいったい何であったのか。フーコーによれば、その目的は受刑者に規律と訓練を与えること、つまり、矯正教育である。

ところで、教育の手段として体罰が許されないことはいまや常識であろう。では、その理由は、体罰が暴力だから、だけだろうか。もしもそうであれば、体罰なしに体罰と同じ効果を生みだす教育なら許されることになってしまうだろう。パノプティコンとはまさにそのような教育手段である。つまり、そこには暴力どころか現実の監視者さえ常時存在してはいない。にもかかわらず、人々が権力に対し従順になるという暴力の効果が見事に生じるのである。パノプティコンは、「権力を自動的なものにし、権力を没個人化する」のである。[*2]

さらに、このパノプティコンは気づかれにくいものでもある。フーコーは言う。「権力の効果と強制力はいわばもう一方の側へ――権力の適用面の側へ移ってしまう。つまり可視性の領域を押しつけられ、その事態を承知する者（監視されているかもしれないと思う者〔筆者注〕）は、みずから権力による強制に責任をもち、自発的にその強制を自分自身へ働かせる。」[*3] つまり、パノプティコンが効力を発揮すると、権力による強制の結果が、あたかも自律的な意思決定であるかのように錯覚されることになる。その結果、抑圧されている者は、自分が抑圧されているという事実にさえ気づかなくなるのである。

パノプティコンとはこのような意味で、暴力を用いない暴力装置、目に見えない力による主体性抑圧装置である。

さて、本章ではこの目に見えない力の考察に入る前に、まずは、パノプティコンが普段は隠している暴力性をむしろあからさまに表現したフィクションを通じて、監視社会における生活をイメージ化することにしよう。

3 『デスノート』から監視社会を考える

(1) はじめに

『デスノート』は、パノプティコン状況をフィクションにおいてまさに現代社会に再現し、「犯罪のない新世界」を築こうとした夜神月（やがみらいと）と天才捜査官L（エル）との対決を描いたことで、大人気を博した日本の娯楽作品である。

その原作は2004年に連載が開始された少年漫画であったが、その後、テレビアニメ化、映画化、劇場作品化、テレビドラマ化もされ、たいへんなロングセラー作品となっている。

この作品の基本設定には、監視社会の重要論点のほとんどが含まれている。そこで、監視社会の問題点を具体的イメージに基づき考えるためのヒントにしていただくため、このロングセラー作品の基本設定について紹介するとともに、分析を試みたいと思う。

(2) デスノートが作り出したパノプティコン状況

デスノートとは、「死神」が落とし、人間に拾わせたノートとされており、これに死神自身が付けた名称である。「このノートに名前を書かれた人間は死ぬ。」、これがこの作品のキャッチフレーズであるが、実際には名前を書くだけではダメで、名前と顔で対象者を特定することになっている。日本には同姓同名の人物がたくさんいるからであり、ここには、マイナンバーカードの発想の原点もみられよう。

このノートの最初の拾い主である夜神月は、世間から「キラ」と呼ばれるようになるが、キラはそのノートを私利私欲のためには使用せず、凶悪犯罪者等として報道された者を次々と殺害することに使用する。なお、凶悪犯罪者等は、報道等を通じて本名と顔さえ知っていれば、その本名をデスノートに書き込むことにより、潜伏先が不明の指名手配犯であっても殺すことが可能であるとされている。

キラの目的は、私利私欲ではなく、凶悪犯罪者を処刑できる神のような力を持つ監視者がこの世にいることを世間に知らしめ、「犯罪のないやさしい心の人たちだけの社会を作る」という「正義」を実現することである。これはいわば、全世界を、矯正教育を目的とするパノプティコン型刑務所にしてしまう考え方であり、これを前提に進められるストーリー展開は、この監視社会のありさまについての原作者による思考実験であり、仮説である。

もっとも、このデスノートによる監視システムは、ほどなくキラ自身によって濫用もされるようになる。キラは、キラの理念を批判したり、キラを捕まえようとする捜査官をもデスノートを使って殺しはじめるからである。つまり、監視者キラは、自己の正義感だけにいつも忠実であるとは限

らず、時には濫用し、凶悪犯罪者ではなくとも自分が気に入らない者もデスノートを使って殺害するのである。

　ではこのようなキラが存在している社会を、そこで生活している国民の側から認識するとどうなるであろうか。

　キラがいる社会は、どこに隠れていようが凶悪犯罪者として報道された者を確実に殺すことができる謎の監視者が潜んでいる社会である。しかし、その能力は時には濫用され、キラが信奉する理念を批判する者もまた殺されてしまう社会である。そして、その監視の方法、すなわち、監視者が誰で、どこにいるのかということは一般には知られていない。すると、ここで説明した設定状況を知る者であれば、キラは実際にはテレビや新聞の報道によってしか監視していないという事実を知っているが、その社会で実際に生活している一般国民からすれば、自分たちの全生活が監視者キラの前では丸裸にされているかもしれないと感じられるはずであろう。だから、隠れてキラの悪口や批判を口にしただけでも自分の命が奪われるかもしれないと感じているはずである。これが、キラがデスノートを用いて作りだしたパノプティコン状況である。

(3) パノプティコンの効果

　以上のようなパノプティコン状況を想像した時、仮に犯罪が減ったとしても、そしてあなたには何らのやましいところがなかったとしても、あなたはこのような社会で生活したいと思うであろうか。

　そのような社会で人々は主体的に自分の価値観を形成し、それに従って意見を述べたり、行動したりすることができるであろうか。たとえば、キラの「正義」に異議を唱えるような意見を述べたり、凶悪犯罪者を主人公にする創作をしたりすることができるであろうか。マスメディアは、キラに不利な情報や、キラを批判する意見の紹介や報道ができるであろうか。

　キラによる監視方法は不明なのであり、だからこそキラが存在する社会で生活している者は、ネット上に匿名で意見を書き込むその瞬間も含めて、常に監視されているかもしれないと感じながら生活をせざるを得ないのである。

(4) 凶悪犯罪減少に潜むパラドクス

　原作者によると（それはもちろん原作者の仮説によるとという意味であるが）、キラは一部の人々からはヒーロー視され、ネット上では崇拝する人々も多数生じたとされている。有頂天になっている頃のキラ自身の独り言は、「自分に非のない者は心の中でキラがんばれ！と叫び、非のある者は怯えている」であり、そのような意味で、「犯罪のない理想社会」というキラの「正義」は国民の多くから支持されているとキラは確信している。

　たしかに、このような事態は、場合によっては想定可能であろう。なぜなら、プライバシー権は一般に「やましい事柄を隠す権利」として把握されがちであるから、犯罪防止の利益はこれに優先させられやすい。また、価値観の画一化傾向が高い社会においては、犯罪者の個性は「一般人」を尺度にして大きな「逸脱」と評価することが可能になるため、そのような個性の持主の人権は大幅に制限されてしかるべきだという考え方を持つ人々が多数派になることも充分に考えられる。すなわち、ここでは、プライバシー権や個性の本質についてのさまざまな考え方が、赤裸々かつ正面から問われているのである。

　しかし、実はそこには、以下のような大きなパラドクスもまた認められる。

　というのは、原作では、キラの出現が犯罪を激減させたとされている。映画版では、キラのおかげで世界の犯罪の7割が減ったとされている。その原因は、キラによって殺されることへの恐れということであろう。しかし、当のキラは、自分がキラだと見つかれば死刑になる可能性や自分自身が殺される可能性があることを十分に認識しつつも、自分が「正義」だと信じるデスノートによる殺人を決してやめない。つまり、一つの理念や信念（正義）にコミットした人間は、命がけで自分の信念や主体性を貫きとおすということもまたこの物語では前提にされているのである。

(5) 複数の「正義」

　この作品では、キラに対し、Lという呼び名しか明らかにしない天才捜査官が戦いを挑むこととなる。

　この二人の対決の結末はもちろんネタバレにならないために伏せるが、Lもまたある「正義」にコミットしており、そのためには令状も取らない

で私人宅に隠しカメラを設置する等、手段を選ばない捜査官として描かれている。だから、原作者がＬを本当に正義の味方として登場させているのかどうかはわからない。

　キラの考え方は、私たちの社会が「正義」が勝つようにできていないからキラが生じた（凶悪犯罪防止のために監視社会は必要だった）、血の通った人間感情を排除する法が裁けない犯罪者を裁くために、キラが生じた（理性の原理とは異なる「正義」によって犯罪者を裁くために、キラが生じた）、というものである。

　これに対し、Ｌの考え方は、キラはただの殺人者、まったく理解不能な存在であり、キラの「正義」はただの独りよがりである、というものである。

　しかし、重要な問題はどちらが正しくて、どちらが独りよがりなのかではない。どんな人間がコミットする「正義」も、それがその個人が自律的に導いた「正義」である限り、尊厳を有している。すると根本的な問題は、一方の「正義」が他方の「正義」を排除してはならないということなのではないであろうか。すなわち、理解不能なくらいに異なる個性同士の共存・交流を図るための道を探ろうと努力すること、それが日本国憲法の「個人の尊重」思想および平和主義理念の核心なのではないだろうか。ともあれ、パノプティコンとはまさに個性排除と画一化を推進する非暴力的な暴力装置なのである。

(6)　監視とマイナンバー

　ところで、デスノートには当初から利用上の不便さが一つあった。「このノートに名前を書かれた人間は死ぬ。」がキャッチフレーズであったが、日本には同姓同名の人たちが存在する。また、字についても外字や異体字が存在し、戸籍に間違って書かれた文字がそのまま名前となっている場合もある。したがって、デスノートに書かれた名前だけからでは、その対象となる人物が特定できない場合があるという問題が生じる。

　この問題については原作者も苦労されたようである。その結果、名前だけではなく、対象者を名前と顔（の認識）で特定しようとした。しかし、そうすると、利用者が同姓同名の二人の両方の顔を知っている場合にはどうなるのだろうか。問題は尽きない。こうした問題を完全に解決するため

には、デスノートを、戸籍上の名前ではなくマイナンバーで使えるようにすればいい。つまり、マイナンバーの導入趣旨は、行政の円滑化と国民の利便性の向上であるとされているが、国民を監視するためのツールとして使われるなら、きわめて大きな力を発揮することになるのである。そのことも付け加えておきたい。

4 『1984年』における監視社会

続いて、権力が市民を支配する手段という観点をあからさまに強調した仮想の監視社会について紹介する。それが、ジョージ・オーウェルの『1984年』が描く社会である。

この小説は、極端な監視社会を表現したものとして非常に有名であるが、そこではさらに国家ぐるみの情報隠蔽や改ざんも行われている。そのため、この小説からは、公的情報の隠蔽や改ざんがとりわけ民主主義に対し、いかに壊滅的打撃を与えるのかについても学ぶことができる。

さて、この小説では、オセアニアという名の一党独裁の架空の全体主義国家が想定されている。そのオセアニアでは、「テレスクリーン」と呼ばれる装置（受信と送信が同時にできるテレビ）を通じて、市民があらゆる私生活を監視されると同時に、党にとって都合のよい情報だけが流される。市民は、党の教義に反する思想を口にするどころか、党への忠誠の低さを示唆する表情やそぶりをテレスクリーンによって把捉されただけでも死刑にされる危険がある。では、オセアニアの支配階級にとって、この監視社会の存在意義とはどのようなものなのであろうか。『1984年』の中から引用しておこう。

「中世のカトリック教会ですら、現代の基準に照らし合わせれば、寛大であるといえた。それはひとつには、過去の時代の政府は、市民を常時監視下に置くだけの力を持っていなかった為である。しかし、印刷技術の発達によって世論の操作が容易になり、映画やラジオは、それを更に推し進めた。テレビが開発され、技術の進歩によって、一つの機器で受信と発信が同時にできるようになると、私的な生活といったものは終わりを告げることになった。全市民、少なくとも警戒するに足る市民は全員、一日二十四時間、警察の監視下に置くことができたし、他のチャンネルをすべて閉鎖

して、政府による公式の宣伝だけを聞かせることもできた。国家の意志に完全に従わせるにとどまらず、あらゆる事柄についての意見を完全に画一化するという可能性が、初めて生まれたのだ。」[*4]

　支配階級にとっては個人の尊重よりも、国民の意見の画一化こそが都合がいいのであって、そのためにこそ監視社会が必要となるというわけである。

　さて、オセアニアの支配階級の理論によれば、権力を失う危険について、「現代の支配者の見地からすれば、真の危険とは、唯一」であるとし、それは「有能であるがその能力を十分生かし切れておらず、権力に餓えている人々から成る新しい集団が他から分離して発生し、彼らの階層集団の中で、自由主義と懐疑主義が育っていくことだけ」であるとされる。わかりやすくいえば、一般大衆ではなく、党中枢の統制下にある党のメンバーが、党中枢の支配階級から権力を奪うために新しい集団を形成したり、党中枢の教義に対し懐疑の目を向け、批判勢力となったりすることである。そして、こうした「唯一の真の危険」の防止のために作られたという監視社会の現状については、以下のように語られる。

　「党のメンバーは、生まれてから死ぬまで、思考警察の監視下で生きていく。ひとりでいるときでも、本当に自分がひとりきりかどうか、決して確信が持てない。どこにいて何をしていても、寝ていようと起きていようと、働いていようと休んでいようと、風呂に入っていようと寝ていようと、何の警告もないまま、また自分が監視されていることを知らないまま、監視されている可能性がある。彼の行動で、重要でない物などひとつもない。友人関係、娯楽、妻子に対する態度、ひとりでいるときの顔の表情、寝言、身体の特徴的な動きに至るまで、全てが疑い深く吟味されるのである。現実に犯した軽微な罪だけではなく、どれほど小さな奇癖であっても、習慣の変化でも、また内的葛藤の兆候とみなされうる神経症的な独特の癖でも、当然見つけ出されてしまう。如何なる方面においても、選択の自由は一切ない。その一方で、彼の行動は、法律や、明確に定式化された行動規範によって規定されている訳ではない。オセアニアでは、法律というものは一切存在しない。見つかれば確実に死を意味する思考や行動も、正規に禁じられてはいない。無限に繰り返される粛清、逮捕、拷問、投獄、蒸発は、実際に手を染めた犯罪行為に対する罰として科せられるのではなく、単に

> ひょっとしたら将来どこかの時点で罪を犯すかもしれない人々を一掃しようとしたに過ぎない。」[*5]

「思考警察」とは、オセアニアで思想犯を取り締まる警察である。先述したようにオセアニアの支配階級においては、党のメンバーの中に自由主義や懐疑主義が育つことこそ真の危険と考えられているため、党のメンバーによる思想犯罪の刑は非常に重く、しかも、犯罪行為に至る前の兆候が認められるだけでも処罰されることとなる。なぜなら、処罰の目的は権力の保持であり、応報ではないからである。

そして、オセアニアは公的情報の隠蔽や過去（歴史）の改変も国家ぐるみで行う。その目的は、さしあたって、市民に「比較の基準」を与えないことにあるという。なぜなら、外国の事実を国民に知らせなければ、国民は自国の状況に不満を感じていても、それを外国と比較して批判することができない。また、過去は現在よりもひどい状況であったという情報さえ国民に与えておけば、国民はやはり現状を批判する根拠を失う。

しかし、もっと重要な理由があるという。

> 「しかし、過去の再調整が必要となるもっと重要な理由は、党が決して誤りを犯さないという説を守らねばならないというものである。」[*6]

つまり、一党独裁の全体主義国家維持のために重要なことは、党が実際に誤らないことではなく、誤りを犯しても過去を改ざんすることで、党の無謬性を国民に示すことなのである。

その方法については次のように語られている。

> 「過去の出来事は客観的実体を持たず、書かれた記録と人間の記憶の中にのみ存続していると主張されている。記録と記憶が一致したものであれば何であれ、それが即ち過去である。そして党はあらゆる記録を完全に掌握しており、同様に、党のメンバーの精神も完全に管理しているからには、過去は党が如何ようにでも決められる。」[*7]

オセアニアの支配階級にとっての過去とは客観的事実のことではなく、記録と記憶の一致である。したがって、記録を改ざんし、あるいは、改ざん前の記録を廃棄し、さらに記録と異なる記憶の表明を禁じることにより、党は過去を完璧に改変でき、こうして党は常に無謬であることとなり、一

党独裁を維持できるというわけである。このようなやり方は、政府にとって都合の悪い記録を早急に廃棄し、あるいは政府答弁と整合しない過去の記録を改ざんし、関係者には「記憶にない」あるいは「記憶の限りでは」などと答弁させることにより政権維持を図ろうとする戦略として、現在もどこかの国で応用されているかもしれない。

　以上のようなオセアニアの恐怖政治は、たしかに、きわめて極端なものであって、理論的に導かれる最悪状況にすぎない。しかし、私たちはこの最悪状況の考察から、無制限な監視社会化と政府による情報改ざんや隠蔽の放置の行きつく先が、国家権力の濫用の防止を趣旨とする立憲主義の完全な破壊であることを知ることができる。すなわち、その行きつく先は、個人のプライバシー権や知る権利の侵害だけにとどまらず、国民から自律的な思考能力と国家権力を批判するための正確な情報を奪うことによって、人権侵害を回復させる機能を有する民主政の過程までも破壊してしまうのである。

5　プライバシー権の実質
　　——プライバシー権侵害によって失われるものとは何か

(1)　スノーデン氏のプライバシー論

　　「プライバシーとは何かを隠すためにあるのではありません。プライバシーは何かを守るためにある。それは個です。プライバシーは個人が自分の考えをつくりだすために必要なのです。人は自分の信じるところを決定して表現するまでに、他人の偏見や決めつけを逃れて、自分自身のために考える自由が必要です。多くの人がまだそのことに気づいていませんが、だからプライバシーは個人の権利の源なのです。プライバシーがなければ表現の自由は意味をなさない。」

　これは、2016年に出版されたスノーデン氏へのインタビュー記録（小笠原みどり『スノーデン、監視社会の恐怖を語る』毎日新聞出版、173頁）からの言葉である。ここで、スノーデン氏が「プライバシーとは何かを隠すためにあるのではありません。」と強調し、「多くの人がまだそのことに気づいていませんが」とも述べているように、プライバシー権と聞いて、恥ずか

しい事柄ややましい事柄を秘密にする権利だとしか考えない人々はいまだに多く、それが「個人の権利の源」であると考える人は少ない。このことが多くの人々をして、プライバシー権保障の重要性の理解を困難にしている。なぜなら、プライバシー権がそのような権利に尽きるものであるとしたら、その価値はそれほど高くはないと考えられるからである。

たとえば、私たちは裸の盗撮を典型的なプライバシー侵害と考えるであろうが、医者にならば裸を見せる場合もある。それは生命や健康の重要性は、恥ずかしいという理由に優先するからと説明することも可能であろう。するとまして、隠したい理由がやましいと思っているからであるような場合に、公共の安全等がそのようなプライバシー権に優先することは当然であると思われよう。

実際、スノーデン氏が暴露した米国の監視システムは「9.11同時多発テロ」をきっかけに「テロとの戦い」のために作られた米国の愛国者法を基盤にしていたのであり、日本でもいま、東京でのオリンピック開催に向けてテロや犯罪防止を強化することなどを理由として、インターネット、監視カメラ、GPS装置などから大量の情報を集積する技術の飛躍的な進歩を基礎にした監視の拡大が進みつつある。つまり、監視はテロや犯罪の防止に役立つのに対して、プライバシー権はそれらの助長につながるやましい「私事や悪事を隠すための権利」にすぎず、その尊重の必要性は監視の必要性よりも劣後すると誤解されやすいのである。

では、こうした考え方に対し、スノーデン氏の言葉の基礎にある人権思想や哲学とは何であろうか。

(2) 表現の自由を支える権利としてのプライバシー権

憲法は、表現や思想良心の自由を保障している。これらの自由はもちろんとても重要である。しかし、ここで私たちが忘れがちなことがある。それは、たとえこれらの自由が保障されたとしても、表現すべき思想や良心の形成の自由が保障されていなければ意味がないということである。

では、私たちの思想や良心はどのようにして形成されるのか。もちろん、他者から学ぶことも重要である。しかし、ある段階において、これまで受容してきたあらゆる知識や情報を自分自身で、誰からも干渉されず、自由に、主体的に考える過程も不可欠である。

では、自由に、主体的に考えるとはどういうことか。それは、どんな知識や情報も、与えられるがままに受け入れたり、まして丸暗記したりするのではなく、いったんは疑うというプロセスである。これを西洋で最初に明言した哲学者はいうまでもなくデカルトである。
　そのプロセスにおいては、「なぜ人を殺してはいけないのか」のように、公言すれば「けしからん！」と批判されかねない事柄や、軽蔑されかねない恥ずかしい事柄を問うことも含まれる。だからこそ、このプロセスは主として私的領域において行われざるを得ないのである。つまり、私的領域では、明らかな常識も、口に出すにはちょっと恥ずかしいとかやましいなどと感じる事柄も、いったんは疑い、吟味されることになる。しかし、これは決してやましい行為でも恥ずかしいことでもない。むしろ、そのような事柄についてもいったんは疑い、自分の頭で吟味し、基礎づけて、納得するというプロセスは、個の確立にとってとても重要なのである。監視はこのプロセスが実行される私的領域を侵すのである。
　ところで、かつて公権力は、思想犯罪を直接に処罰するなどあからさまに暴力的な方法で、個人の思想良心の形成プロセスに干渉してきた。思想良心の自由を保障する憲法を持つ現代日本社会ではさすがにそのような方法は使えない。しかし、パノプティコン型の監視は、それに代わる手段になることができる。パノプティコンとは、非暴力的な主体性抑圧装置だからである。するといくら表現の自由が保障されていても、社会に強烈なパノプティコン状況が存在する限り、その意味がなくなってしまう。これがスノーデン氏の警告の言葉の意味であろう。

(3)　「人間の尊厳」を守る権利としてのプライバシー権

主体性の根拠としての「人間の尊厳」　　デカルトは、哲学者であったにもかかわらず、自ら軍隊に入隊するなどさまざまな世界を体験した。その結果、ある段階において、すでにそれまで受け入れてきたさまざまな知識や情報をいったんすべて疑い（「デカルト的懐疑」と呼ばれる。）、有名な「われ思う、ゆえにわれあり」を確信し、その確信の根拠となった「明晰かつ判明に認識可能であるものだけが真理」という独自の真理規準を形成した。
　もちろん、私たちがデカルトから学ぶべきことは、この真理規準ではな

い。この規準自体は、デカルト個人の経験に基づく到達点であるから、誰もが受け入れる必要はない。私たちが学ぶべきことは、デカルトが他者や自らの多様な経験から学びつつも、それらを単に受容せず、いわばそれらの「否定的統一」として自己の真理規準を形成し、それに基づいてその後の自己の経験や自己にとっての真理を基礎づけたという主体的態度である。人間のこのような側面を、後に「人間の尊厳」と位置づけたのが『実践理性批判』などの著者として有名なカントであった。この「人間の尊厳」は、ドイツでは現在も人権の本質とされ、現代のドイツ連邦共和国基本法（ドイツ憲法）1条にも規定されている。

そこで、プライバシー権がこの人権の本質としての「人間の尊厳」とどのような関係にあるのかを知るために、カントの思想についても簡単に触れておこう。

カントにおける「人間の尊厳」　カントの思想は、ジョン・ロックやデイヴィッド・ヒュームに代表されるイギリス経験論哲学者の哲学（認識論）あるいは人間観への批判的考察（否定ではない）から生まれたものである。

経験論哲学の認識論とは、真理とは客観的なものであって、人間は経験を通じてそれを受容することによってしか認識できないというような立場をいう。

しかし、そもそもどんな人間も、世界中に歴史的に起こるすべてを経験することなどできるはずはない。すると、そのような不完全な人間が認識したと称する法や道徳や自然科学の法則などは、すべて仮象（確固たる根拠のない認識）にすぎないものとされてしまう。

また、このような認識論的前提は、専制君主制や多数者の暴虐の否定根拠を、専制君主の場合はいうまでもなく、多数者といえども、「そもそもすべてのことを経験し、真理を認識することはできない」という意味での人間の不完全性に求めることにつながりやすい。同様に、個人の個性もまた、一つの同じ客観的真理（正解）に対する、各自の経験や能力の不完全性から生じる見解や感じ方の違いとしてのみ尊重されるべきという考え方につながりやすい。

つまり、個性は人間の尊厳の根拠というよりはむしろ、人間の不完全性の根拠とされるのである。逆にいえば、もし人間がすべてのことを経験で

き、しかも完全な知性を有するとすれば、個性は消失し、一つの同じ客観的真理に到達できるであろうということを、この立場はひそかに前提としている。

　だからこの場合の「個性」とは、唯一の正解として仮想された客観的真理からの差異の程度あるいは距離として把握されている。するとその距離が小さい場合であれば尊重の対象とされるが、大きくなれば「独りよがり」や「逸脱」として排除の対象とされやすい。つまり、社会通念に大きく反するような独自の思想や価値観等は、尊重されるどころか、敵視の対象にされやすくなるのである。このように、小さな個性は尊重するが、大きな個性を「逸脱」と評価することは、監視社会促進の一因でもある。

　さらにいえば、もしも私たちが何もかも経験しなければ知ることができないとすれば、私たちがたとえば「真の民主主義」について何かを語ろうとしても、この世のどこかに「真の民主主義」が実際に出現し、それを経験するまではできないということになってしまいかねない。また、自然科学が成功するためには、因果関係の客観的実在性が経験によって証明されなければならなくなるが、それでは自然科学が成功する日は来ないであろう。

　にもかかわらず私たちがいま理想を抱いたり、科学を発展させて主体的に生きることができるのはなぜか。カントによれば、人間は経験という「あんよ車」に常に引きずり回されることなしには何もできないような存在なのではなく、経験から学びつつも、それに秩序を与える真理の規準や自然認識の尺度を自ら発見し、これに経験（科学）あるいは自分自身（道徳）を従わせるような主体的な存在だからであるとされる。この認識論の転換が、いわゆるコペルニクス的転回と呼ばれるものである。そして、このようにさまざまな事柄に秩序を与える規準やルールを自ら作り出し（自己立法）、自分や経験をこれに従わせるという人間の主体的本質のことをカントは「自律」と呼んだ。

　こうして、カントによれば、私たち人間が築いてきた科学や道徳や法は仮象であるどころか、「人間の尊厳」と呼ぶべき主体的本質に基づいて自律的に定立された主体的真理とされることになる。もっとも、カントはこうした人間の自律的な法則定立行為のことを「普遍的自己立法」と呼び、普遍性を重視する立場に対してのみ高い価値を認め、それを道徳哲学の基

礎とした。この点については、価値観の多様性を重視する現代の私たちの立場からみれば、カントの思想の限界と評価すべきなのかもしれない。

ともあれ、私たちがカントのこうした思想から学ぶべきと思われることは、カントが「人間の尊厳」を人間の自律的な自己立法能力（善悪や真偽を判断するための自分の規準、尺度、ルール等を自ら立てる能力）において認めた点である。この考え方に従って「個人の尊厳」の意味を導くなら、それは個人が自らの経験と個性を踏まえて自分らしい生き方や真理の規準を発見し、それらに基づく真理や幸福を求めて生きようとする主体性のことを意味することとなるであろう。

監視は「人間の尊厳」の侵害である　するとパノプティコン型の監視社会が、人間の尊厳を侵害するものであることは明らかであろう。なぜなら、パノプティコンとは暴力によらない暴力的教育施設だからである。したがって、パノプティコンが存在する社会においては、社会で支配的な思想が個人に対し暴力的に押し付けられることになり、個人はそれにそう簡単に抵抗できない。すなわち、多くの個人は、処罰や社会から排除されることへの恐怖のために自由な思考能力が奪われ、自律した個人になることができなくなる。その結果、ほとんど無意識のうちに、社会の支配的な考え方に迎合するにすぎない浅薄な優等生として振る舞おうとするようになるのである。

フーコーはこのような監視を、「無限の規律・訓練」であり、「終わりのない尋問」であり、「決して閉じられることのない調書の作成」であり、「到達不可能なある規格と比べた逸脱の果てしない測定」であり、「無限にその規格へたどりつくように強制する漸近線的運動である方式」だと表現している。[*8]

つまり、通常の刑罰はその執行が終われば終了する。しかし、日常的な監視は無限に続く尋問と取調べであって、そこでの取調べの内容は社会が望む規格からの距離の測定であり、その距離を無限小にさせるための強制である。だからこそ、そこでは小さな個性は尊重されるが、大きな個性は逸脱とされるのである。

なお、これは民主主義にとっても由々しき事態を生じさせる。なぜなら、そもそも民主主義が良い結果を生むのは、自由で主体的に思考する自律的な個人たちが知恵を出し合うことで形成される国民の意思（民意）が存在

するからである。つまり、多様な人々が、各自の多様な経験を活かして、自由に思考し、対等に議論した結果が政治に反映されることによって、政治は誤ることが少なくなり、少数者の人権も守られやすくなるからである。これに反して、民意が時の権力に迎合してしまう国民たちばかりによって形成されるとどんな結果を生むのかは、先に紹介した『1984年』や、ヒトラー政権時代のドイツのことを思い出せば明らかであろう。

6　現代社会のパノプティコン

(1)　はじめに

最後に、現代社会のパノプティコン状況を生み出す要因について、現代哲学者（一般に、カール・マルクス以降の時代の哲学者のことをいう。）の分析をヒントに考察し、その状況を乗り越えていく方策についての考察を試みたい。

さて、現代哲学の仕事の一つは近代哲学の批判的超克である。だから、先に紹介したデカルトやカントもここでは容赦なく批判（否定ではない）の対象とされる。

(2)　フーコーの分析

フーコーによれば、パノプティコンが目指した規律と訓練とは、「人間の多様性の秩序化を確保するための技術」[*9]であり、権力の行使をできるだけ経費のかからぬものにすることによって効用を最大化する技術だという。すると、これは先述したカントがコペルニクス的転回を案出する際に倣った近代自然科学の認識論に酷似していることに気づかないであろうか。

すなわち、カントは、当時の自然科学や数学の認識論の中に、経験の多様性に引きずり回されることなく、逆に、多様な経験を従わせる簡潔なルールを自己立法し、それを自然に入れ込むことによって自然を体系的に理解・支配することを成功に導く認識論を発見した。このカントが発見した認識論は、多数の囚人たちと個別に対応せず、逆に、多様な囚人たちが従うべき法則を中央の塔から囚人たちの中に送り込むことで、囚人たちを一望的に客体化し、管理する方法ととても似ている。すると、現代社会では、私たちが自然を支配し、産業を発展させ、利便性を向上させてきたその当

の認識の仕組みによって、同時に、私たち自身もまた客体化されてしまうおそれがあるということになる。実際、現代監視社会とはまさに、もともとは私たちが自然を支配し、利便性を高めるために開発した最先端の技術による人間の客体化なのではないだろうか。

しかし、囚人であればともかく、刑務所の外で自由に活動する私たちに対しては、こうした自然支配の仕組みや技術の応用はできないはずであろう。なぜなら、自由に生きる人間は単なる「物」とは異なり、尊厳を備え、主体性があるのだから。

そう思いたいところであるが、果たして、本当にそうであろうか。

(3) アレントの分析

はじめに　以上のような問題意識を抱きつつ、最後に、ハンナ・アレントの『人間の条件』に触れることにする。同書はもちろん監視やプライバシー問題をテーマにしたものではない。だから、以下の議論も同書の内容の忠実な紹介にとどまるものではなく、同書でアレントが論じている「私的領域」と「公的領域」をめぐる歴史的考察をヒントにしながら、先の問題意識をより広い観点から考察しようと試みたものである。

私的領域と公的領域　さて、アレントが定義する私的領域とは、公的領域に対して「隠すべきもの」であり、具体的には、古代ギリシア・ローマの市民にとっての家族生活の領域のことを指す。他方、公的領域とは、政治的領域のことであり、具体的には古代ギリシアのポリスにおける生活を指す。

私的領域は、人間が動物同様に生きるための必然性（生物学的生命の必要）に支配されている領域で、具体的には、生殖や食べていくための労働（主として奴隷が担当する）が行われる領域である。こうした私的領域の構成員は家長によって暴力的に支配されている。アレントによれば、この領域の克服が公的領域参加の資格要件とされる。

公的領域すなわちポリスとは、上で述べた私的領域を克服した者だけが市民権を得られる政治的領域で、そこは生きるための必然性から解放された領域であり、支配者も被支配者もいないという意味で、すべての市民が平等な領域である。そこでは、どんな個性も、それが活動において示され

る限り、尊重される。

　アレントによれば私的領域克服は公的領域参加の資格要件であるから、以下に述べるような架空の資格試験と合格後の実務家の世界の関係を想像してみるとわかりやすい。

　資格試験合格までが私的領域である。その克服が公的領域参加の資格要件ではあるが、この架空の制度では、公的領域はそのプロセスに一切関与しない。不正行為を除いて、とにかくどんな方法でもいいのでこの私的領域を克服した者でさえあれば、公的領域では完全に平等に扱われる。

　したがって、公的領域にはさまざまな個性の持主がやってくる。とんでもない勉強法や試験対策で私的領域を突破してくる超個性的な人物もやってくる。しかし、公的領域はこうした個性を一切選別しないし、ランク付けもしない。公的領域は私的領域克服プロセスを一切問題にしないのであるから、そこで問題にされるのは、公的領域で市民権を得てからの各自の独自の活動だけである。だから、独自の活動を行い、自己の卓越を示そうと試みない者だけは軽蔑されるかもしれない。なお、暴力は禁止される。古代ギリシアの市民が公的領域で自己の独自性や卓越を示す手段は、あくまでも、言論と活動によらねばならないのである。

　なぜこのような公的領域が可能になるかといえば、アレントが定義する公的領域はまず、生きるための必然性から解放されているため、構成員が何か一つの考え方にコミットさせられ、従順になる必要がまったくないからである。したがって、このような公的領域では、構成員にどんな正解も押しつけられない真の個性尊重社会が実現する。さらに、公的領域のリアリティが、「無数の遠近法と側面が同時的に存在する場合」とされるからである。わかりやすくいえば、異なった個性の持主たちが一つの世界を共有し、関係しあうことが公的領域の現実性とされるからで、だからこそ、公的領域は個性形成プロセスに関与しないのである。

　さて、ここで気づかないであろうか。この章でこれまで議論してきたプライバシー権とは、まさに、こうした公的領域を可能にするための権利だということに。しかし、アレントが定義する古代の私的領域は、人間の動物的な側面として隠されるべき領域とされており、そこに現代の私たちが求めているプライバシー領域を発見することは難しい。するとなぜ、現代社会では古代ギリシア・ローマには見当たらなかったプライバシー領域が

必要とされるようになったのであろうか。先に進もう。

社会的なるものの勃興　さて、アレントによれば、やがてこの私的領域は、アレントが定義する「社会的なもの」へと吸収されてしまい、同時に、公的領域もその大部分が失われてしまう。つまり、時代の進展によって、かつての家族は奴隷や、多くの場合、土地や私有財産をも失い、もはや家族という私的領域内部だけでは生きるための必然性を克服することが不可能になる。こうして、家族としての私的領域は解体し、民族規模の家政によって経済問題（生きるための必然性に関する課題）を解決する組織としての「社会的なもの」、具体的には国民国家が成立することになる。

つまり、アレントが定義する「社会」あるいは「社会的なもの」とは、かつての私的領域がその本質を変えずに「社会」という公的性格を受け取った（「隠すべきもの」という性格を奪われた）国家規模の集団組織のことである。したがって、そこは「公的でありながら生きるための必然性に支配される場」であり、多くの人間はこのような「社会」においてはじめて生命を維持できる存在になるのである。

すると、こうした「社会」は、古代ギリシア・ローマ時代の家族と同じく、家長が構成員を暴力的に支配する仕組みに近づくことになる。ただし、家族には家長がいた。しかし、「社会」としての国民国家には、支配の仕組みやシステムが存在しているだけで、そこに具体的な人間としての支配者はいない。それはアレントが「ノーマンルール」と呼ぶ社会関係としてのパノプティコンである。なお、アレントはもちろん、「パノプティコン」という言葉は用いておらず、これは私たちの文脈での意味にすぎない。

こうして、人々の生命過程は「社会」に依存することになり、人々は「社会」が選択する価値観に従わされるようになる。「社会」もその構成員の画一化を目指すようになり、現代的な意味での個人のプライバシー領域にも干渉するようになる。

するとかつての公的領域と私的領域との関係はどうなるのであろうか。

かつての公的領域とは、かつての私的領域を克服した者だけが、そこで相互に自律した個人として他者と対等に交われる領域であった。しかし、かつての私的領域は解体され、国家規模に肥大し、「社会」になってしまった。この「社会」を克服できる個人はきわめて稀であろう。ということ

は、公的領域が存在するとしても、そこへの参加資格を得られる者はきわめて少数ということになる。こうして、強烈な個性の持主は、ごく稀に「社会」から認められた者を除いて、逸脱者として排除や矯正の対象とされることになる。

　他方、大部分の人々が属する「社会」はその構成員を画一化しようとするため、個として生きることが困難な領域になる。こうして、個性的に生きようと欲する人々は、「社会」が強要する暴力的な画一化からの避難所へと追いやられることになる。

　この避難所が、私たちがこれまで議論してきた現代のプライバシー領域である。なお、アレントはこの領域のことを「親密さの領域」と表現している。つまり、現代社会において、私たちはこの領域においてこそ個を醸成することができることになる。そして以上で述べたような経緯に照らすと、この領域の性格は、かつての公的領域と対立する側面よりも、「社会」からの避難所という側面が圧倒的に強くなる。だからこそ、この領域で醸成される強烈な個性は、時に「反社会的」と評価されることさえあるわけである。

　ところで、アレントによれば、このような近代社会の支配的理念とは生産性の拡大であり、産業の発展である。すると、そこでは実践的な成果を生み出すための知や活動が高く評価されることとなる。こうした成果を生まない、たとえば哲学者や「オタク」と呼ばれるような人々の活動は、たとえそれがいかに個性的で自律的で、動物と区別される人間的な活動であっても、「社会」ではあまり評価されなくなる。

　アレントによれば、「社会」は「そのメンバーに純粋に自動的な機能の働きを要求する。それはあたかも、個体が自分から決定しなければならないのは、ただその個別性――まだ個体として感じる生きることの苦痛や困難――をいわば放棄することだけであり、行動の幻惑され『鎮静された』機能的タイプに黙従することだけであるかのようである。近代の行動主義理論が厄介なのは、それが誤っているということではなく、それが正しいものになったということであり、それが実際に近代社会のある明白な傾向を概念化するのに最も可能性のある方法であるということである。」という。

　つまり、「社会」の住人にとっては個性的に生きることがかえって苦痛

で自然に反すると思えるようになり、「社会」の法則を認識し、それに従う（昨今の流行語では「忖度する」と表現される。）ことの方がむしろ自由で安楽だと思うようになる。これこそがパノプティコンの住人の典型的な症状である。

　実際、このパノプティコンの住人にとっての真理の規準とは、「社会」が認めるもの、多数派が賛同する事柄である。だからこそ、ネット上で表明される個性的な発言を炎上させ、自己の主張は主に社会常識に合致することを根拠に正当化する人々が増える世の中になる。彼らにとって、アレントが問題としたような、「社会常識に合致することがなぜ真理の規準になるのか」という疑問はけっして生じない。むしろ、社会常識が真理であることは前提とされ、「何が社会常識なのか」を発見することだけが彼らの関心事になるのである。

　こうして、このような「社会」の住人にとっては、法や法則に従わない具体的個人が消去されるべき「外れ値」や矯正されるべき「犯罪者」に見え、法則に従う従順な人々が現実的で模範とすべき正義の人に見えるようになる。つまり、カントが発見した自然科学や数学の主体的な認識形式が動かしがたい客観的な現実に見え、その実質、つまり具体的で感性的な存在（質料）がむしろ単に主観的にすぎない価値のない独りよがりな排除されるべきかりそめな存在として現象するようになる。

　しかし、このような「社会」はいまやほとんどの人々にとって、かつての私的領域同様、生きるための必然性に支配されたプロセスである。つまり、多くの人々にとって、そこから排除されるわけにはいかない場所である。こうして、人々は「社会」の法則に従う道を自ら選択するようになる。自然科学の対象とされる「物」と同じく、尊厳を失い、パノプティコン社会の住人になるのである。

(4) 人生を危険にさらせ

　では、こうしたパノプティコンを突破し、人間が尊厳を取り戻すにはどうしたらいいのであろうか。アレントはもちろん、こうした私たちの問いに対する回答を明示してはいないが、随所にヒントになる言葉をちらつかせている。そう思われる部分を引用してみよう。

　アレントは、「二足す二は幾つかという問題を与えられたとき、私たち

はみな四という同じ答えを出すであろうという事実が、常識的推理のほかならぬモデルとなる。」と言う。つまり、二足す二は四という数学的真理が、私たちが従うべき動かしがたい現実だとみなすような立場を批判する。実際、これではカントの意図も没却される。カントによれば、数学的真理は、理性が採用する方法に基づいて認識された理性的真理にすぎず、血が通ったリアルな真理ではない。つまり、カントは、コペルニクス的転回によって、理性等の主体や社会との関係の外に、理性等が把握できないリアリティがあることを否定したわけではない。いや、むしろその存在を肯定したからこそ、カントは理性の限界と個性を認めたのである。したがって、私たちの真の自由は、二足す二が四という真理の外にこそある。つまり、理性と社会が排除したリアリティにこそあるのである。なお、これは先に紹介した『1984年』の主人公の考え方に対する批判でもある。彼はまさに、二足す二を四だと言えるような社会こそが自由な社会だと考えたからである。

　アレントは、また、次のようにいう。「奴隷が軽蔑されていたのは、彼らがいかなる犠牲を払ってでも生き残りたいために生命の必要にのみ仕え、主人の強制に服していたからである。」その主人とは、現代の私的領域である「社会」では、それが私たちに押し付けようとする価値観であろう。

　だから、アレントは、現代ではもはやほとんど見出すことができない古代ギリシアの公的領域（ポリス）について、次のようにいう。「政治的領域に入った者は、だれでも、まず自分の生命をかける心構えがなければならない。生命にたいして愛着しすぎれば、それは自由を妨げたし、それこそまぎれもない奴隷の印であった。したがって勇気はすぐれて政治的な徳になった。」

　現代社会のパノプティコンに負けないために、アレントのこうした言葉から私たちが学び、目指すべきことは何であろうか。それが、監視社会に飼い慣らされることによって、安楽に生きることでないことはいうまでもない。しかし、この社会の中で賞賛を浴びる存在になることでもない。これではせっかく生きるための必然性を克服したにもかかわらず、命がけで自己を示そうとしない、ポリスで唯一軽蔑されるかもしれないような人間にすぎない。むしろ、常識さえも敵に回し、命がけで、独自で卓越した個として生きようとする主体性、これこそ、アレントが暗示する真の主体性

あるいは実存なのではないだろうか。

　しかし残念ながら、現実において、このような主体性を貫くことができる個人は稀で、フィクションにおいてさえ、むしろ悪のヒーローの方がそれに近い存在として描かれることになる。だからこそ、『1984年』で主体性を貫いたのは、主人公よりも、むしろ、かつての私的領域の家長のように、暴力を用いて国民を支配しようとした究極の全体主義国家であるオセアニアの支配階級だったのであり、『デスノート』ではキラだったのである。ただし、彼らはいかに主体性を貫いたといえども、暴力を用いた点で、正当化される余地はまったくないが。

　さて、こうしてみると、現代における監視社会勃興の謎が解けたのではないだろうか。

　現代社会における監視は、たいてい、生命の安全や犯罪防止、すなわち、社会の構成員の生命維持を口実に正当化される。それはアレントの分類によれば、本来の政治の役割ではなく、「社会的なもの」の影響である。

　私たちは憲法学において、統治は人権保障のための手段だと教えられる。それは正しいと思われるが、その趣旨をどのように理解するかは重要である。すなわち、政治あるいは統治の使命は、私たちの単に生物学的な生命ではなく、人格的生存を保障することなのである。逆にいえば、統治は、私たちの単に生物学的な生命を守ることだけを口実に、私たちから自由と主体性を奪うことも許されるような手段ではないのである。もしも後者であれば、フーコーも示唆していたように、そこに生きる私たちにとって、人生は最初から最後まで懲役刑と同じになってしまうだろう。

　すると、パノプティコンの突破は、政府や権力に対する抗議だけでは足りないということになろう。私たちの多くが、「いかなる犠牲を払ってでも生き残りたいために生命の必要にのみ仕え」るような精神を持ち続け、そのためにはかけがえのない一生分の自由と主体性を売り渡してしまってもよいと考えるような勇気を欠く人々である限り、そうした民意を基盤にした国家や「社会」による監視社会の促進を止めることは困難になるからである[10]。

　そこで最後に、まさに現代を生きる日本のアイドル哲学者の著書の題名から言葉を借りることとしたい。それは、「人生を危険にさらせ！」[11]である。

すなわち、スノーデン氏のように、命がけで主体的に生きる気概の持主が現代社会に一人でも多く現れること、また、そのような気概の持主を尊重し、応援する人々が増えるような真の価値観多様性肯定社会を実現すること、こうしたことこそが現代社会のパノプティコンを弱体化させ、真の人間の主体性と尊厳の強化につながるはずである。

　ここで重要な点がある。スノーデン氏の命がけの行動は、私たちに多くの貴重な情報を暴露してくれたし、プライバシーや情報公開の重要性を再認識させてくれた。しかし、アレントの議論に従うなら、だから価値があるというのではない。そうではなく、主体的な「個」として生きることに命をかけたこと自体に価値があるのである。なぜなら、アレントによれば、ポリスという公的領域における「真の人間」とは、社会的有用性のような「必要性」にコミットしないからこそ自由で主体的なのだからである。したがって、人間の尊厳は、有用性や必然性を度外視して個であること、「私が無条件に、ほかならぬ私であること」のうちにこそ求めるべきであろう。

　また、「命がけ」という言葉は、私たちの「生きるための必然性（いかなる犠牲を払ってでも生き残りたいという意味での生命の必要）」をエネルギー源として肥大化するパノプティコンの効果により自分の中に現れてくる看守と戦い続けること、つまり、自由に自分らしく生きることを目指し、実践することを意味するのであって、スノーデン氏が行ったような文字どおりの決死の行為を直接的に意味するわけではない。

　すると、このような意味での人間の尊厳は、スノーデン氏のようなトップクラスの頭脳の持主でなくても、また、決死の行動力などなくても、あるいは、最先端のITのことや哲学や法律や経済や科学のこともあまりよくわからない普通の市民やアイドルや学生であっても、自分が誇れる自分だけの個性を発見し、それを卓越に至るまで磨き、命がけで主体的に生きようとする気持ちさえ大切にすれば、現代社会においても、きっと誰もが獲得できるのではないだろうか。

　以上を、監視社会突破のためにどうすべきか、読者の方々の考えるヒントにしていただければと思う。

[注]
*1 ミッシェル・フーコー（田村俶訳）『監獄の誕生』（新潮社、1977年）203頁。
*2 フーコー・前掲書204頁。
*3 フーコー・前掲書204-205頁。
*4 引用はすべてジョージ・オーウェル（高橋和久訳）『一九八四年〔新訳版〕』（早川書房、2009年、第28刷）中の、『寡頭制集産主義の理論と実践』という、「オセアニア」の支配体制を描いた架空の書。引用部分は上記訳書では315～316頁。
*5 オーウェル・前掲書323頁。
*6 オーウェル・前掲書326頁。
*7 オーウェル・前掲書327頁。
*8 フーコー・前掲書226頁以下。
*9 フーコー・前掲書218頁。
*10 ドイツ連邦裁判所ホフマン・リーム副長官は、2007年6月6日、日本の弁護士からのインタビューに対して次のように述べている。「安全のためのテロ対策と自由の調和を考えるに当たって、忘れてはならないことがある。自由を尊重する社会は、全くの安全な社会ではない、ということを認めなければならない。完全な安全を求める人は、自由を維持することはできない。」
*11 須藤凜々花・堀内進之介『人生を危険にさらせ！』（幻冬舎、2016年）。

第2章
監視社会と「二つの憲法論」
―― 憲法学から見た監視社会の問題点

曽我部真裕

1　はじめに

　率直にいって、日本で「監視社会の脅威」の問題点をリアリティをもって共有するのはなかなか難しい。思いつくままにその理由を考えてみると、まず、日本は同調圧力の強い社会だといわれているが、それと不可分に結びつく傾向として、他人に対する関心が非常に強いということがあるだろう。同調するための前提として、他人が何をしているのかが気になって仕方がないのである。これを言い換えると、人々は常に相互監視の状態にあり、それが「世間」を形成し、世間を騒がせた人々を無慈悲に断罪する。これが常態であり、監視されていることに問題意識を感じるのは社会の一部に過ぎない。

　他方、第二に、政府からの監視という意味では、全体としていえば、他国との比較ではその程度は低い。古くから監視社会の到来だと警戒された国民総背番号制に連なる住基ネットもマイナンバーも、なお評価は分かれているが、少なくとも現時点では厳重な保護装置が構築されているといい得るだろう。また、通信監視にしても、通信傍受法の要件はなお厳格であり、実施件数も他国との比較では控えめである。また、スノーデン事件で問題となったようなインターネットの大量監視は、実施されていない（はずである。アメリカから情報提供を受けている模様である点はさしあたり措く。）。

　しかし、第三に、そうした中で公安警察などによる問題性の非常に大き

い活動が展開されているのも事実である。しかし、こうした活動の対象は、「一般の人々」から明確に区別される左翼政党、市民団体のリーダー、外国人といった何となく危険な活動をしていそうな人々であり、国民一般の問題意識には上りにくい構造となっている。こうした構造は他国にも存在すると思われるが、こと日本では政治活動に携わる人々はごく一部であり、「一般の人々」と「プロ市民」等といった区別はより明確であるため、この構造的要因は大きい。2017年のテロ等準備罪（共謀罪）法の審議においても、「一般の方々がテロ等準備罪の捜査、処罰の対象となることはない」という答弁が法務大臣等から繰り返し行われたが、これは、「一般の人々」からこの問題に対する関心をそらすような効果があったのではないか。

このような事情は、監視社会の問題点を法的に考察する際にも影を落としている。一つは、裁判所の問題意識の希薄さである。裁判官は彼らなりに「国民の意識」を反映した判断をしようと心がけているものと思われるが、監視の問題に関する国民意識が上記のようなものであるとすれば、監視の合憲性あるいは適法性が問題となった事案における判断もそれなりのものとならざるを得ない。もともと、監視の問題を訴訟で争うには後述のように理論的・実践的なハードルがある。それを乗り越えるには裁判官の鋭い問題意識が求められるところであるが、あいにくそうはなっていないのが現状である。

第二に、監視社会の問題に対処するには、立法的な手当がどうしても必要である。しかし、国会も関係省庁も、上記のような事情もあって十分な問題意識を持てていない。

ところで、監視社会の問題を憲法の観点から論じるという場合、どうしてもプライバシーなど権利論からのアプローチが先に立ちがちであるが、それだけでは十分ではないだろう。本章では、「二つの憲法論」からのアプローチを考えたい。なお、用語について、本章では「監視」と「情報収集」とは原則として互換的なものとして用いる。

2　第一の憲法論——基本権論

(1) 訴訟の意義と限界

監視に対抗して、訴訟において憲法上の権利（基本権）を主張するとい

う戦略が考えられる。しかし、監視の問題を訴訟で争うことには様々な限界がつきまとうことを確認しておきたい。

　急いで付け加えておかなければならないが、こうした限界があっても、訴訟が無駄であるということにはならない。監視されていることに気づいた個人は救済を求めて訴訟を提起せざるを得ないし、実際に損害賠償が認められていることは成果といい得る。他方で、判決理由を見てみると、総じて、現在の監視のあり方にお墨付きを与える結果になっている。もっとも、更に翻って考えると、裁判所の認識がこの程度のものであるということが明らかになることで、理論上・実践上の取組を促す効果もあるだろう。これまで監視の違憲性・違法性を問う訴訟がいくつも提起されてきたが、それらには意義があったのであり、勇気を出して訴訟に踏み出した当事者やそれを支えた弁護士の方々には大いに敬意を表するものである。

　その上で、以下では、近年のムスリム監視事件や自衛隊情報保全隊事件を主な素材に、監視の問題を訴訟で争うことの限界について考えてみたい。

(2) 実践的な限界

　まず、実践的な限界として、当然のことながら、監視が秘密裏に行われている場合には、ムスリム監視事件のように情報流出といった事態にならなければ被害が顕在化せず、訴訟提起ができない。

　また、訴訟提起がなされた場合にも、監視の具体的な方法等が不明であることから、立証に関する困難が多く、そもそも請求の特定さえ困難な場合がある。自衛隊情報保全隊事件一審判決（仙台地判平成24・3・26判時2149号99頁）では、原告の求めた「表現活動の監視による情報収集等」の差止めは、「必ずしも一義的に明確な用語ではなく」「差止めの対象たる将来の行為を具体的に特定」できていないとして不適法却下された。

　他方、ムスリム監視事件一審判決（東京地判平成26・1・15判タ1420号268頁）では、被告東京都から、警察官がどのような手段・方法によって原告らのどのような個人情報を収集したかにつき個別具体的な主張がなく請求原因事実として特定されていないとの主張がなされた。しかし、これに対して判決は、「原告らが何らかの方法によって警察官に個人情報を収集されたこと自体は動かしがたい事実である一方で、原告ら個々人がいかなる手段・方法によって個人情報を収集されたのかについての厳密な特定

を要求するのは原告らに無理を強いることになりかねないことを考慮すると、請求原因の特定としては以上の程度で足りる」として一定の配慮を見せた。もっとも、本件では情報収集そのものの違法性については緩やかに審査されたため、情報収集手段・方法を具体的に詰める必要がなかったがゆえにこうした判示が可能であったともいえる。

(3) 権利の制約に関わる問題

憲法理論上の問題として重要なものの一つが、監視がどのような意味でどのような憲法上の権利を侵害するのかという問題である。

ムスリム監視事件では、原告は監視そのもの（つまり、流出ではなく情報収集）による憲法上の権利侵害として、信教の自由、平等権、プライバシー権の各侵害を主張した。ここでは信教の自由とプライバシー権の各侵害に着目する。

信教の自由の侵害について一審判決は、「国家によって信教の自由が侵害されたといい得るためには、国家による信教を理由とする法的又は事実上の不利益な取扱い又は強制・禁止・制限といった強制の要素が存在することが必要である」とし、本件で行われたのは任意の情報収集活動であるから、信教の自由の制約はないと判断した。いわゆる三段階審査の枠組み[*1]によれば、制約がなければ正当化が求められるまでもなく当該国家活動は許されることになる。

これに対しては、制約を認めるには「強制の要素」が必要だとする見解は再考すべきで、「モスク把握活動を認識していたムスリムにとっては、宗教的行為の自由に対する間接的ないし事実上の制約となると共に、把握活動を認識していたか否かを問わず、信仰を推知されない自由が直接的に制約されていたと言ってよい」[*2]とする批判がある。実際のところ、一審判決も前段落に引用したような割り切った見方を貫いたわけではなく、いま紹介した批判にあるような視点も踏まえられてはいるように思われる。いずれにしても、情報収集活動を対象者が認識していたかどうかが一つの重要な要素となる。認識があれば萎縮効果が生じることをもって権利制約ありという主張も可能となるが、認識がなければ制約なしという判断になりやすい。もっとも、信教の自由については、信仰を推知されない自由がその保障内容の一つであるとされているため、認識がなくとも制約があると

いい得る。他方、後に見る表現の自由についてはより難しい問題がある。

　これに対してプライバシー権との関係では、対象者が情報収集活動を認識していたかどうかは問題とならない。ムスリム監視事件でもこの点は問題とされていない。他方、公開の場所で行った活動等については秘匿性に乏しく、プライバシーには含まれないと判断される可能性が高い。この点が問題となったのが自衛隊情報保全隊事件である。

　同事件の控訴審判決（仙台高判平成28・2・2判時2293号18頁）は、こうした観点から、アーティスト名で自衛隊イラク派遣反対ライブを行ったシンガーソングライターたる原告について、公開していない本名や本職の情報を探索した点に違法なプライバシー侵害を認めたが、逆にいえば、その他の原告の地方議員として議会で行った活動や、公の集会やデモ行進への参加等についての情報収集についてはプライバシー侵害が認められなかった。

　確かに、伝統的なプライバシー理解からすれば、このような判断となることもあり得るが（もっとも、肖像権はプライバシー権と密接に関わる権利だとされつつ、判例上も、公の場での写真撮影であっても肖像権侵害となり得るとされている）、この点については、情報社会の進展とともに議論の展開が見られる。秘匿性の低い情報（単純情報）であっても、利用のされ方によっては本人に不利益をもたらす可能性があるため、収集・保管・利用のあり方について一定の統制がなされるべきであるというのである。

　ところが、自衛隊情報保全隊事件では、情報の収集の場面のみに着目して判断がなされたため、秘匿性の低さが重視された結果、プライバシー侵害がほとんど認められなかった。このような「取得時中心主義」は、最近の学説から強く批判されているものである。ただし、訴訟においては、情報の収集や漏洩といった決定的なポイントに焦点を当てて違法性を争わざるを得ないことが通常であろうから、収集・保管・利用のあり方全体を問題にするアプローチは訴訟との相性が悪い。このような中でも、訴訟でのあるべき判断手法を探る議論も見られるが、ここでは立ち入らない。この問題の本筋は、このようにプロセスとして理解されたプライバシー保護は、むしろ客観法の問題として個人情報保護制度に回収されるということだと考える。そして、いわゆる自己情報コントロール権は、それ自体が憲法上の権利であるというよりは、個人情報保護制度上の権利として位置付けら

れるべきであろう。憲法上の権利としては、個人情報保護制度の確立を求めそれを嚮導する抽象的権利だと考えられる。[*6]

　ところで、自衛隊情報保全隊事件で救済が十分でなかった要因として、上記のようなプライバシー権の捉え方の問題のほか、公の場所等での活動に関する情報収集に対抗する権利の構成に限界があったことが挙げられる。これらの公の場所等での活動については、表現の自由や集会の自由として保障されることになるが、こうした活動を秘密裏に監視しても萎縮効果は生じず、表現の自由等の制約だと構成することは困難である。他方、個々の事案において具体的に監視されていることの認識がなかったとしても、自衛隊情報保全隊や、より一般的には公安警察が市民運動を監視していることは知られており、市民運動に従事する者はいつ監視されてもおかしくはないという一般的な感覚はあるかもしれず、その意味での萎縮効果は常に生じているかもしれない。公安警察等の存在そのものが萎縮効果を及ぼしているという主張である。しかし、こうした主張が具体的な権利侵害の違法性が争われる訴訟の場で受け入れられる可能性は小さく、これはむしろ客観法的な統制の問題として考慮されるべきであろう。その意味でこの点は訴訟で争うことの限界をなしている。

　以上を要するに、政府による監視活動は、秘匿性の高い情報のみならず秘匿性の低い情報をも含めて秘密裏にかつ継続的・網羅的に収集を行い、分析・利用するものであるが、個々の憲法上の権利を制約するとは限らず、訴訟において憲法上の権利を主張することによっては監視活動の問題性を正面から捉えることができないようである。

(4) 小　括

　監視の問題性は、収集・分析された情報が流出して甚大な不利益を及ぼす場合（ムスリム監視事件）や、情報分析の結果問題があると判断された人物が逮捕等の不利益処分を受ける場合など、劇的に現れる場合もある（山本龍彦のいう「激痛」）。[*7]他方で、前述のように、市民運動に従事する者はいつ監視されてもおかしくはないという一般的な感覚による公的活動全体に微妙に作用する萎縮効果や社会の自由な雰囲気への影といった個人の具体的な権利侵害には還元できないような弊害もあるだろう（山本のいう「鈍痛」）。

このような「鈍痛」については、訴訟での対応に限界があり、むしろ、法律によって監視のガバナンス制度を確立することが重要である。これは権利論というよりは統治機構論であるが、しかし、権利論の文脈でも、近年の学説の動向を反映して、ムスリム監視事件でも自衛隊情報保全隊事件でも、法律の根拠の有無が大きな争点の一つになっている。この法律の留保論は、二つの憲法論——権利論と統治機構論——とをつなぐミッシングリンクを埋めるものともいえる。

3 第二の憲法論——統治機構論

(1) 法律の留保論

ムスリム監視事件一審判決も、自衛隊情報保全隊事件事件控訴審判決も、それぞれ問題となった情報収集活動について、組織法上の根拠があることをもって法令の根拠ありと判断している。前者について見れば、警察法2条1項に照らすと強制力を伴わない任意手段による限り、一般的に許容されるとする。こうした論法は、捜査の端緒としての自動車検問の適法性の論証に用いられたものである（最決昭和55・9・22刑集34巻5号272頁）。組織法規範における所掌事務の定めが作用法上の権限の根拠とはならないことは一般に認められていることであるが、任意手段であって本来個別的な法律の根拠が不要であるという理解もあって、このような判示がなされた。もっとも、自動車検問が日常用語的な意味において「任意」であるかどうかは怪しく、結局のところ、本来は立法が求められるところ、その実現の見込みがなかったことによる苦肉の判断であるとも見ることができる。もっとも、最高裁はもともと法治主義の要請を重視しておらず、大した躊躇はなかったのかもしれない。

いずれにしても、法治主義原理を緩和したことの弊害は大きく、こうした論法が今回も用いられたということになる。

しかし、こうした裁判所の見解は、今日の議論水準に適合していない。そもそも、任意手段である限り法律の根拠を要しないとするのは侵害留保説と呼ばれる考え方であるが、これは行政は原則として自由に行動できるという19世紀ドイツの立憲君主制の憲法原理を前提とするものであり、日本国憲法の構造に合致しないといわれる。実際、戦後ドイツでは侵害留保

説に代えて、「およそ本質的な決定は議会自らが下すべき」とする本質性理論あるいは重要事項留保説と呼ばれるものが採用されている。こうした理論は、侵害留保説の背景にあった自由主義的な観点に加え、民主主義的な観点を踏まえたもので、日本国憲法の下でも同様の方向に進むべきとする主張が有力になっている。

　こうした観点からは、巨視的に見れば、自由と安全とのバランスをどのように保っていくかは重要な政策課題であり、その中核にある公安警察等のあり方は国会において民主政プロセスにより基本決定を行うべき重要事項であるといえる。これは主として民主主義的観点によるものといえる。他方、個人の権利との関係を見ても、情報の収集・保管・分析に関わる個々の行為が直接権利侵害に該当するとは必ずしもいえないが、これらの行為を無制約のうちに放置すれば重大な権利侵害につながる恐れがあり、主として自由主義的観点から法律による規律を及ぼすべきものといえよう。

(2) 法律による規律のあり方

　この点について本章で特に目新しいことを述べる用意はないが、さしあたり以下のような指摘をしておきたい。

　第一に、本章で言及した訴訟において主張されていた法律の根拠としてどのようなものが想定されていたのか明らかではないが、情報収集活動を認める実体法上の要件や手続を定める形式の作用法・手続法的な法律の根拠が果たし得る役割には限界があることである。こうした規律は伝統的には重要な役割を果たしており、今日でも強制処分については重要な規律である。しかし、特に自衛隊情報保全隊事件で問題となったような個々の収集行為自体の権利侵害性が低い行為については、明らかな濫用的情報収集を排除することは別として、こうした観点からの厳格な規律はなじまないだろう。

　第二に、情報収集そのものではなく、収集した情報の管理・利用の仕方によって個人の自由に対する脅威が生じる問題については、個人情報保護法制がまさにそのために整備されているのであるから、この法制を強化することによって対応することが考えられる。確かに、行政機関個人情報保護法は警察をはじめ監視に係る機関にも適用されることにはなっているが、犯罪捜査や公安に関する個人情報については特例も多く、実際には十分な

規律がなされていない。また、DNA型データベースの運用が法律で規律されていないことの問題性もつとに指摘されている。これらの問題点については改めて精査を行い、可能な限り一般的な規律が及ぶようにすべきであろう。

　しかし、行政機関個人情報保護法は、行政機関内部での規律のほかは、個人情報ファイルの公表や本人による開示等の請求など、偶発的な外部の目によって行政機関における個人情報の取扱いの適正を担保することとしている。ところが、犯罪捜査や公安については、公開が困難なことが多いのも確かであり、こうした偶発的な外部の目によるチェックが及びにくい。

　また、そもそも、犯罪捜査や公安については、情報の利用目的を具体的に定めてその範囲内で利用するという規律にどこまで馴染むのか、実際に遵守可能なのかが明らかでない。組織をまたぐ情報提供については一定のハードルを設定することが必要であるようには思われるが、内部利用について上記のような疑問もある。

　以上のような観点からは、個人情報保護法制を可能な限り及ぼすにしても、限界があるように思われる。

　そこで、第三に、偶発的でない外部の視線を導入することが重要である。独立性のある監督機関である。こうした監督機関においては、守秘義務を徹底すること（ただし、調査後は機微情報を含まない範囲で最大限の情報公開が求められる。）と引き換えに監視に係る機関の活動を細部に至るまで調査できる権限が付与されるべきだろう。また、その際には、ブロックチェーンなどの最新技術を用いて監視に係る機関の活動を記録し、調査に供することも有益である。また、最新技術の利用ということでいえば、情報収集のための技術は日々進化している。こうした技術の利用のあり方についても監督が必要だろう。

4　おわりに

　以上の検討からは、国会は、情報収集活動のあり方に十分な責任を持ち、国民の自由が侵害されないよう適正な活動がなされることを担保するような仕組みを法律で定めることが憲法上求められる。また、政府の統制が国会の重要な憲法上の機能であることにも思いを致し、監督機関の報告書が

出された場合には、それも踏まえて情報収集活動の状況をチェックすることが求められる。

考えてみれば、以上のようなことは情報収集活動に限らず国会の憲法上の権限の行使として当然求められるものであり、同様の指摘が当てはまる国政上の他の課題も少なくない。逆にいえば、ここで問われているのは、憲法が想定しているような形で国会が機能しているのかどうか、ということである。

[注]
* 1 　三段階審査については最近の憲法教科書の多くに言及があるが、コンパクトにまとまった文献として次のものを挙げておく。小山剛「違憲審査の思考枠組み」月報司法書士519号（2015年）4頁（http://www.shiho-shoshi.or.jp/monthlyrep/39575/）。
* 2 　渡辺康行「『ムスリム捜査事件』の憲法学的考察」松井茂記ほか編『自由の法理　阪本昌成先生古稀記念論文集』（成文堂、2015年）943-944頁。
* 3 　京都府学連事件（最大判昭和44・12・24刑集23巻12号1625頁）、オービス事件（最判昭和61・2・14刑集40巻1号48頁）、パチンコ店内ビデオ撮影事件（最決平成20・4・15刑集62巻5号1398頁）、法廷内写真撮影事件（最判平成17・11・10民集59巻9号2428頁）など。
* 4 　山本龍彦『プライバシーの権利を考える』（信山社、2017年）68頁以下、星周一郎『防犯カメラと刑事手続』（弘文堂、2012年）81頁、緑大輔「監視型捜査における情報取得時の法的規律」法律時報87巻5号（2015年）65頁以下など。
* 5 　山本・前掲注4）93頁以下など。
* 6 　参照、拙稿「個人情報保護と医療・医学研究」論究ジュリスト24号（2018年）109-111頁。
* 7 　山本・前掲注4）48頁。
* 8 　赤坂幸一「議会留保」法学セミナー753号（2017年）80-81頁。
* 9 　山本・前掲注4）229頁、玉蟲由樹「警察DNAデータベースの合憲性」日本法学82巻2号（2016年）433頁など。
* 10 　稲谷龍彦「刑事司法の最適化と情報技術・ビッグデータの活用――GPS最高裁判決を超えて」情報法制研究3号（2018年）12頁。

第3章
監視社会の実態
──日本

武藤糾明 [1〜3]　**瀬戸一哉** [4]

1　はじめに

　スノーデンが明らかにしたインターネット監視に関する、日本国内の具体的状況は明らかといえない。
　その中で、現在明らかとなっている国内のインターネット監視について検討する。

(1)　サイバー犯罪捜査としてのインターネット監視

　サイバー犯罪とは、コンピュータ技術および電気通信技術を悪用した犯罪を指し、①コンピュータ、電磁的記録対象犯罪、②ネットワーク利用犯罪、③不正アクセス行為の禁止等に関する法律違反、に大別されている。
　①には、金融機関等のオンライン端末を不正操作し預金を移す電子計算機使用詐欺罪（刑法246条の2）、コンピュータウィルスの作成、提供等の不正指令電磁的記録作成・供用等罪（刑法168条の2・168条の3）、コンピュータを損壊したり、不正な指令を与える等の電子計算機損壊等業務妨害罪（刑法234条の2）等がある。
　②には、電子メール送信によるわいせつ物頒布等罪（刑法175条）、インターネットオークションを用いた詐欺罪（刑法246条）等がある。
　③には、他人のIDやパスワードを無断で使用したネットワーク越しのコンピュータ不正使用や、不正なプログラムを使用する等して、コンピュータの安全対策上の不備を突き、ネットワーク越しにコンピュータを不正

使用等がある。

　刑事訴訟法上、サイバー犯罪捜査のために捜査機関に付与されているインターネット監視に関する権限には以下のものがある。

①接続サーバ保管の自己作成データ等の差押え（99条2項・218条2項）
②記録命令付差押え（99条の2・218条1項）
③電磁的記録に係る記録媒体の差押えの執行方法（99条2項・218条2項）
④通信履歴の電磁的記録の保全要請（197条3項）

　保全措置の期間は原則30日以内とされているが、他方で、電気通信事業における個人情報保護ガイドラインでは、接続認証ログは6か月間程度の保存は認められるとされている。
　サイバー犯罪を摘発していくためには上記の監視権限は有益性を持つ。もっとも、電磁的記録や通信内容には犯罪とは無関係な市民のプライバシー情報も含まれている可能性がある。そこで、このような市民のプライバシーを保護できる仕組みの構築が必要である。
　具体的には、捜査機関から独立し、専門的知識を有し、かつ守秘義務を負う第三者によって構成される監視機関が、捜査機関による差し押さえた電磁的記録の利用状況、通信傍受の実施状況、傍受装置および傍受した通信の記録等を監視または検査し、不適正な実施と判断したときは、傍受の実施の中止や傍受記録の消去を命じるなどの措置を講じることができる仕組みを構築すべきである。

(2) XKEYSCORE

　2017年4月24日、米ネットメディア「インターセプト」とNHKは、米国国家安全保障局（NSA）・米国中央情報局（CIA）の元職員エドワード・スノーデン氏が持ち出して提供した機密文書として、NSAが日本に提供した「XKEYSCORE」（エックスキースコア）を使って、NSA要員が日本での訓練実施を上層部に求めたとの2013年4月8日付け文書を公開した。
　XKEYSCOREは、データの検索プログラムであるが、『暴露──スノーデンが私に託したファイル』（グレン・グリーンウォルド、田口俊樹・濱野大

道・武藤陽生訳、新潮社、2014年）によると、その特徴は以下のとおりである。

①Eメール、ウェブサイトの閲覧履歴、グーグルの検索履歴、チャット、オンライン・ソーシャル・ネットワーク（フェイスブック、ツイッター等）上の活動など、"一般的なユーザーがインターネット上で行うほとんどすべての活動"を収集・管理・検索するためのプログラムである。

②Eメールの作成やサイトの閲覧といった個人のオンライン上の活動を"リアルタイム"で監視することすら可能である。

③NSAの分析官は、XKEYSCOREにより、ある人物が訪問したウェブサイトを突き止めることができるばかりか、特定のウェブサイトを訪問した者全員のリストを作成することもできる。

④分析官は、どんな情報であれ、誰からの監督も受けることなく、いとも容易に検索ができる。

⑤XKEYSCOREは、完全な状態のコンテンツを3日から5日間保管できる。

スノーデン氏は、XKEYSCOREを「スパイのグーグル」と呼んでおり（小笠原みどり『スノーデン、監視社会の恐怖を語る』（毎日新聞出版、2016年））、共同通信のインタビューにおいて、「(XKEYSCOREを) 私も使っていた。あらゆる人物の私生活の完璧な記録を作ることができる。通話でもメールでもクレジットカード情報でも、監視対象の過去の記録まで引き出すことができる『タイムマシン』のようなものだ」と述べている（2017年6月2日付け東京新聞）。

2017年4月に公表された米国国家安全保障局（NSA）の機密文書（いわゆるスノーデン・ファイル）の中に、XKEYSCOREがDFS（Directorate for SIGINT、防衛省情報本部電波部）に提供された旨の記載があった。

この機密文書について、スノーデン氏は、共同通信のインタビューにおいて、「エックスキースコアを国家安全保障局（NSA）と日本は共有した。（供与を示す）機密文書は本物だ。米政府も（漏えい文書は）本物と認めている。日本政府だけが認めていないのは、ばかげている」と述べており（2017年6月2日付け東京新聞）、XKEYSCOREが日本にも提供されたことを認めている。

NSAは、「PRISM（プリズム）」と呼ばれる、マイクロソフト、ヤフー、

グーグル、フェイスブック、パルトーク、AOL、スカイプ、ユーチューブ、アップルといった米インターネット最大手9社のサーバーに命じて、電子メールやSNSによる通信内容などを秘密裏に提出させるプログラムと、「アップストリーム（Upstream）」と呼ばれる、米本土につながる海底光ファイバーケーブルなどにアクセスして目当ての通信情報を直接入手するプログラムにより、インターネット上の情報を収集し、それらをXKEYSCOREを使って検索・分析を行っている。

　日本の通信回線のほとんどは米国内を通過するため、NSAは、上記プログラムにより日本国内の通信内容を収集・分析できる。

　日本もまた、XKEYSCOREの提供を受けたことにより、NSAと同様にインターネット上の情報を検索・分析できるようになったと考えられる。また、2017年5月17日、衆議院外務委員会において、防衛省は、「防衛省におきましては、我が国の防衛に必要な情報を得るため、電波情報も含めまして、数々の情報を収集、整理、分析しております。この結果につきましては、関係省庁と共有されているところでございます。」と答弁し（広瀬政府参考人答弁）、情報を関係省庁と共有していることを認めており、警察も関係省庁の一つとして、XKEYSCOREにより得られた情報を共有している可能性が高い（なお、防衛省情報本部電波部の歴代部長はいずれも警察庁出身者である。）。

　そうだとすると、私たちの日常のインターネット上のやりとりが、日本政府の監視下にあることになる。

(3) 公権力によるその他のインターネット監視

　自治体が、インターネット上での市民の発言を監視しているとして問題になった事例もある。

　たとえば、佐賀県庁が、民間業者に委託し、個人のホームページや「2ちゃんねる」などの掲示板、メールマガジン、ニュースサイトなどインターネット上のあらゆる場所から「佐賀」という言葉が含まれる情報を検索し、収集していることが報道された（2006年10月19日付け朝日新聞ウェブサイト）。佐賀県庁危機管理・広報課は、J-CASTニュースの取材に対して、「決してネットを『監視』ということではなくて、ネット上での声を県政に吸い上げたい、という狙いだった」と説明している（同月23日付けJ-

CASTニュース)。

　また、北九州市が、東日本大震災で発生した宮城県石巻市からの瓦礫受入れを契機に、約1,200万円の予算で民間業者に委託して、ツイッターなどの投稿を集計し、北九州の農作物や海産物が汚染されるなどといった風評被害を招く投稿の有無を調べていることが報道された(2012年7月18日付け小倉タイムス、2013年1月6日付け朝日新聞)。

(4) 検　討

　インターネット上のあらゆる個人のデータを網羅的に収集・検索する情報監視は、不必要にプライバシーを侵害するものであるから、禁止されるべきである。

　もっとも、個別のケースにおいて、インターネット監視が真に必要性があり、かつ、手段としての相当性が認められるのであれば、それを否定することはできないであろう。しかし、その場合であっても、プライバシー保護措置が十分に講じられていることが条件とされるべきである。その点で、2014年に、世界の500の団体、専門家、政府機関関係者によって作成された「通信監視への人権適用に関する国際原則」が参考になるので、以下に紹介する(ブルース・シュナイアー、池村千秋訳『超監視社会』(草思社、2016年)第13章の注釈参照)。

　「通信監視への人権適用に関する国際原則」は、以下の13の原則を示している。日本においても、監視の必要性とプライバシー保護の調整を図る見地から、この原則に従った法規制を導入すべきである。

①法定主義　　プライバシーの制限は、明確に、そして細部にわたるまで具体的に法律で定めるべきである。そして、テクノロジーの急速な進歩にプライバシー保護の仕組みが追いつくように、法律を頻繁に見直さなくてはならない。

②目的の正当性　　通信監視が許されるのは、国の最も重要な目的を追求するために必要な場合に限られるべきである。

③必要性　　通信監視が正当な目的を達成するために必要であると立証するのは、国家の責任である。

④妥当性　　通信監視のメカニズムは、正当な目的を達成するために有効なものでなくてはならない。

⑤相当性　通信監視は、プライバシーの権利と意見の自由、表現の自由に干渉し、民主主義社会の土台を脅かす、極めて重大な権利侵害行為とみなすべきである。通信監視を相当な範囲にとどめるためには、一般的には、しかるべき権限を持つ司法機関による事前の承認が必要とされる。

⑥しかるべき権限をもつ司法機関　通信監視に関わる決定は、公正で独立した、しかるべき権限を持つ司法機関によってなされなくてはならない。

⑦適正手続　人権への干渉はいかなる場合も、法律に基づく手続に従って決定されなくてはならない。その手続は、誰でも利用できる公平で公開の聴聞の場で、すべての人に同一の基準で行われるべきである。

⑧本人への通知　通信監視の許可がくだされる場合は、対象者に通知されるべきである。通知すれば捜査が妨げられると、しかるべき権限を持つ司法機関が判断した場合を除いて、監視が実行される前に、誰もが異議申立ての機会を与えられなくてはならない。

⑨透明性　政府は十分な情報を公開し、国民が監視活動の規模と性質を理解できるようにする義務を負っている。また、政府は、監視に関わる国家との取引の規模と性質についてサービス提供企業が詳細に開示することを全面的に禁じてはならない。

⑩国民による監督　通信監視の透明性を確保し、権限濫用の責任を問えるようにするために、国家は独立した監督メカニズムを設けるべきである。その監督メカニズムには、国家の行動に関連がある可能性のある情報すべてを入手する権限を持たさなくてはならない。

⑪通信とシステムの保全　サービス提供者や、ハードウェアおよびソフトウェアのメーカーは、システムに監視機能やバックドアを組み込んだり、国家による監視のためだけに特定の情報を収集もしくは保持したりすることを強制されてはならない。

⑫国際協力に関する保護措置　国家は、監視を実行するために他国の協力を求める場合がある。その際は、公開の明確な合意を結び、適用される可能性のある基準の中で最も厳重にプライバシーを保護するものに準拠するようにしなくてはならない。

⑬違法な情報収集に対する保護措置　違法な電子的監視を行った者はすべて、民事と刑事の制裁を受けるべきである。また、そのような監視により影響を受けた人物には、是正のために必要な法的メカニズムを利用する機会が認められなくてはならない。人権を脅かすような監視活動を暴露した内部告発者は、強力な保護を与えられるべきである。

2　日本国内における監視の現状

(1)　イスラム教徒に対する監視

事件の概要　2010年10月28日頃、インターネット上に114点のデータ（以下、本件データという。）が、ファイル交換ソフトであるウィニー（Winny）を通じて掲出された。本件データは、同年11月25日時点で、20を超える国と地域の1万台以上のパソコンにダウンロードされた。

本件データの中には、国際テロ対策に関するデータが多数含まれていた。また、特定の人物について、A4・1枚のサイズの履歴書様の書面のデータに、国籍、出生地、氏名、性別、生年月日、現住所、勤務先および使用車両が記載され、「入国在留関係」として、上陸年月日、旅券番号、旅券発行年月日、在留資格、本国住所、在留期間、登録年月日、登録市区町村および登録番号が、「住所歴学歴職歴」として、日本における住所歴および通学・勤務先歴が、「身体特徴」として、身長、体格、髪、ひげ、眼鏡の有無等が、それぞれ記載されている上、「家族交友関係」として、家族の氏名、生年月日、勤務先および住所が記載され、また、一部の者については「免許関係」として、保有する免許の種別、取得年月日および免許番号が、「犯罪情報」として、検挙年月日、罪名、検挙署および処分結果が記載されていたほか、「容疑」、「対応状況及び方針」、「所属団体」、「地位・役職・役割等」、「モスクへの立入状況」、「立入徘徊先」、「行動パターン概要」という項目についての記載欄も設けられていた。

2010年12月、警察庁は「国際テロ対策に係るデータのインターネットへの掲出事案について」と題する書面を公開し、警察職員が取り扱った蓋然性が高い情報が含まれていると認めたが、いかに持ち出されたのかは明らかにしなかった。

本件データに記載されていたイスラム教徒である原告らは、警視庁、警察庁および国家公安委員会が、①モスクの監視など、原告らの信教の自由等の憲法上の人権を侵害し、また、行政機関の保有する個人情報の保護に関する法律や東京都個人情報の保護に関する条例に違反する態様で個人情報を収集、保管および利用し、②その後、情報管理上の注意義務違反等により個人情報をインターネット上に流出させた上、適切な損害拡大防止措

置を採らなかったもので、これらは国家賠償法上違法であるとして、警視庁の責任主体である被告東京都、ならびに警察庁および国家公安委員会の責任主体である被告国に対し、損害賠償を求めて提訴した。

裁判所の判断　第一審（東京地判平成26・1・15判時2215号30頁）は、本件データについて、警察が作成し警視庁公安部外事第三課が保有していたものであると認め、ほとんどの原告らについては、捜査員が直接に把握活動をすることによって、モスクへの出入状況や宗教的儀式または教育活動への参加の有無についての情報が収集され、その余の情報は、法務省入国管理局等の関係機関等から提供を受け、または原告らに対して接触や捜索等を行う過程で収集されたものであると認めた。

情報収集の適法性については、①日本国内において国際テロが発生する危険が十分に存在するという状況、ひとたび国際テロが発生した場合の被害の重大さ、その秘匿性に伴う早期発見ひいては発生防止の困難さに照らせば、モスクに通う者の実態を把握することは、警察法2条1項により、国際テロの発生を未然に防止するために必要な活動である、②情報収集活動が、主としてイスラム教徒を対象とし、収集情報の中にモスクの出入状況が含まれていることは、イスラム教における信仰内容それ自体の当否を問題視していることに由来するものではなく、イスラム教徒の精神的・宗教的側面に容かいする意図によるものではないこと、③本件モスク把握活動は、捜査員が自らモスクへ赴いて、原告らのモスクへの出入状況という外部から容易に認識することができる外形的行為を記録したにとどまり、強制にわたるような行為がなされておらず、これによる信教の自由に対する影響は、それが存在するとしても、せいぜい警察官がモスク付近ないしその内部に立ち入ることに伴い嫌悪感を抱くこととなったということにとどまることを総合し、本件の情報収集活動は、仮にこれらによって原告らの一部の信仰活動に影響を及ぼしたとしても、国際テロの防止のためにやむを得ない措置であるとした。

ただし、情報が流出した点については、警視総監に情報管理上の注意義務を怠った過失があったとし、被告東京都には原告らが被った損害を賠償する責任があるとした。

控訴審（東京高判平成27・4・14LLI/DB判例秘書登載）も、本件の情報収

集活動は国際テロ防止のためにやむを得ない措置であるとした第一審の判断を追認し、情報が流出した点について被告東京都の賠償責任を認めた。

　最高裁判所は2016年5月31日、一審および二審同様、東京都に計9,020万円の損害賠償の支払いを命じたが、情報収集自体は「信教の自由」を侵害していないとし、原告の上告を棄却する決定を下した。

(2)　大垣警察署警備課による市民監視

事実の経過　　2012年4月、Aは、中部電力の子会社「シーテック」(名古屋市)が、岐阜県大垣市に風力発電施設16基を建設することを計画していることを、自治会の配布資料で知った。計画では、A、Bが居住する上鍛冶屋地区から約2.3キロメートルと近接する位置に、風力発電施設が建設されることになっていた。

　同年11月3日、シーテック社が上鍛冶屋地区で事業の説明会を開催した。住民から、低周波音による健康被害や土砂災害、獣害に関する質問が出たが、シーテック社は具体的な回答をしなかった。

　A、Bは、風力発電事業の勉強会を企画し、2013年6月30日、同年7月28日、2014年1月26日、同年6月20日に、勉強会を開催した。A、Bは、シーテック社の計画を詳しく知ろうと思い、2013年12月8日、シーテック社主催の現地説明会に参加した。

　2014年7月24日、朝日新聞名古屋版は、朝刊1面トップに「岐阜県警が個人情報漏洩」の見出しで、「岐阜県大垣市での風力発電施設建設をめぐり、同県警大垣署が事業者の中部電力子会社『シーテック社』(名古屋市)に、反対住民の過去の活動や関係のない市民運動家、法律事務所の実名を挙げ、連携を警戒するよう助言した上、学歴または病歴、年齢など計6人の個人情報を漏らしていた」などとする記事を掲載していた。

　上記記事に掲載されたA、B、C、Dは、E法律事務所を中心に弁護団を結成し、シーテック社に対する証拠保全の申立てをし、大垣警察署警備課とシーテック社の情報交換に関する議事録(2013年8月7日、2014年3月4日、同年5月26日、同年6月30日)を入手した(議事録の●●はすべて実名)。

議事録の内容　　第1回議事録　「中電大垣営業所経由で中電岐阜支店広報●●課長より、大垣警察署警備課が『南

伊吹風力の事業概要情報を必要としている』旨の連絡が当Gに入ったので訪問した。」とあり、大垣警察警備課が中部電力を介してシーテック社を呼び出したことが、情報交換の行われたきっかけになっている。

　第1回の情報交換は、2013年8月7日午後1時30分から2時30分まで、大垣警察署別館3階において、「大垣市上石津町風力発電反対派による勉強会の実施について」という会議名の下、大垣警察からS警部、M巡査長、シーテック社から●●G長、●●氏が出席して行われた。

　この情報交換においては、A、B、C、E法律事務所についての情報のやり取りがなされている。

> ①「岐阜新聞7月31日（水）版に『大垣市上石津町で風力発電について学ぶ勉強会が行われた』ことが掲載されたことを知っているか。」
> 「同勉強会の主催者であるA氏やB氏が風力発電にかかわらず、自然に手を入れる行為自体に反対する人物であることを御存じか。」
> ②AとBは「同じ岐阜県内で活発に自然破壊反対や希少動物保護運動にも参画しており、E法律事務所ともつながりを持っている。」
> ③「また、大垣市内に自然破壊につながることは敏感に反対する『C氏』という人物がいるが、御存じか。本人は、60歳を過ぎているが東京大学を中退しており、頭もいいし、喋りも上手であるから、このような人物と繋がると、やっかいになると思われる。」
> ④「このような人物とE法律事務所との連携により、大々的な市民運動へと展開すると御社の事業も進まないことになりかねない。大垣警察署としても回避したい行為であり、今後情報をやり取りすることにより、平穏な大垣市を維持したいので協力をお願いする。」

第2回議事録　　第2回の情報交換は、2014年3月4日午後3時から3時45分まで、大垣警察署別館3階において、「南伊吹風力発電事業の用地交渉進捗について」という会議名の下、大垣警察からS警部、M巡査長、シーテック社から●●G長、●●氏の出席で行われた。

　この情報交換は、同年2月2日に上鍛治屋自治会が、シーテック社による測量に伴う自治会の管理地への立入りに反対する総会決議をしたことを受けて、本件事業用地交渉の進み具合の報告と、上鍛治屋地区からの反対運動を発生させないための相談をするために行われた。

　この情報交換においては、A、Bについての情報がやり取りされている。

① 「Bが、平成26年度『E法律事務所友の会』の役員になった。また、Aと交代で友の会役員を行っているようである。風車事業に関して一部法律事務所に相談を行った気配がある。」
② 「上石津町役場と相談しながら、具体的な進め方を相談されたらいかがでしょうか。」

第3回議事録　第3回の情報交換は、2014年5月26日午後4時から5時まで、大垣警察署別館3階において、「南伊吹風力発電事業の用地交渉進捗について」という会議名の下、大垣警察からY警部（警備課長）、M巡査長、シーテック社から●●氏の出席で行われた。

この情報交換は、2014年5月に上鍛治屋自治会から大垣市長宛てに風力発電中止の嘆願書が出されたことから、それへの対処のために持たれた。

この情報交換においては、A、Dについての情報がやり取りされている。

「Aは、E法律事務所の事務局長であるDと強くつながっており、そこから全国に広がってゆくことを懸念している。現在、Dは気を病んでおり入院中であるので、即、次の行動に移りにくいと考えられる。今後、過激なメンバーが岐阜に応援に入ることが考えられる。身に危険を感じた場合はすぐに110番して下さい。」

第4回議事録　第4回の情報交換は、2014年6月30日午後1時30分から2時30分まで、大垣警察署別館3階において、「上鍛治屋と（C）の新たな動きについて」という会議名の下、大垣警察からM巡査長、シーテック社から●●氏の出席で行われた。

この情報交換は、同年6月24日にM巡査長からシーテック社に対し「、（C）が風車事業に対して動き出す気配がある」旨の電話があったことから、一之瀬地区での「風力発電の勉強会」の状況や「（C）」の動向を確認するために持たれた。

① 「E法律事務所が毎年5月3日（憲法の日）に主催する『西濃憲法集会』が一息ついたので、風車事業反対活動に本腰を入れそうである。」
② 「Cは、徳山ダム建設中止訴訟を起こした張本人である。反原発・自然破壊禁止のメンバーを全国から呼び寄せることを懸念している。」

本件事案の特性

シーテック社と意見交換をしていたのは、大垣署の警備課の警察官であった。警備課は公安である。公安は、専ら特定の人や団体の日常行動を監視することを業務としており、犯罪捜査を担当していない。

通常、市民と警察が接触を持つきっかけは、事件の被害届出や保護を求めるなど、市民の側から警察に対しての働きかけである。ところが、本件事案は異なる。

大垣署（警備課）とシーテック社の意見交換は、大垣署（警備課）が中部電力に事業情報の提供を求めるために、大垣署に呼び出す形で始まっている。大垣署（警備課）に呼び出される前の時点で、シーテック社は大垣署（警備課）に助けを求めていたわけではなかった。大掛かりな施設を造って新たな事業を始めようとする場合、周辺の地域住民が生活環境の変化に不安を抱くのは当然であり、これに対して、新たな事業を始めようとする者が誠意をもって説明し、地域住民に納得してもらう努力をすべきは必要不可欠の工程である。このようなことは全国どこでも行われていることであって、警察が関与すべき"事件"ではない。本件は市民生活への警察の過剰な介入である。

大垣署（警備課）がシーテック社に話したＡ、Ｂ、Ｃ、Ｄの経歴等は、その多くが自ら公表している内容であり、ネット上で容易に検索できる内容であることからすると、さまざまな人々がそれらの情報を収集することは、Ａら4人が了解していることであり、通常、違法というべきことではない。個人の内心形成にも資することである。

これに対して、公権力が特定の人の個人情報を収集し管理するのは、これを分析し、特定の人を評価し、評価に従って対応することになる。自らの職務権限に関係のない個人情報は、それが公になっているか否かを問わず、収集する必要がない以前に、収集する権限がない（個人情報収集の目的制限）。

公安警察が業務として特定の人々の個人情報を収集することは、個人の内心形成とは全く異質である。ネット上にある情報であることから、公安担当の警察官がこれを入手することは簡単にできるが、内心形成のために行っているのではない。公安業務に必要という判断に基づいて収集しているのである。そうだとすると、公安担当の警察官が行い得ることは、職務

権限によって制約される。公安という職務権限を行使する上で必要な範囲に限られる。それを越えることは、一般市民には許されていることであっても、公安には許されない。

　公安担当の警察官が職務として、無数の人々の中から特定の人々を選び出しているのであるから、それは社会的に危険な存在として監視対象にしているということであり、公権力による差別的な扱いを行っているということである。これは法の下の平等（憲法14条）に反する。したがって、Aらの個人情報を収集、保管、利用するという差別的な扱いをする合理的根拠の有無が問題になる。

　風力発電が新たな電力事業として意義を持っている一方で、自然災害や人体への悪影響などが懸念されることも事実であることからすれば、公的な立場は、最初から特定の立場に与するのではなく、さまざまな意見が十分に交わされ、感情的な対立や誤解が解かれ、よりよい選択肢に向かうよう助力すべきである。さまざまな人々の様々な利害を考えなければならないことからすると、自治体が率先してそのような場を作るべきではないだろうか。少なくとも、このような役割は、警察（公安）活動ではないし、ましてや、警察（公安）が最初から一当事者（事業者）の経営方針を進めるために暗に協力するという関わり方は、警察活動の公正中立（警察法3条）を著しく損なう、きわめて異常な対応である。

国家賠償請求訴訟　2016年12月、Aら4人は、警備課の活動がプライバシー侵害、表現の自由の侵害であるなどとして、岐阜県を被告とする国家賠償請求訴訟を、岐阜地方裁判所に提起した。被告岐阜県は、Aらの請求棄却を求めている。

　このような裁判において、公安警察が実質的に被告になっている場合には、自分たちの活動については、訴訟追行上有利不利を問わず、認否をせず、知られないようにしている。被告県（岐阜県警）も公安の活動内容に関し認否を回避している。

　共謀罪被疑事件に関する任意捜査は、共謀が実際に行われる以前に開始される可能性が高い。準備行為も開始していない場合もあるであろう。そのような時点での捜査は、通常の捜査と異なり、まだ具体的に特定できる犯罪は存在しないから、犯罪でない行為をしている人々を捜査対象にすることになる。それはまさに本件におけるAらと同じ立場である。

その人々が国賠訴訟を起こした場合も、被告都道府県は、捜査活動の事実について具体的に主張しないどころか、認否さえしない可能性が高い。裁判所が被告の訴訟対応に理解を示し、被告側を勝訴させると、せめて法廷で事実経過を明らかにして警察活動の在り方を批判し牽制しようすることさえできず、国賠訴訟を起こす意味がほとんどなくなる可能性がある。

(3) 自衛隊情報保全隊による情報収集活動

事件の概要　2007年6月6日、日本共産党は、陸上自衛隊情報保全隊（現在、自衛隊情報保全隊に組織改定されている）作成の内部文書の写しとして、「情報資料」と題する文書5件（以下、文書1という。）と「イラク自衛隊派遣に対する国内勢力の反対動向」と題する文書6件（以下、文書2という。）を公表した。

文書1は、東北地方における自衛隊のイラク派遣に反対する活動、マスコミ動向等に関し、発生年月日、発生場所、関係団体、関係者、内容、勢力等をまとめ、一部活動については「反自衛隊活動」等と題してまとめたものであり、作成者として東北方面情報保全隊長が記載されていた。

文書2は、日本国内における自衛隊のイラク派遣に反対する活動等に関し、名称、行動形態、年月日、時間、場所、動員数、行動の概要、備考等をまとめ、一部活動については写真等を掲載したものであり、作成者として、情報保全隊が記載されていた。

防衛省は、自衛隊を管理および運営等し、また、その所掌事務として、自衛隊の行動、組織および装備等に関する事務に必要な情報の収集整理に加え、所掌事務の遂行に必要な調査および研究を行うこととされるところ、自衛隊内に設置される情報保全隊は、情報保全隊本部のほか、本部付情報保全隊および東北方面情報保全隊を含む5つの方面情報保全隊により構成され、自衛隊の施設等の情報保全業務（秘密保全、隊員保全、組織・行動等の保全および施設・装備品等の保全ならびにこれらに関する業務）のために必要な資料および情報の収集整理および配布を行うこととされている（自衛隊法23条、同法施行令32条、陸上自衛隊情報保全隊に関する訓令2条1号・3条・4条・17条・別表）。

文書1および文書2に記載された活動等に参加した原告ら107名は、自衛隊のイラク派遣に反対する活動等を監視され、情報を収集されたことに

より、精神的苦痛を受けたとして、被告の国に対し、人格権に基づく今後の一切の表現活動に対する情報保全隊による監視等の差止めと、慰謝料の支払いを求めて提訴した。

裁判所の判断　　第一審（仙台地判平成24・3・26判時2149号99頁）は、原告のうち5名について、自衛隊情報保全隊によって、表現活動の監視による情報収集等が行われていたことを認めた。

　情報収集の適法性については、自己の個人情報を正当な目的や必要性によらず収集あるいは保存されないという意味での自己の個人情報をコントロールする権利は、法的に保護に値する利益として確立し、これが行政機関によって違法に侵害された場合には、国は、そのことにより個人に生じた損害を賠償すべきであるとした上、原告5名については、氏名、職業に加え、所属政党等の思想信条に直結する個人情報を収集しているのであって、これら各原告は、情報保全隊により、人格権を侵害されたということができるとした。そして、行政機関がする情報収集等につき一律に個々の法律上の明文規定が必要とまでは解されないが、組織規範は、情報収集等が可能な範囲を画するものにすぎず、積極的に情報収集等の目的、必要性等を基礎付けるものではないから、情報収集等の目的、必要性等に関して被告の国から何ら具体的主張のない本件においては、原告らが適法性を否定する事情として主張する事実の存否について判断するまでもなく、情報保全隊がした情報収集等は違法と見るほかないとした。

　これに対し、控訴審（仙台高判平成28・2・2判時2293号18頁）は、一般的に公になっていなかった本名および職業などの情報が収集された1名について、プライバシーにかかる情報の収集・保有は違法と認めたが、その余の原告についての情報収集は適法であるとの判断を下した。

　まず、行政機関が行う情報収集活動について、常に個々の法律上の明文規定が必要とまでは解されず、自衛隊の施設等の情報保全業務のために必要な資料および情報の収集整理および配布を行うこととされている情報保全隊において、収集の対象となる情報に個人に関する情報が含まれるとしても、そのゆえをもって直ちに個人の人格に関する権利利益が侵害されたということはできず、その法令上の根拠が明らかでないことから、直ちに、その収集行為が当該個人に対する関係で違法であるということはできないとした。

そして、情報の収集行為が原告らとの関係において違法性を有するかどうかの判断にあたっては、情報収集行為の目的、必要性、態様、情報の管理方法、情報の私事性、秘匿性の程度、個人の属性、被侵害利益の性質、その他の事情を総合考慮する必要があるとし、①イラク派遣の遂行、その他の責務を与えられていた自衛隊が、その施設、隊員等を保全するという目的で、その業務の遂行に影響を与える可能性のある行為として派遣反対活動全般について情報を収集する必要性があると判断したことは相当の理由があったというべきであり、その目的からすれば、派遣反対活動そのものの情報収集が主眼であり、特定の個人に関する情報をことさら収集することを目的としていたものとは考え難いこと、②情報収集にあたり、何らかの有形力や強制力を行使するような態様で情報収集はせず、個人に関する情報については公開されているものから収集し、外部からの働きかけ等を行う人物を特定し、自衛隊への影響を判断した上で必要最小限度の個人情報を収集していること、③収集した情報は、目的達成に必要な短期間の保有が予定され、その間目的外使用や漏えいがされないように管理されていること、④被侵害利益等について、プライバシー権は人格権の一つとして、不法行為上、法的保護に値するということができるが、自ら公開の場所で行った活動、それ自体の情報については秘匿性に乏しく、特別の事情のない限り法的保護の対象とはならないというべきである、などとして、情報保全隊による情報収集は、その情報の中に個人に関する情報が存在するとしても、そのことだけから直ちに違法性を有するものとはいえないとした。

　もっとも、氏名、職業、住所、生年月日、本籍、学歴、所属団体、所属政党、個人の交友関係などプライバシーにかかる情報については、収集に当然一定の限度があるべきであり、必要性が認められても、その程度も考慮の上で、収集態様等によっては違法性を有する場合があり得るとし、一般的に公になっていなかった本名および職業などの情報が収集された1名について、プライバシーにかかる情報の収集・保有は違法とした。

　高裁判決のうち、国の敗訴部分については、国が上告しなかったため、上記高裁判決が確定した。

　また、最高裁判所第二小法廷（鬼丸かおる裁判長）は、2016（平成28）年10月26日、原告75名の上告棄却・不受理の決定を言い渡し、高裁判決が確

定した。

(4) 情報機関による監視

公安警察の現状　日本の警察は、戦前の国家警察から組織換えし市町村警察として出発したが、すぐに市町村の予算逼迫を理由に変わった。国家公務員が地方公務員を部下として使っている関係になっており、国家警察として機能することが予定されている。公安部門はそのような組織の中にある。

1945年10月4日、GHQが特高警察の廃止と全特高警察官の罷免などを指令したため、内務省が翌5日に各府県に特高警察機能の停止を通牒し、6日に特高課・外事課・検閲課の廃止を通牒した。しかし、わずか2か月後の同年12月19日、「民主化」達成という占領目的のためと称して、GHQの了解を得て、特高警察に代わるべき組織として、警保局に公安課が設置され、各府県にも警備課が設置されていく（荻野富士夫『特高警察』（岩波書店〈岩波新書〉、2012年））。

公安警察とは、公共の安全と秩序を維持することを目的とする警察の部門の総称である。公安警察は、警察庁警備局が一元的に指揮・管理を行い、地方の警察本部に属する警備部の公安課・公安係、外事課・外事係が末端部分を担う。

北海道警察釧路方面本部長を務めた原田宏二氏によると、警察署長時代も方面本部長時代も警備公安部門の警察官の活動の内容の報告を受けておらず、予算も国から直接警備部にわたるため、どれほどの予算がどのように使われているか分からなかったとのことである。

逸脱行動があっても、警察署でさえ気付かず、勝手な活動が行われ続けるという事態が起こる。

警備公安活動において正確な情報の収集伝達が行われているのか大いに疑問がある。大垣署事件において企業が作成した議事録によると、警察官が企業に提供した個人情報は企業の危機感を煽るような誇大な表現になっていた。まるで市民間の対立を煽っているかのようであり、特高警察が住民に恐怖を煽ったのと同じパターンである。

また、その活動は、警察組織内での検証だけでなく、検察庁による検証、弁護人による批判、公開法廷における批判を受けることを想定しないで行

われているので、手堅く証拠を収集することに不慣れである。また、秘密主義と相まって、その活動への民主的コントロールが機能していない状況にある。

改正組織犯罪処罰法（いわゆる共謀罪法）の成立によって市民生活のさまざまな場面で事件とは思えないようなことが捜査対象になることは、刑事警察活動が公安警察活動に変質していく危険性を孕んでいる。

公安調査庁　公安調査庁とは、破壊活動防止法や「無差別大量殺人行為を行った団体の規制に関する法律（団体規制法）」に基づき、日本に対する治安・安全保障上の脅威に関する情報収集（諜報活動）を行う、法務省の外局としての組織である。

オウム真理教（現アーレフ）に対し、破壊活動防止法の解散処分請求が行われたものの、1997年1月、公安審査委員会が同法の要件を満たさないと判断して適用は見送られた。1999年12月、破壊活動防止法の適用要件を柔軟にした団体規制法が施行された。公安調査庁は、同法に基づき、アーレフ施設への立入検査を継続している。

1999年11月、近畿公安調査局の内部文書によって、公安調査庁が幅広い市民運動、市民団体を調査活動の対象としている実態が明らかになった。1996年度の近畿公安調査局の内部文書によると、公安調査庁は、沖縄米軍基地反対運動、自衛隊海外派遣反対運動、原発反対運動、消費税率引き上げ反対運動、市民オンブズマンの運動、部落・婦人等の人権擁護運動、死刑廃止の取組、日本ジャーナリスト会議による言論・出版の自由などを求める活動、教職員団体の活動、いじめ・不登校問題、日の丸・君が代反対などに対する諸団体の活動、その他さまざまな市民運動についての動向を調査対象としていた。

当時の公安調査庁の調査権限は破壊活動防止法に基づくものであったから、「規制及び規制のための調査は……目的を達成するために必要な最小限度においてのみ行うべきであって、いやしくも権限を逸脱して、思想、信教、集会、結社、表現及び学問の自由並びに勤労者の団結し、及び団体行動をする権利その他日本国憲法の保障する国民の自由と権利を、不当に制限するようなことがあってはならない」（同法3条）。上記の調査内容は、この明文に正面から抵触するものである。

2007年6月8日、公安調査庁関東公安調査局新潟公安調査事務所長ら3

名が、新潟県佐渡市の佐渡グランドホテルを訪れ、同ホテルに対し、同年6月23日、24日に開催される青年法律家協会弁護士学者合同部会第38回定時総会に参加するため6月23日に同ホテルに宿泊する参加者の、宿泊予定者名簿を提供するよう求めた事件も、破壊活動防止法や団体規制法に基づく適法な調査の前提要件がまったく欠落している。

　なお、これらの法律には、第三者機関による監督の定めはない。

防衛省情報本部　1997年、当時の防衛庁において、防衛計画大綱に基づき、外国の軍事情報の収集・分析を行う庁内の各部門（防衛局調査第1・2課、陸上・海上・航空各幕僚監部調査部等）の情報組織の一部を統合し設置された。

　その活動範囲を画する定めや、これを監督する機関は存在しない。

内閣情報調査室　内閣官房組織令1条により、内閣官房に内閣情報調査室が置かれている。

　内閣に設置されている国家安全保障会議（NSC）に対して政策を提言・立案するための情報を提供する機関といわれ、組織のトップである内閣情報官は、週1回程度、国内外の特異情報についての分析を内閣総理大臣に直接報告している。

　事務に関する定めとしては、内閣官房組織令4条1項1号「内閣の重要政策に関する情報の収集及び分析その他の調査に関する事務（各行政機関の行う情報の収集及び分析その他の調査であって内閣の重要政策にかかるものの連絡調整に関する事務を含む。）」および特定秘密の保護に関するもの（同4条1項2号）しかない。

　その活動範囲を具体的に画する定めや、これを監督する機関は存在しない。

国際情報統括官組織　外務省内の局長級分掌官であり、内閣情報調査室、警察庁警備局、防衛省情報本部、公安調査庁とともに内閣情報会議・合同情報会議を構成するとされる。

　外務省では、地域局が在外公館からの公電を集約し政策判断にあたるところ、政策判断から距離を置いて情報分析に専念している組織であるとされる。

(5) 公安警察等情報機関への規律について

国内学説からの提言　　行政機関が行う情報収集活動が、プライバシーなどの憲法上の権利との関係で正当化されるのかは、①法律上の根拠の有無や規範の明確性などの形式的側面と、②比例原則の遵守などの実質的側面の両面で問題となる。

　学説では、①と②の両面で正当化条件が満たされることを要求し、とりわけ①が満たされない場合には直ちに違憲となるとする立場が有力である（小山剛『「憲法上の権利」の作法（第3版）』（尚学社、2016年）102頁以下）。この考え方から、少なくとも以下の提言が可能である。

法律上の根拠の必要性　　行政法では、ある種の行政活動を行う場合には、事前に法律でその根拠が規定されていなければならない。これを「法律の留保」の原則という。この原則は、国会を唯一の立法機関と定めた日本国憲法41条を具体化し、国会のみが規律することのできる事項を画定し、国会と行政府との機能分担を明確にするもので、権力分立の原則を基礎としている。また、この原則は、一定の行政活動について国民代表からなる議会の事前承認を義務付けることによって、国民の権利自由を保護するという自由主義の思想に基づいている（宇賀克也『行政法概説Ⅰ（第4版）』（有斐閣、2011年）28頁）。

　どのような行政活動に法律上の根拠が必要となるのかに関しては多くの学説があるが、国民に義務を課したり国民の権利を制限する侵害的な行政作用について、法律の根拠が必要であることに争いはない（侵害留保説）。さらに、権利を制限したり義務を課したりするわけではないが国民に重大な不利益を及ぼし得るものについても法律の根拠を要請し、また、民主主義や国会審議の公開性の観点から行政組織の基本的枠組みや基本的な政策・計画、重要な補助金等について法律の留保が必要であるとする考え方（重要事項留保説）が有力である。

　行政組織による監視および情報収集は、国民のプライバシー権や自己情報コントロール権等を侵害するおそれのある行為である。また、収集した個人情報が目的外で利用されると、国民の基本的人権に対する重大な侵害が生じるおそれがある。したがって、行政組織による監視および情報収集は、「法律の留保」の原則についていかなる考え方をとったとしても法律の根拠が要求される行為であり、行政機関に対して監視および情報収集の

権限を付与する法律の存在を厳格に要求すべきである。

規範の明確性・特定性（規律密度）　すでに述べたとおり、行政機関が監視および情報収集を行うためには、法律の根拠が必要である。もっとも、監視および情報収集を行うことを認める法律が、形式的に存在すれば足りるというわけではない。

すなわち、「法律の留保」は、行政活動について国民に予測可能性を与えるとともに、国民代表議会の統制により国民の権利利益を保護する機能を果たすことを意図したものであり、その目的を達するのに必要な詳細さ（規律密度）で規律することが求められる（前掲宇賀・35頁）。また、事後的な権利救済を実現するためにも、規範の明確性・特定性が必要である。

行政機関による監視および情報収集については、どのような目的で、いかなる場合に、どのような方法で監視や情報収集を行うのかについて、法律で詳細に規定し、国民の予測可能性を確保し、後述の第三者機関や裁判所による救済を可能とする必要がある。

第三者機関による監督と知る機会の制度的保障　行政機関による監視および情報収集について、法律の根拠が存在し、規範の明確性・特定性が確保されたとしても、違法な監視や情報収集が行われる可能性がある。しかし、監視や情報収集は、国民に気付かれずに行われることが多く、違法な行為が行われたとしても内部告発や行政情報の流出などがなければ、明るみに出ることはほとんどない。

国民の基本的人権を保障するためには、恒常的に行政機関による監視および情報収集を監督し、違法行為を抑制するとともに、簡易迅速に救済を図る第三者機関の存在が必要不可欠である。

また、個々の国民が、いつ、どのような方法で、どのような自己の個人情報が収集されたのかを知る機会がなければ、違法な行政行為によって基本的人権を侵害された国民が救済を求めることはできない。したがって、第三者機関による恒常的な監督とともに、国民が事後的救済を求めることを容易にするために、行政機関による監視および情報収集の状況を知る機会を制度的に保障する必要がある。

結　語　以上述べてきたとおり、日々拡大する行政機関による監視および情報収集に歯止めをかけ、プライバシー権や自己情報コントロール権などの国民の基本的人権を保護するためには、どのような目的で、いかな

る場合に、どのような監視または情報収集が可能かを明確に規定した法律を制定するとともに、行政活動を日々監督する第三者機関を設置し、行政機関による監視および情報収集の状況を国民が知る機会を制度的に保障することが必要である。

国際的知見に基づく提言　マーチン・シャイニン氏（Martin Scheinin）は、欧州大学院大学学長であり、1997年から2004年まで国連自由権規約人権委員会委員、2005年から2011年まで国連テロ対策と人権および基本的自由の促進・保護特別報告者として活動してきた。

その中で、国家機関による監視と市民のプライバシー保護との適切な調整に関する調査報告が公表されている。

同氏による、国連の特別報告者として公表された報告書（2010年5月17日付け「諜報機関がテロ対策を実施しつつ人権を尊重するための法的・組織的枠組み及び対策に関するグッド・プラクティスのまとめ――諜報機関に対する監督を含む」国連文書記号：A/HRC/14/46）は、以下の概要からなる35のグッド・プラクティスを列記している。情報収集等に関連するもののみ細目を挙げる。

　A．使命及び法的根拠
　B．監督機関
　C．不服申立て及び効果的救済
　D．公平性及び無差別
　E．諜報機関に対する国家の責任
　F．個人の責任及び説明責任
　G．専門性
　H．人権の保障措置
　I．諜報活動における情報収集
　　21．国内法が、次の各項目の概要を規定している：諜報機関の利用できる情報収集手段の種類；諜報活動による情報収集が認められる目的；諜報による情報収集の対象となる人と活動のカテゴリー；収集手段の利用を正当化するために必要な嫌疑の基準；収集手段の利用が認められる期間の制限；及び収集手段の利用の許諾、監督及びレビュー手続。
　　22．諜報活動による情報収集が人権に重大な制約を課す場合、それは、少なくとも一つの諜報機関外部で独立した組織によって許可され監督

されなければならない。この組織は、そのような収集方法の見直し、停止又は中止を命じる権限を有する。人権に重大な制約を課す諜報活動による情報収集は、複数の許可手続を経て行われる必要があり、それは、諜報機関内における承認のほか、政府高官及び諜報機関と行政府から独立した組織を含んでいる。

J．個人データの管理及び利用

23. 公の法律が、諜報機関の保有できる個人データの種類並びに個人データの利用、保有、消去及び開示に適用される基準の概要を示している。諜報機関は、その使命を達成する目的のために真に必要な個人データを保有することが許される。

24. 諜報機関は、保有している個人データの関連性及び正確性につき定期的なアセスメントを実施する。諜報機関は、不正確、又は諜報機関の使命、監督機関の業務若しくは生じうる法的手続にもはや関連しないと評価された情報を、消去するかアップデートすることを法律上要求される。

25. 独立した機関が諜報機関による個人データの利用を監督するために存在する。この機関は、諜報機関が保有するすべてのファイルにアクセスすることができ、関連する個人に情報を開示すること及びファイルやそこに含まれる情報を廃棄することを命じる権限を有する。

26. 個人は、諜報機関が保有する自己の個人データへのアクセスを求める可能性を有する。個人は、この権利を、関連する機関又は独立したデータ保護機関若しくは監督機関を通じて要求することによって行使できる。個人は、自己のパーソナルデータに含まれる誤謬を訂正する権利を有する。この一般的ルールに対する例外は、法律に明記され、諜報機関が使命を達成するために厳格に限定され、比例し、必要なものでなければならない。個人データを開示しない判断については、独立した監督機関に対し正当の理由を示すことが諜報機関の義務である。

K．逮捕及び身柄拘束する権限の利用

L．諜報機関間における情報共有及び協力

ドイツにおける情報機関への規律　ドイツでは、1983年の国勢調査事件判決により、情報自己決定権が憲法で保障されている。したがって、そもそも個人情報を行政権が収集するに際しては、あらかじめそれを許容する法律が存在していなければならない。

　ドイツでは、情報機関に対し、上級官庁、会計検査院による行政統制、

予算審議を通じた議会統制、権利を侵害された者の訴えによる司法統制のほか、連邦議会の下に設置された組織による直接的な監督が採用されている。

そこでは、情報機関の活動が情報の収集・分析というデリケートな性質を持ち、情報源の秘匿の要請があるなどの特殊性に基づく機密性の保持の要請と、国家機関であることから求められる民主主義的統制の実効性の担保を同時に実現するよう、監督機関を連邦議会に付与し、かつ監督に携わるものをごく少数に限定している。

① 議会監督委員会　1978年に法制化された、連邦議会に設置された機関であり、各被選期間ごとに連邦議会議員の中から選出される。選出には、連邦議会議員の過半数の支持が必要とされる。第16立法期（2005年10月～）における委員の数は、連立与党のキリスト教民主・社会同盟と社会民主党から各3名、自由民主党、左翼党、90年連合／緑の党から各1名の合計9名であった。

審議は秘密とされ、委員は退任後も秘密保持義務を負う。

情報機関の年次予算執行計画を審議し、予算審議へも関与する。

連邦政府は、情報機関の活動一般についておよび特に重要な事項について、議会監督委員会に報告を行わなければならない。やむを得ない事由により拒否する場合は、当該情報機関を所管する連邦大臣等は、議会監督委員会に対し、拒否の理由を述べなければならない。

連邦政府は、議会監督委員会の求めがあった場合には、情報を開示し、情報機関職員からの事情聴取および情報機関への訪問を認めなければならない。

議会監督委員会は、委員の3分の2以上の同意により、専門家に調査を委嘱することができる。委嘱を受けた専門家は、調査結果を議会監督委員会に報告しなければならず、また、秘密保持の義務を負う。

議会監督委員会は、各被選機関の中間と終了時に、連邦議会に対し報告を行う。

議会監督委員会は、少なくとも4半期に1回開催される。

② 基本法第10条審査会　ドイツでは、通信の秘密は、基本法（憲法）10条により、法律の規定に基づいて制限が加えられる場合を除き、不可侵とされている。そのため、情報機関がその活動の一環として行う通信傍受

や郵便の開封等は、通信の秘密の過度な侵害につながらないよう、特に厳重な監視の下に置かれている。

1968年に制定された基本法10条に関する法律に基づき、基本法第10条委員会（G10-Gremium）と基本法第10条審査会（G10-Kommission）が設置されていた。

基本法第10条委員会の委員は、連邦議会議員の中から選出されていた。基本法第10条審査会の委員は、裁判官資格を有するもの（議員である必要はない）の中から基本法第10条委員会によって任命されていた。

情報機関が安全保障上の理由から通信の秘密を制限する活動（通信傍受等）を行おうとする場合には、基本法第10条委員会の同意を得ることが求められていた。

1999年の組織改編により、この同意権は、基本法第10条審査会が持つものとされた。なお、基本法第10条委員会は廃止された。

基本法第10条審査会委員（審査会長以下4名および代理委員4名の合計8名）は、裁判官職に就くための資格を有するものに限られ、議会監督委員会によって任命される。

審査会の役割は、情報機関の活動全般を監視することではなく、通信の秘密に制限を加える措置（信書・郵便の開封や通信の傍受等）の妥当性について判断を下すことである。そのため、各情報機関を所管する連邦省に、毎月、当該の省が命じた通信の秘密を制限する措置について、原則としてその執行前に審査会に報告を行わせ、審査会がその可否を決定するという手順がとられている。審査会が措置の実施を認めなかった場合には、その命令は失効する。

このような任務を遂行することができるよう、審査会の委員には、情報機関のすべての資料を閲覧する権限、および情報機関に立ち入る権限が与えられている。その帰結として、委員は秘密の保持を義務付けられており、また、審査会の審議も秘密とされている（以上につき、渡邉斉志「ドイツにおける議会による情報機関の統制」外国の立法230号（国立国会図書館、2006年））。

③ **特別法に内在する第三者機関による監督**　警察機関および情報機関が、ドイツ連邦共和国に関わりを有する国際テロの解明または対策のために法律で定められた各々の任務の遂行を目的として、連邦刑事庁におい

て標準化された中央のテロ対策データベースを共同で運用することを定めたのがテロ対策データベース法である。

データベースへの登録（2～4条）、データへのアクセス（5条）、データの利用（6～7条）、データ保護法上の責任（8条）、記録ならびに技術的および組織的な措置（9条）、データ保護法に基づく統制および当事者に対する通知（10条）、データの訂正、削除および遮断（11条）、設置命令（12条）、基本法の制限（13条）の定めがある。

中でも、10条は以下のとおり定めている。

1　連邦データ保護監察官は、連邦データ保護法第24条1項の規定により、データ保護の実施の統制の義務を負う。州の官庁がテロ対策データベースに入力したデータについては、第8条第1項の規定により当該州が責任を負う限りにおいて、州のデータ保護監察官が州におけるデータ保護の統制の実施と併せて、その統制を行うことができる。この場合、連邦データ保護監察官は州のデータ保護監察官と協力する。
2　第1項に規定する機関は、その所管の範囲において、少なくとも2年ごとにデータ保護の実施を統制する義務を負う。
3　連邦刑事庁は、8条1項第1文の規定によりデータ保護法上の責任を負い、〔当事者に対する〕通知の是非を当該官庁に適用される法規に基づいて審査する官庁と協議して、匿名化されずに登録されたデータについて、連邦データ保護法19条の規定に基づき、〔当事者に対する〕通知を行う。匿名化されて登録されたデータについての〔当事者に対する〕通知は、データを入力した官庁に適用される法規に基づいて行う。

〔以上につき、渡辺富久子「ドイツにおけるテロ防止のための情報収集──テロ対策データベースと通信履歴の保存を中心に」外国の立法269号（国立国会図書館、2016年）24頁以下を参照〕

ドイツ視察の結果　日弁連第60回人権擁護大会シンポジウム第2分科会実行委員会のドイツ視察により、連邦データ保護コミッショナー（連邦データ保護監察官を長とする官庁）およびNGO（ヒューマニストユニオン）より、以下の事実を聞き取っている。

① 連邦データコミッショナー（ガブリエル・ルブナウ22課課長〔警察・情報機関担当課〕）

「2013～14年の活動報告で公表しているが、当時、連邦憲法擁護庁の『暴力

的かつ過激派』のデータベースをチェックした。

　すると、このカテゴリーには登録される必要がない人が登録されていた。核、原子力に反対をしてデモに参加した人、すなわち言論・集会の自由を行使した人であった。

　このような市民を登録することは問題であると指摘して、データベースから削除した。

　連邦憲法裁判所は、ある事象に反対することを表明することは、政治的主張であって法治国家を破壊する行為ではないと判断している。

　データを監督するときに注目するのは、直接の当事者との接触者である。たとえば過激派に接触した人は、その属性を知らないで接触している場合もある。警察は、初期の段階では、その接触者をマークするが、知らずに接触していたことが判明すれば削除する。思想的なつながりが確認できればデータベースに登録してよいことになっている。

　憲法擁護庁は警察より早い段階から動き出す。秘密裏に動き、市民は自分が監視の対象になっているかわからない。

　独立した監督機関によるチェックが重要であるゆえんである。

　警察は、訴追により情報収集過程がオープンになり、司法による統制の対象となるが、情報機関はそれと異なるので、独自に情報収集過程に対する統制が不可欠である。

　秘密裏の監視により収集されたデータで形成されるデータベースなので、市民はアクセスすることができない。そのため、連邦憲法裁判所により、市民の立場でデータベースをチェックすることを義務付けられた。

　ドイツ連邦憲法裁判所による通信履歴保存判決（2010年3月2日）、テロ対策データベース判決（2013年4月24日）、連邦刑事庁の国際テロ防止のための調査権限判決（2016年4月20日）は、いずれもデータ保護の立場で素晴らしい判断をしている。私たちの立場が確固たるものになっている。立法者側とやっと対等になってきたと受け止めている。」

② ヒューマニストユニオン（サラ・トーメ理事）

「私はNGOの理事だが、ベルリン州データ保護コミッショナーの職員でもある。そこでの担当は、憲法擁護庁、内務省、スポーツである。

　私が職務上審査していることについては、まだ終了していないので明らかにすることができない。

　過去に他の分野で改善点を求めた事例については聞いている。

たとえば、右翼過激派対策データベースに対しては、何千人ものデータが消去された。関係のない人が登録されていたためである。
　ほかにも、スポーツイベントにおける暴力活動をしている人（フーリガンなど）というデータベースについては、ハンブルク州の事例で、スポーツイベントとまったく関係のない人が登録されていたために、何千人ものデータが消去された。」

提　言　　　　　　　**法律の留保**　情報機関による監視は、憲法13条で保護されているプライバシー権を制限する公権力の活動である。また、その態様・程度の如何によっては、表現の自由に対する萎縮効果をもたらしかねないのであって、その濫用による弊害は著しい。

　したがって、どのような公共目的のために、どの情報機関が、どのような活動をすることが許されるのか、あらかじめ法律により事前に明確化されている必要がある。

　日本国憲法下において、主権者は国民であり、すべての市民に人権が保障されている以上、主権者がまったく与り知らない方法で、公権力が自由自在に監視活動を行えるということはあってはならない。

　これは、すべての情報機関に求められる原則である。なぜなら、国民がまったくその存在すら知らない情報機関がフリーハンドの監視活動を行うという体制は、民主主義国家とはいえないからである。

法内容で求められること
① 明確性の原則　制限される人権の程度を必要最小限度にするためには、公権力が担う目的および活動範囲は客観的に明確でなければならない。

　漠然として広範であったり、曖昧で不明確である場合、必要な限度を超えた監視活動を抑制することができないからである。

　前述した国連特別報告書においても、2項、3項で以下のとおり指摘されている。

　　「2. 諜報機関が負う使命は、公の〔誰でも見られる〕法律によって、必要な範囲内で正確に定義されていなければならない。使命は、公の立法又は国家安全保障の政策に概要の定められた正当な国家安全保障の利益を

保護することに厳格に限定されており、諜報機関が対応すべき課題となる安全保障に対する脅威が特定されている。その脅威にテロリズムが含まれている場合、テロリズムの用語は必要な範囲内で正確に定義されている。
3. 諜報機関の能力と権限は、国内法によって明確かつ網羅的に定義されている。諜報機関は、自らに与えられた目的のためだけに能力を行使することが求められる。特に、テロリズムに対抗する目的で諜報機関に与えられた能力は、そのためだけに用いられなければならない。」

　公安調査庁の活動範囲を画するものとされる、破壊活動防止法や無差別大量殺人行為を行った団体の規制に関する法律は、それぞれ不十分ながら一応の限定があり、目的に合致しない活動は違法と判断され得る。このような規定が存在するかどうかが問われる。
　この点、たとえば公安警察の活動根拠として示されるのは、警察法2条1項である。同項は、警察の責務として、「警察は、個人の生命、身体及び財産の保護に任じ、犯罪の予防、鎮圧及び捜査、被疑者の逮捕、交通の取締その他公共の安全と秩序の維持に当ることをもってその責務とする。」と定めるが、この規定は、「公共の安全と秩序の維持」の行政事務を警察機関に委ねるという組織規範にすぎず、許容される監視や情報収集の範囲・方法が定められておらず、警察機関に対して監視や情報収集の権限を与える根拠規定とは認められない。犯罪捜査の端緒としての職務質問が、当該条項ではなく、警察官職務執行法を根拠として正当化されるのと同様である。
　また、「公共の安全と秩序の維持」という目的概念自体、そのままでは漠然としすぎており、適法な情報機関の活動範囲を画する機能がない。
　現状、公安警察の活動目的に明確性が欠けていることが、適法に活動している政治団体、市民団体、果ては政党に対してまでも、膨大な税金と多数の人材を投下して監視活動が日々行われているという濫用を招いている一因と思料される。
　② 憲法および法令の遵守と人権の尊重　　情報機関といえど、主権者よりも高い権力と自由を有するわけではない。そうでなければ、憲法や人権など、いつでも画餅に帰してしまう。
　したがって、当然のことながら、情報機関が憲法および法令を遵守し、

人権を尊重する規定が不可欠である。

　前述した国連特別報告書においても、4項、11項、13項、20項で以下のとおり指摘されている。

> 「4. すべての諜報機関は、憲法及び国際人権法に準拠し、公の法律を通じて設置され運営される。諜報機関は、国内法に規定された活動のみを、同法にしたがって開始し、あるいは開始するよう指示される。公にされない下位規則の利用は厳格に限定され、そのような規則は、公の法律の授権によるものであって、法律の範囲内のものでなければならない。公にされていない規則は、人権を制約する活動の根拠とはならない。
> 11. 諜報機関は国家の管轄内にいるすべての個人の人権及び基本的自由の促進及び保護に貢献する方法で職務を遂行する。諜報機関は、性別、人種、皮膚の色、言語、宗教、政治その他の意見、国又は社会的出自その他の地位に基づいて個人又は団体を差別しない。
> 13. 諜報機関は、合法的な政治活動その他合法的な結社の自由、平和的集会や表現の表明をターゲットとして、その能力を利用することを禁止される。
> 20. 人権及び基本的自由を制限する諜報機関による措置は、以下の基準を遵守している：
> 　国際人権の標準に準拠しており、公の法律に定められているそれらのすべての措置が、諜報機関の法的に規定されている使命を達成するために真に必要であるとられる措置は目的と比例していなければならない。それゆえ、諜報機関は、人権を最も制約しない方法を選択する必要があり、すべての手段につき、個人、特に不正行為の嫌疑がない個人の権利に与えるマイナスの影響を最少にするよう特別の注意を払う必要がある諜報機関がとる措置が、国際人権法において確定的な規範又は人権の本質に違反しない人権を制約する手段の利用を許諾し、モニターし、監督する明確で包括的な仕組みがある諜報機関によって権利を制限された個人は、独立機関に不服申立てをし、効果的な救済を受けられる。」

　第三者監督機関の設置　情報機関が、憲法および法令を遵守しているかどうかを監督する、行政機関から独立した第三者機関を設置し、調査、改善命令等の権限を付与することが必要である。また、その機関に対し、自らの権利を侵害された疑いを有する個人が不服申立てを行えることが保障されるべきである。さらに、自らの権利が侵害されているか否かが判然

としない場合が多いため、個人から情報機関に対するアクセス権を保障すべきである。

前述した国連特別報告書においても、6～10項で以下のとおり指摘されているほか、すでに指摘した25項、26項がある。

> 「6. 諜報機関は、公の法律によって使命と権限が定められる内部、行政府、立法府、司法府及び特別の監督機関の組合せによって監督されている。諜報機関監督の効果的なシステムには、諜報機関及び行政府のいずれからも独立した少なくとも一つの民間組織が存在することが含まれる。
> 7. 監督機関は、その使命を達成するために、完全に制限なく情報及び職員、施設にアクセスができ、自ら調査を開始し実施する能力、資源及び専門性を有している。監督機関は、証人からのヒアリング、文書その他の証拠を入手するにあたり、諜報機関と法執行機関から完全な協力を受けることができる。
> 8. 監督機関は、業務遂行中にアクセスする機密情報と個人情報を保護するためにすべての必要な措置をとることができる。監督機関のメンバーがそのような措置に違反した場合については、罰則が規定されている。
> 9. 諜報機関によって自己の権利を侵害されたと考える個人は、裁判所又は監督機関、あるいはオンブズマン、人権委員若しくは国内人権保障機関などに不服申立てができる。諜報機関の違法な行為によって影響を受けた個人は、被った損害の完全な賠償を含む、効果的な救済を提供できる機関に頼ることができる。
> 10. 諜報機関の活動に起因する不服申立てや請求の効果的救済処理に責任を有する機関は、諜報機関や政治的行政機関から独立している。そのような機関は、すべての関連する情報への完全で制限のないアクセス権を有し、調査を行うために必要な資源及び専門性を有し、拘束力のある命令を出す権限を有する。」

ドイツ視察の結果を踏まえると、情報機関の活動が許される範囲が法律により事前に明確化された上で、①当該法律の中に、個人情報保護委員会のようなプライバシー保護のための第三者機関による監督を受けることを明記する方法（テロ対策データベース法など）や、②議会の中に委員会を設置し、その中で情報機関の活動に対し監督を行うことを明記する方法（盗聴等に対する監督としての基本法10条審査会、および一般的監督としての議会監督委員会）があり、これらを重畳的に機能させる方法が考えられる。

公安警察に対する規律の特則——捜査機関と情報機関の分離　公安警察の活動について、警察法2条1項では、法律の留保として不十分である。

すなわち、公安警察に対しては、ドイツで保障されているような、捜査機関と情報機関の分離が徹底されていないという問題がある。

前述した国連特別報告書においても、27項で以下のとおり指摘されている。

> 「27．諜報機関は、法執行機関としての機能を果たす使命を課されていない場合には逮捕及び身柄拘束をする権限を認められない。逮捕及び身柄拘束の使命を有する法執行機関が有する権限と重複する場合には、諜報機関は逮捕及び身柄拘束の権限を付与されない。」

令状審査によるチェック機能が期待されている刑事司法警察の活動と、そのような活動が本来的には期待することの困難な情報機関たる公安警察の活動は完全に分離されるべきである。後者に逮捕権限を付与することは望ましいものとはいえない。

なお、公安警察および刑事司法警察に対しては、形式上は国家公安委員会による監督を受ける建前となっている。

しかしながら、たとえば最高裁判所大法廷において裁判官全員一致の判断として違憲違法としたGPS捜査について、これを自ら任意捜査と位置付け、事前に令状を取得して実施するよう指示することもない警察の運用、しかもこのような技術的に高度化した捜査手法を採用していることを極力秘密裏に運用し続けている警察の活動に対して、およそいかなる意味においても監督の実効性を欠いているといえよう。

真に有効で実質的な監督機関の設置および活動が必要不可欠といわざるを得ない。

3　監視カメラの普及と高度化

(1) 日本における監視カメラの状況

日本では、現在、監視カメラの設置についての法的規制がなく、警察、事業者、商店街、個人等多様な設置主体が、思い思いに設置している。民間における監視カメラ設置急増の背景には、警察や自治体による安全安心

社会のための設置の推奨と、監視カメラの価格の低廉化があると考えられる。

罪を犯してもいないのに撮影されることだけでも、現に肖像権やプライバシー権は侵害されている。また、令状によらず大量の監視カメラ画像情報が警察に収集されることによっても、肖像権やプライバシー権は侵害される。しかも、監視カメラの高度化や、利用のされ方によっては、無数の人々の肖像権やプライバシー権に対して、更に重大な侵害が発生する状況である。

警視庁は、繁華街等の防犯対策という目的を掲げ、「街頭防犯カメラシステム」と称して、2002年2月27日以降、順次、新宿区歌舞伎町地区、渋谷区渋谷地区、豊島区池袋地区、台東区上野2丁目地区、港区六本木地区および墨田区錦糸町地区の公共空間に、多数の監視カメラを設置して、撮影した映像を常時モニター画面に写し出し、これを録画している。愛知県警では2001年10月1日に、実験的に「コンビニエンスストア地域安全情報システム」を開始した。これは、サークルK土古店と港警察署とを電話回線で結び、事件時に店員が非常ボタンを押せば、店内と店外にある計3台の監視カメラで撮影されたビデオ画像を、港警察署に生中継のように送ることなどができるというシステムである。

また、全国の主要道路には、自動車ナンバー自動読取装置（Nシステム）が設置され、設置個所を通過したすべての自動車のナンバーが記録されている。さらに、運転席と助手席に乗車している者の画像を記録する機能を有しているものもある。

(2) 公職選挙法違反事件捜査による隠し撮り撮影

第24回参議院議員通常選挙の公示日前の2016年6月18日深夜、大分県別府警察署の署員2名が特定の政党の候補を支援する団体が使用していた別府市内の労働福祉会館の敷地内に無許可でビデオカメラを設置し、その後継続的に撮影をした。本件で設置された監視カメラは夜間でも人の顔を識別し得る機能を持ち、撮影された映像はSDカードに記録されていた。継続的・網羅的な監視と評価される撮影であり、施設に出入りする者の情報を網羅的に取得し、蓄積し、利用し得る状態であった。

大分県警察本部は、本件ビデオカメラを設置した目的について、公職選

挙法で選挙運動が禁止されている特定の人物が選挙運動をしているとの情報を受け、証拠を押さえるためであると説明している。

この事件においては、甚大なプライバシー侵害が生じたのみならず、市民の政治活動の自由や表現の自由に対する看過できない萎縮効果をもたらした。

この事件が発覚した直後の2016年8月26日、警察庁は、監視カメラを用いた捜査自体は、任意捜査として、必要な範囲において、相当な方法であれば許されるという内容の「捜査用カメラの適正な使用の徹底について」と題する通達を発出した。

担当捜査官について、他人の敷地に侵入してビデオカメラを設置した点のみを建造物侵入罪で立件し、隠し撮り捜査自体の違法性を否定した対応である。

しかしながら、そもそも令状によらずにカメラ撮影が行われるべきではなく、それが隠し撮りという方法により、かつ個人の思想・信条を推知し得る宗教施設や政治団体の施設に向けた方法で行うことは、事前に法律で条件が定められ、令状主義が及ばない場合には違法としか評価し得ない。日弁連は、同年9月14日付けで「違法な監視カメラの設置に抗議する会長声明」を発して、この問題点を指摘している。

(3) 民間による監視カメラの設置・運用

警察が令状によらず任意捜査として現に画像を収集している監視カメラを設置している民間事業者は、無数に存在する。監視カメラの出荷台数からの推計として、現時点で、全国に500万台の監視カメラが設置されていると指摘されている。

個人の住宅への監視カメラ設置も広がっており、スマートフォンで室内をモニタリングできる遠隔監視機能付きの監視カメラなども普及が進んでいる。2016年4月のプレスリリースによると、株式会社セブン-イレブン・ジャパンは、綜合警備保障株式会社および日本電気株式会社と連携して、クラウド型の防犯カメラを導入し、店舗オーナーが、外出先や自宅などから、スマートフォンやパソコンを用いて、店舗で撮影した映像を閲覧することが可能になった。

2015年6月30日に東海道新幹線で起きた放火事件をきっかけに、JR各

社の新幹線の客室内にも監視カメラが設置されるようになった。

　こうした監視カメラ設置の広がりと同時に、監視カメラの性能は、デジタル化、処理能力・通信能力の高度化などにより、飛躍的に向上している。その画像の鮮明度は著しく高まり、個人の特定が容易になっている。

　さらに、タクシーやバスの車内にも監視カメラが設置されるようになったが、最近の監視カメラの多くは画像だけでなく音声も記録しており、タクシー車内での会話まで録音されている。たとえば、2016年3月末時点において、全国ハイヤー・タクシー連合会加盟の全国約12万台の車両中、約7割に「防犯カメラ」が設置されている。

　タクシー会社は、「防犯カメラ作動中」などのステッカーを貼付することで、乗客の同意を得ていると解釈しているものと思われるが、乗客全員が会話録音の実態を認識しているとは考え難い。2017年、共謀罪の対象犯罪が大幅に拡大されたが、文字どおり会話盗聴のための共謀罪捜査のインフラとして機能する危険性が高い。

　2016年11月28日に逮捕された、覚せい剤取締法違反の被疑者が逮捕直前に乗車していたタクシーの車内映像を、タクシー会社がテレビ各局に提供し、報道された。動画を見ると、逮捕直前に容疑者がタクシーで自宅へ向かう車中の様子で、容疑者の発言内容も明瞭に聴き取ることができる。タクシーに乗った場合に、常時車内での行動や会話が記録され、第三者に提供される可能性があるようでは、プライバシーの侵害が著しい。

　また、コンビニエンスストアでも、全店舗の店内監視カメラについて会話録音を目指すところがあったり、導入比率を上げているところもあるなど、利用客が必ずしも会話録音の状況を十分理解して同意しているとは思われない監視カメラが増殖している。

　同意のない会話録音は、盗聴という問題となり得るのであり、早急な法規制が望まれる。

　特に、任意提供等で警察にデータが緩やかに渡されることには問題がある。2012年1月19日付け日弁連「監視カメラに対する法的規制に関する意見書」が立法の必要性を示しているところである。

　監視カメラは、今後あらゆる場所にますます設置されていくであろうし、その機能もいっそう進化していくものと思われる。

　しかし、民間では、何らの法的規制がないこともあって、監視カメラで

撮影した映像を意図的にインターネット上で公開する者がいる。また、意図的な公開を望まずとも、個人情報の安全管理体制に対する意識が希薄なため、非公開設定としてパスワードを設定するなどの必要最小限度の対応すら行っていないために情報が漏れている監視カメラも世界中に散在する。その結果、2016年には、ロシアのウェブサイト「Insecam」から、日本を含む世界各国の多数の監視カメラの映像と位置情報が流出する事件が起きた。現在もなお、設定の甘い多数の監視カメラが映し出す画像が、世界中の不特定の人から「覗かれ」続けている。

(4) 監視カメラの高度化——顔認証システムとの結合

顔認証システムの民間利用　監視カメラで記録される顔画像データが高度化し、この顔認証システムに利用されることも着実に進むとともに、画像情報によるパターン認識技術が進歩し、顔認証システムの技術的発展および実用化が急速に進んでいる。

顔認証システムとは、静止画や動画の中から人の顔に当たる部分を抽出し、その部分の中から、目、耳、鼻等の位置関係やパーツの特徴を瞬時に数値化して顔認証データを生成し、顔認証データベースに登録された顔認証データと照合し、コンピュータのアルゴリズムを使用して、類似性を判別するシステムである。

ユニバーサルスタジオジャパンにおいて、年間パスポート有資格者の確認手続に、年間パスポートを示さなくても入場できる顔認証システムが利用されたり、商店等における万引き防止目的で、万引き犯人、クレーマー等の顔認証データを用いて、あらかじめ登録した「ブラックリスト掲載者」が入店すると、店舗担当者に注意喚起を促す顔認証システムが導入されたりもしている。

書店での利用例は、2015年11月20日付け日本経済新聞電子版によると、以下のとおりである。

> 「ジュンク堂書店池袋本店では、2014年6月に顔認証システムを本格導入し、2015年7月中旬時点で500人の万引き犯及び、疑わしい行動をした人などの顔データを蓄積している。2か所の出入口に6台設置したカメラで、全ての来店客の顔を検知し、照合する。登録された顔データと似ていると、

10秒ほどで保安員にメールが送信される。機械による類似度の判断は甘めに設定されており、保安員の目で同一性を確認する。」

また、2014年4月には、監視カメラシステムメーカーが、複数店舗間において、万引き犯人等の顔認証データを共有し合えるシステムを販売し、実用化されているとの報道があった。

近年の顔認証技術の発展や、デジタルデータの通信・記録媒体の高度化・低廉化は著しい。経済成長を促す技術として、経済界からの注目も高い。

監視カメラと顔認証システムとを結合すれば、膨大な集積画像情報の中から、特定人物の検索・照合が可能となっている。各所に保存されているデータや、稼働している監視カメラを、ネットワークにより結合した上で、「顔認証システム」を利用すれば、過去、将来にわたった継続的な追跡すら可能であり、既存の法律が想定していないほどのプライバシー侵害も十分に起こり得る状況にある。

警察による顔認証システムの利用　近年、顔認証システムは、成田国際空港や関西国際空港の税関で利用されているほか、2014年度に、全国5都県警察（警視庁、茨城県警、群馬県警、岐阜県警および福岡県警）において、顔認証システムを実施する装置が実験的に導入された。

東京都は、2008年、「テロリストや指名手配犯を迅速・確実に検挙するために、写真等の2次元顔画像を立体画像に変換した3次元顔形状データを警視庁のサーバーに登録し、防犯カメラ等で送信された顔画像と登録データとを自動照合できるシステムを開発する」ことや、「3次元顔形状データベース自動照合システムを活用した取り組みを試験的に実施する」ことを決めた。

警視庁から委託を受けた財団法人都市防犯研究センターが行った「テロ対策へ向けた民間カメラの活用に関する調査研究報告書」（2009年12月）によれば、「3次元顔形状データベース自動照合システム」は、警視庁において、テロリストや指名手配被疑者等の写真を3次元顔形状データに変換し、そのデータと、関係機関や商店街、事業所等が設置している防犯カメラにより撮影された顔画像とを自動照合するシステムであり、民間部門（公共交通機関や大規模集客施設等）の設置するカメラの映像を、非常時

（テロ、重大事故、災害等）に警視庁に伝送する「非常時映像伝送システム」も含まれている。

　同報告書は、①民間カメラの映像を警察に提供するのは、目的外使用に当たるのではないか、②民間カメラの映像を警察に提供するのは、プライバシーの侵害に当たるのではないか、③3次元顔形状データベース自動照合システムは、テロリストや指名手配被疑者等以外の人物の登録も可能と思われ、それにより特定の人物について行動監視が行われるのではないか（同報告書1頁）といった問題点を自ら指摘しておきながら、これを克服できていない。また、「非常時映像伝送システム」も、警察の恣意によって本来の目的を超えた運用がなされる危惧を払拭できていない。

歩容認証　　2013年7月24日付け日本経済新聞電子版において、以下のとおりの報道が行われた。

「『2歩分の映像があれば高精度で鑑定できます』──。大阪大産業科学研究所（大阪府茨木市）は23日、防犯カメラに映った歩く姿から特定の人物かを鑑定できるソフトウェアを世界で初めて開発したと発表した。人によって異なる歩幅や腕の振り方などを解析。『100メートル先の小さな姿でも可能』といい、不鮮明な映像で頭を悩ませることも多い犯罪捜査現場でも期待されている。

　歩幅や姿勢、腕の振り方など、無意識のうちに歩き方に違いが出ることを利用した生体認証技術は『歩容認証』と呼ばれる。同研究所所長の八木康史教授らの研究グループは、歩く姿の映像からシルエット（影絵）を抽出し、特徴を数値化して複数の映像に映った人物が同じかどうか比較する技術を開発した。

　犯行現場の映像と別の場所の映像を照合することで、容疑者として浮上した人物が現場にいたかや、前後の足取りなどを把握する助けになる。」

　記事によれば、歩容認証は広域監視が可能とされる。
　また、その後の報道でも、顔を捉えない高度からの撮影でも認証可能とするものがある。その精度が高ければ、上空からの撮影による個人識別が容易である可能性もある。
　このような技術の進展および監視カメラ画像との結合は、特定人の行動履歴を、過去から将来にわたって追跡できる可能性を持つ。したがって、その実用化にあたっては、あらかじめ、どのような条件において、どの限

度で利用できるのかについてのルールが存在しなければ、プライバシー権の侵害が過度に広範なものとなるおそれがある。

(5) 監視カメラに関する検討

はじめに　民間の監視カメラについては、個人情報保護法の適用があるほか、各地方自治体において個別に、条例や要綱・要領・ガイドライン等が制定されつつあるという状況であり、未だ、全国統一の立法には至っていない。その上、条例や要綱等には、収集した画像の第三者提供を必要最小限に限定するという観点からの厳格な規制もなく、防犯カメラの設置・運用についての十分な法規制は存在していない。

自治体で防犯カメラの在り方を定める条例を作成している例は、東京都杉並区の他数えるほどしかない。千葉県市川市は条例を策定しているものの、2009年2月、市内全域に監視カメラを設置して、市役所で一元管理できるネットワークの運用を開始するためのものであって、プライバシー保護が他の自治体より優れているわけではない。

日弁連が2017年に全国の都道府県に対して行った調査では、監視カメラの運用ガイドラインを定めているのは、回答があった44の都道府県のうち、22都道府県だった。その多くは、設置者が収集した顔画像データを警察に任意提供することを、適法と公認するための定めであったが、文書照会を求めるもの（「捜査機関から犯罪捜査の目的で公文書による照会を受けた場合」と定める東京都）や、令状を要求するもの（「画像を複写して提供する場合は、原則として裁判官が発する令状によることとします。」と定める京都府）も見られた。

このような、京都府型のガイドラインが普及し、遵守されるようになれば、市民の肖像権、プライバシー権保護に資するものと考えられ、その広がりが強く期待される。

自由な社会において許される監視の限界――捜査と防犯への規律　公共空間において、人が互いに他人の容ぼう等を見たり、見られたりすることは、人が社会的存在として集団的生活を営んでいる関係から不可避であるが、撮影等による記録化がされない限りにおいては、各個人の知覚・記憶の限界ゆえに、他者への正確な伝播による深刻なプライバシー侵

害等の問題には発展しない。

　これに対して、正確な記録と再現性を備えたデジタル画像・映像としての撮影等がなされた場合には、画像・映像の２次・３次利用も可能となり、深刻なプライバシー・肖像権侵害が生じる危険がきわめて高い。

　そこで、最高裁判所も、最大判昭和44・12・24刑集23巻12号1625頁（京都府学連事件）において、被告人が許可条件に違反する態様のデモ行進の先頭集団に属しており、警察官が許可条件違反（京都市公安条例違反）の現認状況を証拠化するために、先頭集団を撮影したことの適法性が問われた事件に関して、「その承諾なしに、みだりにその容ぼう・姿態（以下「容ぼう等」という。）を撮影されない自由」が、個人の私生活上の自由の一つとして、憲法13条によって保障されている旨を判示している。そして、①犯罪の現在性（現に犯罪が行なわれ、もしくは行なわれた後間がないと認められること）、②証拠保全の必要性・緊急性、③方法の相当性を、合憲性の要件として求めた。自動速度監視装置に関する最判昭和61・２・14判時1186号149頁も、速度違反の現行犯場面の撮影を合憲としたにすぎない。

　最近では、前述のとおり、高機能の監視カメラが普及するとともに、これが顔認証システムと結合することによって、顔認証システムに登録された特定人の行動履歴の追跡が可能となっており、誰もが、監視カメラ管理者によって行動を監視されていると感じることで、自由意思による移動を委縮させる効果を生じさせるという問題が生じている。

　また、撮影対象や期間によっては、表現の自由、思想・良心の自由、政治活動の自由や集会・結社の自由といった民主主義の根幹となる権利を侵害する危険も生じる。

　最決平成20・４・15刑集62巻５号1398頁は、強盗殺人事件の被疑者の人定目的で、その公道上の様子をビデオカメラで撮影したり、パチンコ店の店内において店内の防犯カメラ画像を活用したり、捜査官がビデオ撮影した事案である。

　最決は、この捜査方法を適法と判断したが、その前提として、①捜査機関において被告人が犯人である疑いを持つ合理的な理由が存在していた、②強盗殺人等事件の捜査に関するものである、③犯人の特定のために必要な限度において行われた、④人が他人から容ぼう等を観察されること自体は受忍せざるを得ない場所におけるものである、ことを基に判断している。

したがって、当該判例の射程は、強盗殺人罪等の具体的な犯罪の捜査を前提に、犯人である疑いを持つ合理的な理由のある特定の被疑者を対象とした撮影を行う個別撮影型以外には、及ぶものとは考えられない。

　一般的な監視カメラは、無差別撮影型といわれ、具体的な犯罪発生を前提とせず、つまり犯罪捜査目的ではなく、将来犯罪が起こることを抑制したり、将来犯罪が起こった場合には検挙の効果が認められることを期待して、対象者を特定せず、無差別に常時録画し続けるものであるから、上記判例同様に、緩やかな要件の下で撮影が許されることはない。

　名古屋高判平成17・3・30LLI/DB 判例秘書・LEX/DB 登載（平成16年(ネ)第763号）は、コンビニ経営者がコンビニ店舗で行ったビデオカメラの撮影・録画の違法性の有無について、目的の相当性、必要性、方法の相当性等を考慮して判断するのが相当であると判示するとともに、当該コンビニ外で発生した犯罪や事故の捜査への協力としての、警察へのビデオテープ提供の違法性の有無については、これが警察に提供されることになった経緯や当該ビデオテープに録画された客の行動等の具体的事情から個別的に判断されるものと判示した。

　これを受けて、一部のコンビニエンスストアでは、「店舗とは無関係の事件では任意の警察の要請は断る」旨のガイドラインが作られたようである（石村修「〈判例研究〉コンビニ店舗内で撮影されたビデオ記録の警察への提供とプライバシー」専修大学ロージャーナル3号（2008年）19頁）。

(6) 提言——自由な社会の確保のための法制度

　監視カメラの設置・運用に関して、日弁連は、2012年1月19日付けで、「監視カメラに対する法的規制に関する意見書」を公表した。そこで、設置場所に関する基準、カメラの機能に対する限定（顔認証を自動的に照合するもの、音声収集機能の付加を禁止）、運用基準、第三者機関による監督等を定めた法律を制定し、規制することを提言した（https://www.nichibenren.or.jp/activity/document/opinion/year/2012/120119_3.html）。

隠し撮り捜査に関する立法の提言　捜査において、対象者の同意を得ずに密かに動画の撮影を行うことは、科学技術が進展し、動的対象を瞬時に撮影したり、自動的継続的に一定範囲内の人の動向そのものを捕捉したり、コンピュータとの連携により広域移動する対象を刻々と捕捉識

別したりすることも可能となるなど、被撮影者の権利・利益侵害の可能性が拡がっている現状を考慮すれば、強制処分に当たると解すべきである。

　他方で、捜査における人を被写体としたカメラ使用においては、典型的な検証と異なり、被撮影者には秘密で撮影する必要性から、事前に被撮影者に対して令状呈示することを回避すべき場面があること等を踏まえれば、捜査における人を被写体としたカメラ使用についても、通信傍受法の規制内容に準じて、事前の令状呈示は求めない代わりに、撮影後には、特定可能な被撮影者に対して撮影の事実を告知するとともに、捜査記録の閲覧を認めること、行政機関から独立した第三者機関が捜査機関の情報管理の運用状況を監督することなどを義務付ける法律の制定が必要である。

　被撮影者に対する告知がない現状において、捜査機関の裁量で行われた隠し撮り撮影捜査が適正なものであったか否かを検証することは、著しく困難である。それは、強制処分法定主義を定めた刑事訴訟法に反するのであり、「個人の基本的人権の保障とを全うしつつ、事案の真相を明らかにし、刑罰法令を適正かつ迅速に適用実現することを目的とする」（刑事訴訟法1条）ことを否定し、捜査の必要性を人権保障より優先する考え方に他ならないのであるから、適正手続の保障を定めた憲法31条に反する。

　国際人権規約（B規約）17条は、私生活・名誉および信用の保護を保障している。

　したがって、あらかじめ法定された手続による、犯罪捜査のための必要性があり、相当な限度の私生活への監視を超える監視がなされることは、私生活への不法な干渉として違法というべきである。

顔認証装置を用いた捜査に関する立法の提言　顔認証装置を利用した捜査手法がすでにとられていることから、日弁連は、2016年9月15日付けで「顔認証システムに対する法的規制に関する意見書」（https://www.nichibenren.or.jp/activity/document/opinion/year/2016/160915_2.html）を公表し、以下の法規制を提言した。速やかな法規制が必要である。

1　警察が犯行現場付近における不特定多数の人の顔画像データを収集し、個々人を特定するための特徴点を数値化したもの（以下「顔認証データ」という。）を生成し、これらのデータをあらかじめ生成している特定人の顔認証データで構成されているデータベース（以下「顔認証データベー

ス」という。)との一致を検索して被疑者等の同一性を照合する制度(以下「顔認証システム」という。)について、市民のプライバシー権等の侵害を極力少なくするために、国は、以下の各項の内容を盛り込んだ法律を制定し、適切な規制を行うべきである。
(1) 利用条件の限定
①警察が犯罪捜査のために行う、監視カメラ等により記録された顔画像データの収集は、裁判官が発する令状により行うこと(ただし、設置者が権限を有する領域に適法に設置している店舗等の施設内で犯罪が行われた場合の顔画像データを除く。)。
②犯行現場付近の画像からの顔認証データ生成は、重大な保護法益を侵害する組織犯罪(以下「重大組織犯罪」という。)の捜査に必要な場合に限定し、適法に生成された顔認証データは、捜査のための必要がなくなった時点で直ちに廃棄すること。
③警察が既に適法に保有している被疑者・前科者等の顔画像データから顔認証データを生成することが許される場合は、重大組織犯罪の前科者に限定すること。
④顔認証データベースに登録する顔認証データは、重大組織犯罪の前科者に限定した上、登録期間を設定し、期間経過後には直ちに消去すること。
⑤顔認証データベースの照合は、重大組織犯罪に対する具体的な捜査の必要性がある場合に限定することし、どのような方法なら許されるのか、あらかじめ法律によって条件が明示されること。
(2) 個人情報保護委員会による監督
　個人情報保護委員会が、警察による、顔画像データの収集、顔認証データの生成・利用・廃棄、顔認証データベースの構築、顔認証データベースへの登録、顔認証データベースの利用状況、顔認証データベースからのデータ抹消等が的確に行われているかをチェックできるよう、関係法令の改正がなされるべきこと。
(3) 基本情報の公表
　顔認証システムの仕組や検索の精度について定期的に公表すること。
(4) 被疑者・被告人等の権利
　顔認証システムは、無実の者のアリバイ(現場不在証明)主張の手段となり得るから、被疑者・被告人等の請求による顔認証システムによる照合が認められるべきであること。また、顔認証データシステムに誤登録されている者に開示請求権及び抹消請求権を認めること。

2 上記内容を盛り込んだ法律ができるまでの間、国家公安委員会は、顔認証データに関する上記内容を含んだ規則を制定し、事前に明示されたルールに則った運用の確保を図るべきである。都道府県警察も、これに則った運用を行うべきである。
  3 行政機関は、既に収集済みの顔画像データ等について、顔認証システムの運用に伴うプライバシー権の侵害を防止する観点から、実際の必要以上に高精度なデジタルデータの収集・利用を行ったり、必要性なく顔認証データを生成・利用したりしていないかを検証し、今後、実際の要性以上に高精度なデジタルデータとしての顔画像データの収集・利用、必要性のない顔認証データの生成・利用をしないよう十分留意すべきである。
   特に、都道府県公安委員会が保有している自動車運転免許証作成時の顔画像データを裁判官が発する令状なく捜査機関に提供したり、自ら顔認証データを生成したりしないようにすべきである。

4 GPS位置情報を利用した監視

(1) 私たちの位置情報の探知、記憶化

　私たちは、日々携帯して利用しているスマートフォンやタブレット端末等により、知らない間に電子通信事業者等に位置情報を提供している。
　携帯電話事業者等は、通話やメール等の通信を成立させる前提として、①基地局にかかる位置登録情報と個々の通信の際に利用される基地局情報や、②複数のGPS衛星から発信される電波を携帯電話等の端末が受信して、その距離等から端末の詳細な位置を示すGPS位置情報、③Wi-Fiのアクセスポイントと端末の通信を位置情報の測位に応用するWi-Fi位置情報などを探知してビッグデータとして記録化している。
　このうち、GPS（グローバル・ポジショニング・システム。全地球測位システム）とは、複数の衛星からの電波を受信し、その時間差を計算することで対象の位置を特定できる装置であるが、カーナビゲーションやバスの運行状況管理システム等でも広く利用される。

(2) 位置情報取得による捜査の方法

　従来、被疑者等の動静を探るための位置情報の取得は、捜査官による尾

行や張り込みといった人海戦術による方法がとられてきた。

　しかし、GPS の普及に伴い、その特性を利用して、対象者の位置情報や移動履歴を把握し、これを追跡して逮捕等に活用するため、捜査機関は、対象者の承諾を得ることなく、GPS を対象者の車両等に取り付けるなどして、位置情報を取得・記録している。

　また、通信事業者等がビッグデータとして記録化した私たちの位置情報や移動履歴を、捜査機関が取得し、捜査に利用するようになった。

　現在、被疑者等の位置情報取得の方法には、捜査官による尾行・張り込み、追尾監視に伴うビデオカメラ等による撮影の他、防犯カメラの利用、Nシステムの利用、基地局からの情報取得、GPS の利用等さまざまなものがある。

基地局からの情報取得　　携帯電話の通話時刻や相手の電話番号等に、携帯電話が通話時に発信する電波を受信した基地局の所在地等が付記された位置情報記録を、通信事業者から差し押さえる捜査方法がある。

　携帯電話の基地局が担当する通信地域は都市部でも半径500メートル程度で、位置情報の精度もその範囲にとどまるため、携帯電話使用者の犯行時等におけるおよその位置の把握に用いられる。

携帯電話の電波を受信した基地局の情報取得　　所在不明の被疑者を逮捕するなどの目的で、携帯電話会社のシステム端末を操作し、被疑者等の使用する携帯電話から常時発せられる微弱電波に基づき、その位置を探索する捜査方法がある。電波を受信した基地局の情報を1日3回程度定期的に取得している。

　携帯電話使用者のプライバシーを侵害するおそれがあり、携帯電話会社の通信の秘密に関する守秘義務を解除する必要性がある。そのため、実務では裁判官発付の検証許可状を得て実施されている。

GPS 捜査　　GPS 捜査は、①自動車等に GPS 端末を装着する「装着型」と、②携帯電話等に内蔵されている GPS 機能を利用する「非装着型」の二つの方法がある。

　GPS 捜査の特徴は、対象者に気付かれずに、低コストで長期間継続して位置情報の取得ができ、機種によってはかなり正確に対象者の位置を把握できることにある。

また、取得した位置情報をコンピュータに大量に蓄積させることも容易であり、取得した情報を、他の情報と組み合わせて分析することで、対象者の政治上の関係、宗教上の関係、交友関係、性的関係等も明らかにできる。

①「装着型」GPS捜査は、具体的には、警察が、警備会社との間で締結した契約に基づき、警備会社が提供する位置情報提供および現場急行サービス用のGPS端末の貸与を受け、当該GPS端末を対象者の車両等に取り付けた上で、インターネットに接続された携帯電話等で警備会社のサーバーにアクセスして位置検索をすると、GPS端末の所在位置の住所地（概略）と、測位の誤差および地図上の位置を携帯電話等の画面で見ることができるというものである。

また、別途契約をすれば、所定のソフトを使用して、自動で定期的に位置検索を行い、その軌跡を地図上で確認することもできる。

警察庁は、2006年6月30日に、各都道府県警察宛てに、「移動追跡装置運用要領の制定について」と題する通達および「移動追跡装置運用要領」（以下、運用要領という。）を発出したが、GPS捜査を任意捜査と位置付け、その運用要領を公開していない。

GPS捜査の違法性が争われた各地での裁判や情報公開により、運用要領の概要が次第に明らかとなった。その運用要領によれば、捜査の開始から終了まで、そしてその捜査記録の保管・管理に至るまで、すべて警察内部で処理され、保秘が徹底され、裁判所等の第三者機関の関与・チェックが排除される。

「装着型」GPS捜査では、警察の内規に従うだけで、司法審査を経ずに実施されてきたが、2017年3月15日、最高裁判所大法廷が、「装着型」GPS捜査は強制処分に当たり、令状を取得することなく行われたGPS捜査は違法であり、憲法、刑事訴訟法（以下、刑訴法という。）の諸原則に適合する立法的措置が必要とする画期的判決を言い渡した。

他方、②「非装着型」GPS捜査について、通信の秘密の保護や個人情報の適正な取扱いのために電気通信事業者が遵守すべき基本的事項を定めた総務省告示「電気通信事業における個人情報保護に関するガイドライン」が、捜査機関からの要請により位置情報の取得を求められた場合、事業者がその提供を行うには裁判官発付の検証許可状が必要であると定めて

いる。

　なお、従前、「当該位置情報が取得されていることを利用者が知ることができるとき」に限っていたが、2015年6月改正により、捜査機関からの要請に基づく場合、裁判官の令状の発付がなされれば、利用者に知らせることなく位置情報の取得が認められることとなった。

(3)　最大判平成29・3・15判タ1437号78頁

事案の概要　　被告人が、複数の共犯者とともに自動車で広域を移動して行ったと疑われる連続窃盗事件につき、警察が、組織性の有無、程度や組織内における被告人の役割を含む犯行の全容を解明するため、民間事業者のGPS位置情報通知サービス利用者としてGPS端末を借り受け、被告人、共犯者3名の他、被告人の知人女性も使用する蓋然性のあった自動車やバイク合計19台に、被告人らの承諾なく、かつ令状を取得することなく、その端末を取り付けた。

　そして、約6か月半の間、上記サービスを利用して各車両のGPS位置情報を断続的に取得しつつ、その追尾等を行った。この捜査では、対象車両が駐車していたことのあるラブホテル駐車場内のように、私有地であって、不特定多数の第三者から目視により観察されることのない、プライバシー保護の合理的期待が高い空間に対象が所在する場合でも、その位置情報を取得していた。

審理経過　　一審（大阪地決平成27・6・5判時2288号134頁、大阪地判平成27・7・10判時2288号144頁）では、携帯電話等の画面上に表示されたGPS端末の位置情報を、捜査官が五官の作用によって観察するものであるから、検証としての性質を有するとし、検証許可状を得ずに行われた本件GPS捜査には重大な違法があるとした。そして、この捜査により直接得られた証拠およびこれと密接に関連する証拠の証拠能力を否定したが、証拠能力が認められた他の証拠により、被告人は有罪となった。

　これに対し、被告人は控訴したが、控訴審（大阪高判平成28・3・2判タ1429号148頁）では、本件GPS捜査により取得可能な情報はGPS端末を取り付けた車両の所在位置に限られるなど、プライバシー侵害の程度は必ずしも大きいものではなかったことなどを理由に、本件GPS捜査に重大な

違法があったとはいえないとして控訴を棄却した。

最高裁は、事案自体の解決には不要であったが、事件を大法廷に回付した上で、全員一致の判断として、GPS捜査が強制処分に当たるとし、現行法の解釈・運用では無理であり、立法措置が望ましい、という判断を下した。

異例ともいえる対応であるが、GPS捜査の適法性につき下級審で判断が分かれており、司法府として統一した明確な判断を速やかに示すことで、混乱を解消するとともに、捜査機関が検証令状を得てGPS捜査を実施する動きが見られる中で新たな混乱を未然に防止しようとしたものと指摘される（井上正仁ほか編『刑事訴訟法判例百選〔第10版〕』（有斐閣、2017年）66頁〔井上正仁〕、ほか）。

最高裁大法廷判決の判旨　GPS捜査の性質につき、対象車両の時々刻々の位置情報を検索し把握することから、公道上のみならず、個人のプライバシーが強く保護されるべき場所や空間も含め、対象車両および使用者の所在と移動状況を逐一把握できることを指摘する。

このような捜査手法は、個人の行動を継続的、網羅的に把握することを必然的に伴うから、個人のプライバシーを侵害し得る。GPS端末を個人の所持品に秘かに装着する点で、公道上の所在を肉眼で把握したりカメラで撮影したりする手法とは異なり「公権力による私的領域への侵入」を伴う。

憲法35条の保障対象には、「住居、書類及び所持品」に限らず、「私的領域に『侵入』されることのない権利」が含まれるところ、「装着型」GPS捜査は、合理的に推認される個人の意思を制圧して憲法の保障する重要な法的利益を侵害する。

それ故、「装着型」GPS捜査は、刑訴法上、特別の根拠規定がなければ許容されない強制の処分に当たる、と判示した。

そして、「装着型」GPS捜査は、情報機器の画面表示を読み取って対象車両の所在と移動状況を把握する点では刑訴法上の「検証」と同様であるが、対象車両にGPS端末を取り付けて対象車両およびその使用者の所在の検索を行う点で、「検証」では捉えきれない性質を有する。

まず、GPS端末を取り付けた対象車両の使用者の行動を継続的、網羅的に把握することを必然的に伴うが、GPS端末を取り付けるべき車両お

よび罪名を特定しただけでは被疑事実と関係のない使用者の行動の過剰な把握を抑制できない。

次に、GPS捜査は、被疑者らに知られず秘かに行うのでなければ意味がなく、事前の令状呈示は想定できない。刑訴法上の各種強制の処分は、手続の公正の担保の趣旨から原則として事前の令状呈示が求められ、絶対的な要請ではないとしても、これに代わる公正の担保の手段が仕組みとして確保されている必要がある。

結論として、「装着型」GPS捜査について、刑訴法が規定する令状を発付することには疑義があり、今後も広く用いるのであれば、その特質に着目して憲法、刑訴法の諸原則に適合する立法的な措置が講じられることが望ましい、とした。

なお、3名の裁判官が補足意見として、法制化されるまでの間のGPS捜査に関し、ごく限られたきわめて重大な犯罪の捜査のため、対象車両の使用者の行動の継続的、網羅的な把握が不可欠であるとの意味で、高度の必要性を要求し、令状の請求および発付はごく限られた特別の事情の下でのきわめて慎重な判断を求めた。

(4) GPS捜査の法的問題

GPS捜査は、①GPS装置の装着等のために管理権者の承諾や令状なく私有地に立ち入る等の問題と、②GPS装置から送られてくる位置情報の取得の問題があるが、特に②は、装着型でも非装着型でも共通の法的問題が存在する。

プライバシー侵害の程度が大きいこと　GPS捜査は、対象者に気付かれずに、容易かつ低コストで、相当正確な位置情報を、長期間にわたり常時取得できるという特徴があり、本質的にプライバシー侵害の程度が大きい捜査手法である。

前述のガイドラインに関する総務省作成解説においても、GPS機能付き携帯電話の位置情報を取得する捜査について「ある人がどこに所在するかということはプライバシーの中でも特に保護の必要性が高い上に、通信とも密接に関係する事項であるから、強く保護することが適当である」と説明し、位置情報がプライバシー権の中でも特に強く保護されるべきことを明記する。

任意捜査として通常行われている張り込みや尾行は原則として私的スペースに立ち入れないのに対し、GPS捜査は、通常捜査員が自由に立ち入ることができない対象者の自宅等私的スペースにおける位置情報も取得できる。

　なお、取得される位置情報が正確でない、または相当程度の誤差が生じることを、プライバシー権の侵害の程度が大きくないことの一事情とする裁判例も見受けられるが、GPSの位置検索の高度化および端末の小型化等技術が日々向上しており、使用される機材の精度が高くないという理由は、GPS捜査のプライバシー権の侵害の程度が高くないことの根拠としては、もはや説得力を欠く。

　さらに、GPS装置が装着されて正常に作動している限り、捜査員が対象者から離れた場所にいても、24時間常時かつ継続的に位置情報や行動を容易に取得できる点でも、張り込みや尾行とは大きく異なる。

　公的スペースおよび私的スペースの区別なく、長期間にわたる情報取得ができるGPS捜査は、張り込みや尾行以上にプライバシー侵害のおそれは大きい。

　また、仮に公的スペースにおける監視であっても、たとえば、病院や政治団体、宗教団体など人の属性・生活・活動に係わる特殊な意味合いを持つ場所の状況をことさら監視したり、相当多数のテレビカメラによって人の生活領域を継続的かつ子細に監視することがあれば、監視対象者の行動形態、精神等の病気、交友関係、思想・信条等を把握できないとも限らず、対象者のプライバシーを侵害する。

収集された情報の蓄積、目的外利用のおそれ　GPS捜査により収集された対象者の位置情報は、継続的かつ無制限に記録されて蓄積され、永久的に消去されないおそれがある。

　当該データが別の機会に収集されたデータと結合され、対象者の行動に関する情報は、過去および現在の位置・移動情報にとどまらず、将来の行動予測に利用されるなどの目的外利用のおそれもある。

　運用要領では、「使用の継続の必要性がなくなったときは直ちにその使用を終了する措置をとらなければならない。」と定めるにとどまり、GPS捜査で得られ、蓄積された情報の利用目的・削除等についてまったく定められていない。

GPS 捜査による情報取得は、情報取得時にとどまらず、取得後に情報が蓄積され、厳格な定めなしに対象者に対する捜査以外の目的（将来の犯罪捜査やプロファイリング等）でも利用され得る点でも、プライバシー侵害の程度がきわめて大きい。

防御の機会や不服申立ての機会がないこと　現在、対象者は自らが GPS 捜査の対象であることはもちろん、情報取得の事実やその内容について認識することができない。

重大なプライバシー権侵害の危険性がありながら、対象者には、GPS 捜査によってプライバシーを侵害されて情報を取得された場合に、準抗告等を通じて、違法に取得された情報を抹消させて権利回復を図る機会がない。

また、対象者が起訴された場合でも、GPS 捜査に関する記録や資料が被告人・弁護人に開示される法的保障もない（前記最高裁大法廷判決の事案でも、弁護人が GPS 捜査の違法性について予定主張を行い、かつ、主張関連証拠開示請求を行ったことによって初めて検察官は GPS 捜査に関する内部資料を開示した。)。

運用の不透明性　GPS 捜査の運用要領は公表されておらず、その適否を判断する前提を欠く。

また、個別の GPS 捜査が運用要領に違反し、違法と評価され得る場合であっても、それを事前にチェックし、または事後に是正する仕組みもない。

裁判等で明らかとなった範囲の運用要領によれば、保秘についてきわめて厳格に徹底され、その運用実態は秘匿されている（前記最高裁判決の一審では、「本件 GPS 捜査の実施状況は、組織として保秘を徹底すべきとされていた上、秘匿事項として捜査報告書等に一切記載されず、たまたま被告人らに GPS 端末の取付けが発覚していたことを契機として公訴提起後に弁護人から主張がなされるまでは、検察官にすらその実施が秘匿されていた」旨指摘し、控訴審でも、「本件の警察官らは……保秘を徹底するその一方で、組織内部で求められていたこの種捜査の適正確保のための決裁、報告等の諸手続ですら、十分には履践していなかった疑いがあり、その点は甚だ遺憾とせざるを得ない。」と指摘する。)。

なお、情報公開請求により公開された情報についても、肝要な部分がマ

スキングされていた。裁判所や国会議員に対する開示でも同様であった。

(5) GPS捜査の要件・手続の法定の必要性

要件・手続の法定の必要性　憲法31条の適正手続や憲法35条の令状主義の要請に照らし、強制捜査として、GPS捜査の要件や手続が法定されるべきである。

この点、通信傍受の立法に際して、検証と評価することも可能であったが、事後の令状呈示や不服申立て方法等について厳格な規定を要するとの判断から、刑訴法222条の2を根拠として、「犯罪捜査のための通信傍受に関する法律」（以下、通信傍受法という。）を制定し、裁判官の令状審査を前提として、対象者に対する事前の令状呈示は求めず、通信傍受後の対象者に対する捜査の告知を義務付け、捜査記録の閲覧を認めた。

そのことを踏まえれば、GPS捜査も、刑訴法222条の2に特別法に授権する新たな項を設けて、特別法を制定すべきである。

GPS捜査は、秘密裡にGPS装置を装着させ、その装着期間が長期間継続する可能性がある。その性質上、対象者に対する令状の事前呈示ができないことはやむを得ないとしても、適正手続の保障の見地から、少なくともGPS捜査終了後合理的な期間内に、対象者に対し処分の内容を告知することが必要である。

また、GPS捜査は情報の押収という側面を有するから、違法な捜査が行われたときは対象者に対し原状回復のための不服申立権を保障しなければならない。

求められる要件・手続の概要　以上を踏まえつつ、GPS捜査による重大なプライバシーの侵害を防止するためには、最低限、次の事項を法律で定めるべきである（2017年1月19日付け日弁連「GPS移動追跡装置を用いた位置情報探索捜査に関する意見書」参照 https://www.nichibenren.or.jp/library/ja/opinion/report/data/2017/opinion_170119_03.pdf）。

裁判官が法律の規定に基づき、厳格な審査により令状を発付することによって初めてGPS捜査が可能となる。なお、令状は、位置情報提供業者に対して呈示しなければならない。

対象犯罪は、重大な犯罪に限定すべきである。また、被疑者が当該罪を犯したと疑うに足りる十分な理由がある場合である必要がある。

令状発付の要件としては、①緊急性（現に捜査中の事件で、人の生命または身体に対する重大な危険が切迫しており、かつその者を早期に発見するために当該位置情報を取得することが不可欠であること）、②補充性（GPS捜査以外の他の方法によっては、犯人を特定し、または犯行の状況もしくは内容を明らかにするために必要な重要な証拠を得ることが著しく困難であること）、③必要性（GPS捜査により侵害される利益の内容、程度を慎重に考慮した上で、なおGPS捜査を行うことが犯罪の捜査上真にやむを得ないと認められること）が必要である。

追跡装置について、位置探索の対象車両など取付対象を限定すべきである。また取付けは、私的スペースの場合、管理者の承諾が必要とすべきである。

令状発付後、追跡装置取付けまでの期間およびGPS捜査の期間を特定することが必要である（たとえば、アメリカ合衆国では取付けまでの期間は最大10日であり、捜査期間は原則45日以内である。）。

GPS捜査終了後に、遅滞なく、実施の状況を記載した書面を裁判官に対して提出すべきである。対象者に対しては、GPS捜査終了後一定期間内に告知がなされるべきである（なお、通信傍受法は原則として30日以内と定める。）。

そして、対象者には、GPS捜査により取得した記録の閲覧・複製権を保障し、また、裁判の取消しまたは変更（情報の消去を含む）を求める不服申立権を保障すべきである。

GPS捜査により取得した情報・記録の保管期間を定め、保管期間経過等の事由により情報・記録は抹消されるべきである。

厳格な令状審査のみでは足りない　紙数に限りがあり、2016年の刑訴法等改正による、通信傍受の対象犯罪拡大、合理化・効率化等の問題に触れることはできないが、GPS捜査について前記手続きが法定されたとしても、それのみでは不十分であることが、現在の通信傍受の運用に現れている。

政府は、毎年、通信傍受の実施状況を国会に報告するとともに公表しているが、その概要は、別表のとおりである。無関係通話および割合は、執筆者の計算による。

表のとおり、本来傍受されるべきではなく、プライバシー等が尊重され

表1　令状請求、発付件数、実施期間、通信傍受した通話回数等

年	実施件数	令状請求件数	令状発付件数	発付率	実施期間合計	通話回数合計
2002	2	4	4	100%	32	256
2003	2	4	4	100%	32	772
2004	4	5	5	100%	78	3,446
2005	5	10	10	100%	85	2,210
2006	9	21	21	100%	244	7,161
2007	7	11	11	100%	205	6,126
2008	11	22	22	100%	233	4,907
2009	7	33	33	100%	292	4,867
2010	10	34	34	100%	397	7,475
2011	10	27	25	93%	435	8,442
2012	10	32	32	100%	461	9,028
2013	12	64	64	100%	957	19,351
2014	10	26	26	100%	538	13,778
2015	10	42	42	100%	638	14,528
2016	11	40	40	100%	619	10,451
2017	13	51	51	100%	644	10,957
合計	133	426	424	99.5%	5,890	123,755

表2　傍受すべき通信に該当する通信、無関係通信等の割合、その推移

年	実施件数	通話回数合計	傍受すべき通信に該当する通信	他の犯罪の実行を内容とする通信	無関係通話	備考（※①）
2002	2	256	61	0	195	
			23.8%	0.0%	76.2%	
2003	2	772	244	0	528	
			31.6%	0.0%	68.4%	
2004	4	3,446	665	0	2,781	
			19.3%	0.0%	80.7%	
2005	5	2,210	330	30	1,850	
			14.9%	1.4%	83.7%	
2006	9	7,161	998	0	6,163	1件（8日間44回）
			13.9%	0.0%	86.1%	
2007	7	6,126	1,183	6	4,937	
			19.3%	0.1%	80.6%	
2008	11	4,907	622	1	4,284	
			12.7%	0.0%	87.3%	

年	実施件数	通話回数合計	傍受すべき通信に該当する通信	他の犯罪の実行を内容とする通信	無関係通話	備考（※①）
2009	7	4,867	892	0	3,975	1件（傍受令状発付3件、30日間合計590回）
			18.3%	0.0%	81.7%	
2010	10	7,475	1,319	7	6,149	1件（傍受令状発付2件、20日間合計455回）
			17.6%	0.1%	82.3%	
2011	10	8,442	763	0	7,679	5件（傍受令状発付13件、206日間合計4314回）
			9.0%	0.0%	91.0%	
2012	10	9,028	934	25	8,069	2件（傍受令状発付5件、78日間合計1496回）
			10.3%	0.3%	89.4%	
2013	12	19,351	3,077	14	16,260	1件（傍受令状発付3件、58日間合計1480回）
			15.9%	0.1%	84.0%	
2014	10	13,778	1,646	683	11,449	1件（傍受令状発付1件、58日間合計1174回）
			11.9%	5.0%	83.1%	
2015	10	14,528	4,871	98	9,559	
			33.5%	0.7%	65.8%	
2016	11	10,451	442	0	10,009	2件（傍受令状発付5件、86日間合計1536回）
			4.2%	0.0%	95.8%	
2017	13	10,957	951	21	9,985	1件（傍受令状発付3件、26日間合計613回）
			8.7%	0.2%	91.1%	
合計	133	123,755	18,998	885	103,872	
			15.3%	0.7%	83.9%	

※① 実施件数のうち、傍受した通信に、傍受すべき通信に該当する通信や他の犯罪の実行を内容とする通信がなく、すべて無関係通話であった事案の件数。複数ある年の具体的な状況については、下記のとおりである。
 2011年 実施件数10件のうち5件は、次のとおり、すべてが無関係通話であった。
   ①実施日数20日（傍受令状発付2件）、174回通信傍受
   ②実施日数85日（傍受令状発付5件）、2721回通信傍受
   ③実施日数30日（傍受令状発付1件）、460回通信傍受
   ④実施日数7日（傍受令状発付1件）、通信傍受なし
   ⑤実施日数64日（傍受令状発付4件）、959回通信傍受
 2012年 実施件数10件のうち2件は、次のとおり、すべてが無関係通話であった。
   ①実施日数58日（傍受令状発付3件）、931回通信傍受
   ②実施日数20日（傍受令状発付2件）、565回通信傍受
 2016年 実施件数11件のうち2件は、次のとおり、すべてが無関係通話であった。
   ①実施日数40日（傍受令状発付3件）、578回通信傍受
   ②実施日数46日（傍受令状発付2件）、958回通信傍受

（出所）表1・2ともに、各年中の通信傍受の実施状況等についての政府公表資料をもとに作成。

るべき無関係通話が全体の約84％を占める。また、すべてが無関係通話であった件も少なくない。

　他方で、令状発付率はほぼ100％であり、すべてが無関係通話であった件も繰り返し傍受令状が発付されたことからすれば、そもそも厳格な令状審査がなされていたか疑問である。

　通信傍受やGPS捜査などで取得した情報について、捜査機関から独立し、専門的知識を有し、かつ守秘義務を負う第三者によって構成される監視機関が、捜査機関による実施状況、その情報、記録等を監視または検査し、不適正な実施と判断したときは、各捜査の実施の中止や情報・記録の消去を命じるなどの措置を講ずることができる仕組みを構築すべきである。

　なお、日弁連第60回人権擁護大会シンポジウム第2分科会実行委員会のドイツ視察での聞き取りによれば、第三者機関に当たるデータ保護コミッショナーでは、定期的な監督の中で、捜査機関が作成した共同データベースに、本来対象でない者のデータが入っていた（具体的には、暴力的でかつ過激派である者のデータベースの中に核廃絶運動のデモに参加しただけの者のデータが入っていた）ことが判明し、削除させたことがあるとのことであった（→本章2(5)ドイツ視察の結果）。そのような仕組みが、適正な運用のためには必要不可欠である。

第4章
監視社会を進める制度
——秘密保護法、共謀罪

海渡雄一

1 秘密保護法

(1) 秘密保護法は廃止されるべきである

　2013年12月6日、特定秘密の保護に関する法律（以下、秘密保護法という。）が制定され、2014年12月10日に施行された。日弁連は、同法に対して、法案段階から再三にわたって反対の意見を表明してきた。その主な理由は、同法に、①「特定秘密」の範囲が広範であり、またきわめて曖昧であること、そのため、②「特定秘密」の指定にあたって、行政の恣意が働く余地がきわめて広いこと、③このような情報を漏えいすることに関して、処罰範囲が広く、国会の行政に対する監視機能が空洞化するおそれが高いこと、かつ、刑罰が重いことから、言論の自由、知る権利を侵害するおそれが大きいこと、④取扱者の適性評価制度は、プライバシー侵害性がきわめて高いことなどといった多数の問題があったからである。

　しかも、同法には、制定のために必要な立法事実が認められず、内容においても、国民の知る権利やプライバシーを侵害するおそれがあるが、その点は、公表された「特定秘密の指定及びその解除並びに適性評価の実施に関し統一的な運用を図るための基準」（2014年10月14日閣議決定。以下、運用基準という。）等を考慮しても何ら払拭されなかった。

　したがって、同法成立後も日弁連は、「まずは本法を廃止し、制度の必要性や内容について、あらためて国民的な議論を行うべき」であり、また、「仮に、国民的な議論を経た上で法律が必要とされる場合であっても、ツ

ワネ原則に則し、国民の知る権利及びプライバシーの保護の規定を明文化すべきである」と考え、繰り返し意見を述べてきた（2014年9月19日付け「特定秘密保護法の廃止を求める意見書」など）。

秘密保護法施行時に公表した2014年12月10日付け「改めて秘密保護法の廃止を求める会長声明」でも明記したとおり、日弁連は、政府に対し、改めて同法の廃止を強く求め、引き続き同法の廃止のための活動を行っていく。また、国民主権の確立のために不可欠な情報公開制度・公文書管理制度の改正、ツワネ原則に則した、国民の知る権利およびプライバシーの保護の規定を明文化する新たな立法の実現に尽力するとともに、同法が濫用されないよう監視も継続していくこととする。

日弁連は、同法が濫用されないよう、同法の運用状況に対する監視を続け、多くの意見を述べてきた。[*1]今後も、民主的な政治過程の実現と、国民の知る権利の保障の充実のために、秘密保護法の廃止を含めた抜本的見直しを行うことは不可欠である。以下、特定秘密保護法を中心に、国家秘密をめぐる現行法制の問題点と規制のあり方について論ずる。

(2) 民主主義と国家安全保障

国家安全保障のために真にやむを得ない国家秘密は認めざるを得ない

民主主義社会において、秘密はどの範囲で認められるのだろうか。国民主権の原則の考え方からすれば、国家の保有する情報はすべて国民のものであり、国民のものである以上、国民に対してすべて公開するべきではないだろうか。

現在の世界が主権国家を前提としている以上、国家間の対立による国家、国民の危機というものを想定しなければならない。国家情報の全面公開を推し進めると、国家の安全保障が危機に瀕し、国民の生命、身体、財産等が損なわれることもあり得る。したがって、国民の知る権利を最大限保障した上で、国家安全保障のために真にやむを得ない国家秘密は認めざるを得ない。

日弁連では、ツワネ原則に則した、国民の知る権利およびプライバシーの保護の規定を明文化する情報の自由基本法の実現を求めてきた。[*2]「この法律は、国民主権の下において、公的情報は本来、国民の情報であるとともに公的資源であり、この公的情報を適切に公開、保存することが市民の

情報自由基本法の制定を求める意見書 （2016年2月18日公表）

国は、公的情報は国民の情報であるとともに公的資源であるとの原則に立ち返り、憲法上の知る権利及び国際人権規約に則り、ツワネ原則をも参照して、公的情報に関する情報自由基本法を制定すべきです。

日弁連が考える情報自由基本法の骨子

【目的】
憲法第21条が保障する市民の知る権利を具体化し、かつ、発展させる法律として制定される。
公的情報の公開、保存及び取得に関し、基本理念・基本事項を定めるとともに、国・地方公共団体等の責務を明らかにする。
公的情報の適切な公開、保存を総合的に推進し、もって、国民が主権者として民主的な政治過程に一層参加することができるとともに、市民に必要な情報が行き渡る社会の実現に寄与することを目的とする。

【定義】
「公的機関」…国及び地方公共団体並びにこれらの機関の代理又は機能を代行し、又は、これらの機関から一定割合以上の出資を受けて運営される民間団体。
「公的情報」…公的機関により保有・覚知されている情報であって、保有されている形式や媒体を問わない。
職務に役立てさせるために作成されたメモ、記録、覚書、書類、描画、計画、図表、写真、視聴覚記録、電子メール、日誌、標本、模型及びあらゆる電子形式で保存されたデータを含む。

【基本的理念】
公的情報は国民の情報であり、その公開が憲法第21条の保障する市民の知る権利に資するとともに、原則公開されなければならない。
公的情報の公開及び取得が制限されるのは例外であって、公的機関は制限の正当性についての説明責任を負うものとする。
公的情報のうち、以下の類型のもの又は一定の年限を経過したものについては、原則として制限が許されないものとする(※)。
- 自衛隊、警察、検察庁、内閣情報調査室及び公安調査庁の組織、予算及び資金の支出に関する情報並びに当該機関に関する告示・通達
- 他国と締結された協定その他の合意事項の存在と条項
- 自衛隊の装備の存在及び自衛隊の活動に関する情報
- 国家による個人等の監視に関する情報
※……契約的制限については、公的機関は、その高度の正当性について証明責任を負う。

【公的機関の責務等】
・公的情報の公開、保存及び取得に関する施策の作成・実施。
・公的機関における意思決定過程及び事務・事業実績の合理的跡付け・検証のための文書作成・整理・保存。
・立案・審議に当たっての市民による意見提供の機会の付与。
・公的機関の職員による公的情報等に関する制裁の限定。
・公的機関の職員以外の者による非公開とされた公的情報の取得に関する制裁の限定。

憲法上保障された知る権利、国民主権を踏まえた情報自由基本法の制定により、秘密保護法の廃止を含む抜本的見直しや公文書管理法・情報公開法の改正等、法制度の再構築を行うべきです。

JFBA 日本弁護士連合会

日本弁護士連合会作成

知る権利に資するとともに民主的な政治過程を健全に機能させることに鑑み、憲法第21条第1項の保障する市民の知る権利を具体化し、かつ発展させる法律として制定される。この法律は、公的情報の公開、保存及び取得に関し、基本理念を定めるとともに、国及び地方公共団体等の責務を明らかにする。また、公的情報の公開、保存、取得の基本となる事項を定めること等により、公的情報の適切な公開、保存を総合的に推進し、もって、国民が主権者として民主的な政治過程に一層参加することができるとともに、市民に必要な情報が行き渡る社会の実現に寄与することを目的とする。」とされている。その概要は本書第6章の資料のとおりである。

　ツワネ原則は、「国家安全保障と情報への権利に関する国際原則」の通称であり、世界70か国以上の500人を超える専門家により、2年以上かけて起草され、2013年6月に南アフリカのツワネで採択された。ツワネ原則は冒頭の「本原則が起草された背景と理論的根拠」で以下のように説明している（日弁連仮訳）。

「国家安全保障と国民の知る権利は、しばしば、対立するものとみなされる。政府は国家安全保障上の理由から情報を秘密にしておきたいと望み、一方で国民には公権力が保有する情報に対する権利がある。この2つの事柄の間には、時として緊張関係が存在する。しかしくもりのない目で近年の歴史を振り返ると、正当な国家安全保障上の利益が最大に保護されるのは、実際には、国の安全を守るためになされたものを含めた国家の行為について、国民が十分に知らされている場合だということがわかる。」

知る権利が個人の幸福追求権の実現にとって不可欠であると同時に、プライバシーの権利と並んで民主主義の基盤であることを踏まえれば、上記の緊張関係は、「民主主義」と「国家安全保障」との間の緊張関係ともいうことができる。そして、正当な国家安全保障が図られるのは、むしろ国民の知る権利の保障が充実し、民主主義が機能している場合においてなのである。たとえば、ダニエル・エルズバーグらがベトナム戦争の拡大の契機となったトンキン湾事件等を含む極秘報告書（ペンタゴン・ペーパーズ）を公表したことで、第2次トンキン湾事件がアメリカ政府の自作自演であったことなどのベトナム戦争の真相などが国民に知られ、アメリカ国民は戦争を遂行し続けるかどうかについて、これらの情報をもとに政策決定を下すことができたのである。国家安全保障に関わる情報が公表されたことにより、正当な国家安全保障が図られたといえる。

秘密情報の肥大化は民主主義を害し、国家安全保障も害する

「真にやむを得ない国家秘密」は、「知る権利」と「国家安全保障」との均衡の上に成り立つべきものである。しかし、戦争や大規模テロなど国家安全保障が著しく危険に晒された出来事が発生したと国民が受け止めるときには、「国家安全保障」への国民的要求が異常に高まり、均衡が崩壊して、「真にやむを得ない国家秘密」が過度に拡大される傾向にある。その最も顕著な例が、2001年9月11日の同時多発テロ後のアメリカである。自国を攻撃されることのなかったアメリカが、テロ攻撃の対象とされたとき、アメリカ国民の意識は、一気に「国家安全保障」の強化に向かい、10月に愛国者法を成立させた。愛国者法ができ、インターネット上のプライバシー保護を否定する方向に立場に変わった。スノーデン氏が告発しているのは、まさにこの転換についてである。アメリカでは、この時期から「極秘（トップシークレット）」の数が爆発的に増加した。日本でも、同年12月、

自衛隊法が改正され、秘密保護法に先行する形で秘密指定が行われるようになった（旧自衛隊法96条の２、122条等参照）。

アメリカの秘密国家社会を報告した書籍『トップシークレット・アメリカ』では、「秘密への強迫観念的な依存は、かえってアメリカという国を危うくしている。それは、最も害が少ない形においても、あまりにたくさんの情報が機密にされたために、そうすることで守ろうとしたシステムをかえって動けなくしてしまっている。最も危険な形では、機密を扱う資格を持った人たちが自分たちの不正行為を隠すために機密指定が使われたり、または意図せずに民主主義を傷つける結果になっている。」と述べられている。国家安全保障を高めるためにも、秘密は真に必要なものに数を限定して管理しやすくするべきであり、「真にやむを得ない国家秘密」は、国家の存立の基盤に関わる軍事的情報に限定されなければならない。[*3]

情報管理の観点からも、秘密情報の肥大化は望ましくない。テクノロジーの飛躍的進歩により、情報を収納する機器が小型化し、また、膨大な量の情報が瞬時にして世界中に拡散できる情報環境になった今日、管理しやすい反面、漏えいのリスクも著しく高まった。極秘情報が外部に漏えいし世界に拡散するならば、これを隠していた国、政府に対する不信は一気に高まり、政治的経済的に取り返しのつかない混乱を生じるかもしれない。極秘情報を極力少なくすること、極秘情報を極力作らないで済む政治を行うよう努めることこそが重要となっている。

民主主義国家においては、公務は、国民による不断の監視と、公共的討論の場での批判または支持とを受けつつ行われるのが原則である。それは国家安全保障という領域の公務であっても異ならない。

(3) 法と運用基準では秘密の恣意的指定を防ぐことができない

2013年12月に成立した特定秘密保護法は、戦後幾度か制定が試みられてきた「国家秘密法」「スパイ防止法」の制定が、実現したものと評価できる。その仕組みについて、その骨格と根本的な問題点をまず説明する。

政府機関の長は特定秘密の指定の権限を持つ（３条）。特定秘密の指定は、法別表と運用基準によって細目が定められている。特定秘密は防衛省が管轄する安全保障に関する情報、外務省が管轄する外交に関する情報、警察庁が管轄するテロリズム対策と特定有害活動の四分野に分類される。

法の別表と運用基準を総合しても、秘密指定のできる情報はきわめて広範であり、恣意的な特定秘密指定の危険性が解消されていない。

また、秘密保護法には、後述するように、違法・不当な秘密指定や政府の腐敗行為、大規模な環境汚染の事実などを秘密指定してはならないことを明記すべきであるが、このような秘密指定を禁止する明文規定がない。

政府は、運用基準において、行政機関による違法行為は特定秘密に指定してはならないことを一応明記した。このことは評価できるが、本来、法や政令のレベルで決めるべきことである。しかし、運用基準ではあっても、今後ジャーナリストや市民が違法秘密を暴いて摘発されたときには、無罪を主張する法的根拠となり得る。私たちの強い批判を前にして、このような修正がなされたことは、この法の中核部分に根本的欠陥があることを浮き彫りにしたものといえる。

(4) ツワネ原則の定める秘密指定の基準の在り方

秘密指定が許される情報のカテゴリー　実際に法制度として秘密指定の基準を定める際には、国家の保有する情報をカテゴライズし、カテゴリーごとに、個別具体的に漏えいされた場合および濫用的指定が行われた場合の、民主主義および安全保障の観点からのリスク評価を行う必要がある。この点、ツワネ原則が、「真にやむを得ない国家秘密」として、秘密指定を認める情報のカテゴリーは、原則9(a)に以下のとおり列挙されている（日弁連仮訳）。

　① カテゴリー1
　「戦略上有効である期間中の、進行中の防衛計画や作戦、状況に関する情報」
　② カテゴリー2
　「通信システムを含む兵器システムその他の軍事システムの製造、性能、使用についての情報」
　③ カテゴリー3
　「国土や重要インフラ又は重要な国家機関を、脅威または妨害工作や武力の行使から護衛するための具体的な手段に関する情報で、機密であることでその効果を発揮するもの」
　④ カテゴリー4

「情報局の活動、情報源、手段に関連又は由来する情報で、国家安全保障の問題に関するもの」
⑤ カテゴリー5
「外国や政府間機関からとくに極秘を期待されて提供された国家安全保障の問題に関する情報、及び他の外交上のコミュニケーションで提供された国家安全保障の問題に関する情報」

秘密指定が禁止される情報のカテゴリー（ネガティブカテゴリー）　一方、情報の種類は多種多様である以上、このようにカテゴリーを定める方法で「真にやむを得ない国家秘密」を画する方法には限界がある。そこで、ツワネ原則では、原則10において、一定のネガティブカテゴリーとして「公開することが望ましいと強く推定される情報又は公開による利益が大きい情報のカテゴリー」として、以下のとおり定められている（日弁連仮訳）。

① ネガティブカテゴリー1
「国際人権法及び人道法上の違反」
② ネガティブカテゴリー2
「人間の自由と安全に関する権利の保護、拷問及び虐待の防止、生存権の保護」
③ ネガティブカテゴリー3
「政府の構造と権力」
④ ネガティブカテゴリー4
「軍事力行使又は大量破壊兵器の入手の決定」
⑤ ネガティブカテゴリー5
「監視」
　（例）あらゆる種類の監視に関する全体的な法的枠組み
　（例）監視を行う権限を付与された機関についての情報及びそのような監視行為の利用についての統計
　（例）違法な監視が行われた事実
⑥ ネガティブカテゴリー6
「財務情報」
⑦ ネガティブカテゴリー7
「憲法・法令違反及びその他の権力濫用に関する説明責任」
⑧ ネガティブカテゴリー8

「公衆衛生、市民の安全又は環境」

その他の指定の基準
――「民主主義社会において必要な」　　以上のような「秘密指定が許される情報カテゴリー」および「秘密指定が禁止される情報のカテゴリー」により、当該情報の秘密指定の是非について大枠での判断がなされた上で、当該情報の秘密指定について具体的にその必要性および相当性が吟味されることとなる。ツワネ原則においては、原則3が以下のように定めている（日弁連仮訳）。

　　「政府が、その情報の制限が、(1)(a)法に基づき、かつ(b)民主主義社会において必要であり(c)国家安全保障上の正当な利益を保護するためであると明示することができない場合、また(2)情報制限の妥当性についての独立監視機関による、そして裁判所の全面的検討による、速やかで、十全で、アクセス可能で、かつ効果的な調査を含む、職権濫用を十分に阻止するための規定を示すことができない場合は、いかなる国家安全保障上の理由に基づく情報への権利制限もできない。」

　そして特に(1)(b)「民主主義社会において必要である」の要件については、(i)その情報を公開すれば正当な国家安全保障上の利益を重大に害するという現実的かつ特定可能なリスクがなければならない、(ii)情報を公開することによる損害のリスクが、情報を公開することによる総合的公益を上回らなければならない、(iii)制限は比例の原則に従わなければならず、かつ損害が保護するための最も制限の少ない手段でなければならない、(iv)制限することで情報に対する権利の本質を損なってはならない、というように細分化されて定められている。

　さらに(1)(c)の「国家安全保障上の正当な利益」については、「その利益の真の目的と主たる効果が、国際法・国内法に沿って国家の安全を守ることにある場合を指す。国家安全保障上の利益は、その本来の目的と主たる効果が国家安全保障に関係のない利益を守るため、たとえば政府や官僚を恥辱又は悪事の暴露から守るため、人権侵害、その他のあらゆる法律違反もしくは公共機関の機能に関する情報の隠ぺいのため、特定の政治的利益、党派又はイデオロギーの強化又は維持のため、若しくは合法的な抗議行動の抑圧のためなどであった場合、正当ではない。」と定義されている。

表現の自由特別報告者の指摘　表現の自由に関する国連特別報告者のデイビッド・ケイ氏は、日本調査の報告書において、日本政府に対して、「その公開によって日本の安全保障の存立を脅かすことのない情報の秘密指定の可能性を避けるための継続的な努力と警戒」を求めている。デイビッド・ケイ氏は、日本調査の報告書45項において、以下のように指摘している。
*4

> 「まず、自由権規約委員会が2014年の定期レビューで指摘したように、特定秘密保護法は特定秘密や秘密指定の必要事項となる事柄を適切に定義付けていない。政府の運用基準は、特定秘密として指定されるべき情報を4つの分野（防衛、外交、特定有害活動、テロ活動防止）に区分しているが、副カテゴリはいまだに広義すぎる。」「法律に明記されている4つの秘密区分が『重要で』『関連性がある』といった指定が繰り返し使われていることに危惧する。」

この指摘からも明らかなように、秘密指定が許される情報カテゴリーが抽象的になっている原因の一つは、「重要」、「関する」といった幅を持った文言が多用されているからである。こうした不明瞭な文言を極力除外するとともに、秘密指定が禁止される情報のカテゴリー（ネガティブカテゴリー）を設けることが不可欠である。

(5) アメリカの秘密指定の基準に関する規定

先進各国の秘密指定の基準に関する規定が国会図書館によって調査されているが、ここではこの中からアメリカの仕組みを紹介する。
*5

原機密指定（Original Classification）とは、国家安全保障のために情報の漏えいから保護する必要のある情報を最初に決定する行為であり（大統領令6.1条 (ff) 項）、次の5つの条件を満たす必要がある。

①連邦政府により保有・作成・管理されている情報のうち、
②大統領令1.4条で定める類型（下記参照）に該当する情報で、(a)軍事計画、武器システムまたは作戦に関する情報、(b)外国政府情報、(c)インテリジェンス活動（秘密活動含む）、インテリジェンスに関する情報源、方法または暗号に関する情報、(d)機密情報源を含む連邦政府の外交関係または

外交活動に関する情報、(e)国家安全保障に関連する科学的、技術的または経済的事項に関する情報、(f)核物質または核施設に対する安全防護策に関する連邦プログラムに関する情報、(g)国家安全保障に関連するシステム、施設、社会基盤、プロジェクト、計画、防護サービスの脆弱性または能力に関する情報、(h)大量破壊兵器の開発、生産または利用に関する情報、
　③正当な権限によらずに開示されたときには、国家安全保障上の利益に損害がもたらされる結果が生じることを、原機密指定者が合理的に予期し得ると決定し、かつ、その損害を特定または記述できる場合には、
　④原機密指定者が秘密指定を行うことができ（大統領令1.1条(a)項）、
　⑤指定の際には、機密解除を行う特定の期日または条件を定めなければならない（大統領令1.5条(a)項）。

　ただし、次の目的で行う機密指定は禁止されている（大統領令1.7条(a)項）。
　(ⅰ) 法令違反、非効率性の助長または行政上の過誤の秘匿
　(ⅱ) 特定の個人、組織または行政機関に問題が生じる事態の予防
　(ⅲ) 競争の制限
　(ⅳ) 国家安全保障上の利益の保護に必要のない情報の公開を妨げ、または遅延させること

(6) 秘密の指定有効期間と解除

　法4条は秘密の解除と有効期間について定めているが、特定秘密を最終的に公開するための確実な法制度となっていない。30年以内の保存期間のものであれば、闇の中で廃棄してしまうことが可能な仕組みとなっている。公文書管理法は2009年に制定されたが、多くの特定秘密が市民の目に触れることなく廃棄されることとなる可能性がある。このことを指摘したのが、後述する平成29年衆議院情報監視審査会報告書である。
　アメリカでは複数の秘密指定解除の仕組みがある。なお、そこで重要な役割を担っているのが ISOO と ISCAP である。情報保全監察局（Information Security Oversight Office）は、国立公文書館の部局として設置されている。情報保全に関する行政監察権限とともに、行政機関に対する機密解除請求権が付与されている[*6]。

省庁間機密指定審査委員会（Interagency Security Classification Appeals Panel）は、機密指定に関して重大な役割を担う行政機関の代表者（国務省、国防総省、司法省、国立公文書館、国家情報官室および国家安全保障問題担当大統領補佐官から同委員会の構成員として任命された幹部レベルの代表者ならびに必要に応じ中央情報局長官が指名する非常任の代表者）による合議制機関であり、審査請求に対する裁決等を行う。[*7]

そして、アメリカにおける次のような秘密解除の仕組みを参考に、秘密解除の実効性のある仕組みを構築していかなければならない。[*8]

① 自動秘密指定解除

情報の作成から25年が経過した各暦年の12月31日に、当該情報の秘密指定を解除するもの

② 体系的秘密指定解除審査

自動秘密指定解除を免除された記録に対して義務付けられているもの

③ 裁量的秘密指定解除審査

開示による公益が秘密指定を継続する必要性より大きくなった場合、または、省庁が、情報の保全はもはや不要となり、早めに秘密指定解除できると判断した場合に行われる。

④ 強制的秘密指定解除審査

国民からの請求を受けて、情報の秘密指定解除を行うかどうかを直接的かつ特別に審査するもの

ISOO「2015 REPORT TO THE PRESIDENT」10、14頁によると、2015年に自動秘密指定解除により秘密指定解除されたのは3,604万2,022頁、体系的秘密指定解除審査により秘密指定解除されたのは70万6,859頁、裁量的秘密指定解除審査により秘密指定解除されたのは3万708頁である。また、強制的秘密指定解除審査により、全体として秘密指定解除されたのが24万717頁、一部解除されたのが10万9,349頁となっている。十分かどうかは措くとして、相当量の秘密指定解除がなされている事実が浮かび上がる。

(7) 秘密保護の刑事的規制について

ジャーナリスト・市民を含む厳罰化　特定秘密保護法においては、公務員が特定秘密を故意に漏えいする行為は懲役10年以下、過失で漏えいする行為は禁錮2年以下の刑とされる（23条）。

公務員以外のジャーナリストや市民活動家も、「秘密を保有する者の管理を害する行為」を手段として特定秘密を取得すれば、懲役10年以下の厳罰が待っている（24条）。

このような法律制度はアメリカやヨーロッパの実務慣行とは異なるものである。アメリカでは、公務員が秘密漏洩の罪に問われることがあるとしても、ジャーナリストを罪に問うことは、憲法の表現の自由保障に反すると考えられ、訴追がなされてこなかった。

ヨーロッパでは、後述するように、ヨーロッパ人権裁判所の判例理論が、その保障を明確にしている。

ジャーナリスト・市民活動家による秘密の公開　ツワネ原則は、公務員が秘密を公にした場合に、それによる公益と秘密を漏らしたことによる不利益のバランスを考慮して、バランスがとれていれば処罰しないという考え方をとっている。この考え方は、ヨーロッパ人権裁判所で近時急速に発展してきた考え方である。

「フレッソ（Fressoz）およびロワール（Roire）対フランス」事件では、二名のジャーナリストが、匿名の税務関係者による違法な情報漏えいを受けて、プジョー社の取締役の納税申告書を公表したことから、盗難資料を入手したとしてフランスの裁判所から贓物（不法入手物）犯罪で有罪判決を受けた。この取締役が2年間で45.9％の昇給を自らに与えていたことを示すこの二名のジャーナリストによる記事は、プジョーの労働者が昇給を要求して拒否されていた労使紛争のさなかに発表された。裁判所は以下のように判断し、両名に対して刑事罰を科すことはヨーロッパ人権条約10条に反するとした。[*9]

> 「民主主義社会において報道機関が果たす不可欠な役割を認識しながらも、裁判所は、第10条がその保護を認めているという前提で、原則としてジャーナリストを通常の刑法に従うという義務から解放することはできないことを強調する」、「欧州人権裁判所は、フレッソとロワールが、透明性の高い方法で誠実に行動しており、納税申告書のコピーを入手するという犯罪行為が彼らの記事の信頼性を証明するのに必要であったと判断した」、「課税査定の真正さを検証したRoire氏は、ジャーナリストとしての自身の職業を遂行する（倫理）基準に従って行動した。個々の資料からの抜粋は問題となっている記事の内容を裏付ける目的があった」。

公務員の情報漏洩行為が、外形的には違法行為でも、違法行為として責任を問うことがふさわしくないとヨーロッパ人権裁判所が判断した判例として2008年2月の「グジャ（Guja）対モルドバ」事件がある。
　このケースは、モルドバ検察庁の報道室長であったグジャ氏が政治家による不当な検察への圧力を証明するメモを事前の検察庁からの承諾なしに新聞社に渡したという内規違反で解雇されたことについて、その解雇が「表現の自由」に違反しているかが争われた。グジャ氏はこの解雇は不当としてモルドバ国内で解雇取り消しの民事訴訟を起こしていたが認められず、その後ヨーロッパ人権裁判所に訴えていた。ヨーロッパ人権裁判所は以下のように述べ、グジャ氏の解雇は第10条違反に当たるとした。[*10]

　　「民主社会において政府の行為や怠慢については立法機関や司法機関だけでなく、報道機関や世論などの緊密な監視の下に置かれなければならない。ある情報に関して市民の関心が特に高い場合には、時に法的に科されている秘密保持の義務でさえくつがえすことができる」。

　ヨーロッパのジャーナリストと市民活動家にとって、ヨーロッパ人権裁判所は自由を守る最後の砦となっている。

共謀と煽動まで処罰する処罰の早期化　　秘密保護法は独立教唆（秘密を保有する本人がその気にならなくてもそそのかすだけで処罰できる）、共謀（二人以上が合意するだけで、秘密が漏れていなくても処罰できる）や煽動（集会などで政府の秘密を暴露せよなどと叫ぶこと）も取り締まっているので、特定秘密に触れるところまで行かなくても、嫌疑をかけられてしまう危険がある（25条）。
　このように、秘密保護法は、刑罰を厳罰化し、また処罰される時期を著しく早めている。この規定は、2017年に制定された「共謀罪法」と比較して、組織犯罪集団の関与も、準備行為も必要なく、生身の共謀を処罰する規定であり、危険きわまりない立法である。

秘密保護法違反事件の刑事公判は外形立証との攻防である　　検察官は、秘密保護法違反事件において、いわゆる外形立証により有罪立証を考えるものと思われる。外形立証とは、①秘密の指定基準が定められていること、②当該秘密が国家機関内部の適正な運用基準に則って指定されていること、③当該秘密の種類、性質、秘密扱いをする経緯、を立証すると

いう方法である。つまり、特定秘密の内容そのものを明らかにすることなく、有罪判決を獲得するという立証手法なのである。その結果、問題視されている情報が、特定秘密の指定がなされているものなのか否か、秘密の要件を満たしているかどうかも含めて、検証不能に陥り、被告人の防御権が脅かされかねない立証手法である。

秘密漏えい事件において、いわゆる外形立証を許容した裁判例（外務省スパイ事件[*11]）がある。本件の第1審判決は、「秘密の指定の手続、秘密指定のあつた事項の種類、性質、秘密の取り扱いを必要かつ相当とする合理的な事由等を立証することによって右指定の実質的秘密性を推認させることも可能であ」るとの判断を示し、控訴審も、この判断を肯定した。

ただ、裁判所は、秘密漏えい事件において、必ずしも外形立証のみにて判決を下しているわけではない（ラストボロフ事件[*12]）。下級審判断として確立された状況でもなく、また、現時点において最高裁判所の判断も示されていない。

法律家としては、到底、外形立証を許容することはできない。外形立証が肯定されると、事実上、挙証責任が被告人に転換されることになりかねない。これは、無罪推定という刑事裁判の原則を蔑ろにしかねないのである。

また、共謀罪など特定秘密の内容を被告人自身が把握できていない事件の場合には、被告人において、反証を実施するのは至難の業であり、防御権は著しく制約される。これは、被告人の防御権および裁判を受ける権利（憲法31条・32条・37条・82条）を侵害しかねない。

証拠開示が天王山の闘いとなる

秘密保護法違反事件の場合、公訴事実上も特定秘密の内容が明確ではなく、どのような情報を漏えいした疑いをかけられているのか、不明確なものになるだろう。それゆえ、弁護人としては、防御活動をする上で、検察官に証明予定事実記載書を開示させることが欠かせない。しかし、証明予定事実記載書においてすら、特定秘密の内容が外形的部分にとどまるものと思われ、積極的な釈明を行使しなければならない。やはり公判前整理手続において、争点整理を進めていかざるを得ない場合も多いであろう。

弁護人は、検察官に対し、検察官請求証拠の開示後、証拠一覧表の開示を求めることができる（刑事訴訟法316条の14第2項）。検察官は、証拠一覧

の開示請求を受けたら、交付義務を負う。証拠一覧表を入手したら、まず、特定秘密文書および特定秘密指定管理簿が一覧表に挙がっていないか、確認すべきである。

　検察官が任意開示請求を応諾しない場合、類型証拠・争点関連証拠の開示請求、「証拠物」（刑事訴訟法316条の15第1項1号）としての開示請求、検証調書ないし写真撮影報告書としての開示請求ができないかを検討しなければならない。

　弁護人は、上記特定秘密の具体化に資する証拠開示を求めるとともに、そもそも、証拠収集が違法ではないかとの観点から、確認をしなければならない。違法収集証拠か否かを判断する上で、第一次証拠の開示は、欠かせない。出所不明の証拠の場合には、XKEYSCORE や IMSI キャッチャーにより得た情報に基づき収集した可能性があることを念頭に置きつつ、検察官に、証拠取得の経緯を開示するよう求めるべきである（XKEYSCORE については、本書プロローグおよび第3章1⑵参照。IMSI キャッチャーとは、携帯電話の通話の傍受や位置追跡が可能な監視装置で、米国での利用が知られている。）。

　また、捜索差押令状の疎明資料に違法性はないか、捜索差押え過程において、違法がなかったか、この点についても、あわせて検討することになろう。

⑻　第三者機関

二つの第三者機関　　政府の恣意的な秘密指定を防ぐためには、すべての特定秘密にアクセスすることができ、人事、権限、財政の面で秘密指定行政機関から完全に独立した公正な第三者機関が必要であることはツワネ原則（原則34）等にも定められているとおり、今日の国際的な常識である。しかし、法と運用基準が準備している二つの第三者機関は、いずれも不十分である。情報監視審査会には十分な権限がなく、独立公文書管理監には権限とともに独立性が欠けている。

両院情報監視審査会について　秘密保護法制定後の2014年6月20日、情報監視審査会の設置等を内容とする国会法等の一部を改正する法律が成立した。それに先立ち、2014年6月13日には、衆議院における特定秘密の取扱や情報監視審査会の運営に関わる衆議院規則の一部を改正

する規則および衆議院情報監視審査会規程、同月20日には、参議院規則の一部を改正する規則および参議院情報監視審査会規程が成立した。この審査会は、2013年12月5日、自民・公明・維新・みんなの4党合意に基づく組織である。そして、これらは、2014年12月10日に施行され、両院に情報監視審査会が設置された。

国会法102条の13は審査会に特定秘密の指定およびその解除の状況について調査することを責務として定めた。情報監視審査会は8人の委員で組織される（衆議院情報監視審査会規程2条、参議院情報監視審査会規程2条）。委員は、会期の始めに議院においてその議決により選任し、議員の任期中その任にあるものとされる（衆議院情報監視審査会規程3条1項、参議院情報監視審査会規程3条1項）。委員は、各会派の所属議員数の比率により、これを各会派に割り当てて選任する（衆議院情報監視審査会規程3条2項、参議院情報監視審査会規程3条2項）。情報監視審査会の事務を処理させるため、情報監視審査会に事務局が置かれている。

国会法102条の14は、情報監視審査会が、政府から、毎年、「特定秘密の指定及びその解除並びに適性評価の実施の状況」（秘密保護法19条）についての報告を受けることを定めている。国会法102条の15第1項は、「各議院の情報監視審査会から調査のため、行政機関の長に対し、必要な特定秘密の提出を求めたときは、その求めに応じなければならない」としており、情報監視審査会から行政機関の長に対する特定秘密提出の求めについて規定されている。国会法102条の16第1項は、「情報監視審査会は、調査の結果、必要があると認めるときは、行政機関の長に対し、行政における特定秘密の保護に関する制度の運用について改善すべき旨の勧告をすることができる」としている。よって、特定秘密の指定およびその解除について不適切な事案がある場合にも勧告を行うことができる。

内部通報者保護制度の整備　両院の情報監視審査会の最新の年次報告書（衆院は平成29年、参院は平成28年年次報告書）によっても、両院の情報監視審査会が特定秘密の指定等についてポイントを絞った調査をなし得たとは言い難い。これは、委員において調査等の端緒となる有力な情報を取得する仕組みを欠いているからである。この点、調査等の端緒となる有力な情報が取得できるよう、審査会に対する内部通報者保護制度の整備が不可欠である。

第4章　監視社会を進める制度——秘密保護法、共謀罪　145

提示要求等をするた　　参議院情報監視審査会では、委員から、国家安
めの採決要件の緩和　　全保障会議および警察庁への提示要求動議が提出
されたが、否決されている（参議院情報監視審査会平成27年年次報告書3頁）。
　衆議院情報監視審査会規程13条は「情報監視審査会の議事については、出席委員の過半数でこれを決」するとしており、参議院情報監視審査会規程13条にも同様の規定がある。
　そもそも、委員構成は、議院の議席数に比例するのであり、政権与党の議員が委員の多数を占めることになる。よって、勧告の是非等という結論的な決定だけではなく、調査の途中過程における決定についてまで、すべて過半数で決することとすると、政権与党の意向により十分な調査がなされないことになりかねず、政府に対するチェック機能は果たすことは困難である。情報監視審査会が厳重な保秘を行っており、情報監視審査会に特定秘密が提供されることによる支障が想定しにくいことも考えると、委員2名以上の賛成により特定秘密の提示要求をなし得るとするなど、その裁決要件の緩和を行うべきである。

予算・人事につい　　衆議院情報監視審査会は、国家安全保障会議に対
ての権限　　　　し、会議録等の審査会への開示を求めたが、開示を
拒否されている（衆議院情報監視審査会平成28年年次報告書110頁）。
　他方、アメリカの両院情報特別委員会においては、ほとんどの機密情報にアクセスできる。上院情報特別委員会（Senate Select Committee on Intelligence）および下院情報特別委員会（House Permanent Select Committee on Intelligence）は中央情報局（Central Intelligence Agency）をはじめ、情報活動に関わるすべての政府機関および軍の情報活動を監視することを任務とする。これらの機関の予算授権法および関連法案を審査することで、予算、組織等についても監視を行う。[*13]
　政府は、現在進行中の情報活動（実行前のオサマ・ビン・ラディン殺害計画など）などについては委員長ら幹部にのみ情報提供するものの、その割合は5％ないしそれ以下でしかない（衆議院欧米各国の情報機関に対する議会監視等実情調査団報告書59頁の上院情報特別委員会グラニス首席補佐官発言）。つまり、かなり機微な情報にいたるまで委員がアクセス可能なのである。
　これは、情報特別委員会が、情報機関の予算や人事について審査し得る立場にあることが大きな要因となっていると考えられる（上記報告書60頁

の上院情報特別委員会グラニス首席補佐官発言)。

そこで、日本の情報監視審査会にも、特定秘密を所管する省庁の予算や人事についての意見や報告書を出す権限を与えることで、よりスムースな情報の提供がなされることが期待できる。

スタッフの充実　アメリカの両院情報特別委員会においては、「情報機関が議会への報告なしに活動することのないよう、スタッフは、委員からの指示又は自らの判断により、毎日のように情報機関の職員と会い、また、秘密活動の計画が法律の枠内で行われているか精査する会議を開くなどして、情報機関が法に準拠し我々に情報を開示して作戦を行っているのかどうかをチェックし、怪しい動きがあれば事実解明を行っているようである」とされる(衆議院欧米各国の情報機関に対する議会監視等実情調査団報告書22頁。なお、同報告書11頁によると、上院情報特別委員会スタッフは37名、下院は38名である。)。

これらのスタッフの活動は、秘密指定の適否をチェックするためになされるものではない。アメリカの両院情報特別委員会のスタッフの大部分は諜報関連業務経験者である(上記報告書22頁)。そのことで調査が実効化される側面もあろうが、逆に、諜報部門の考え方に引きずられる側面も危惧される。日本では、両方の側面を考慮しつつ、特定秘密に関連する省庁出身者を、一定程度、ノーリターン・ルールの下で情報監視審査会のスタッフとして採用することが検討されるべきである。

衆議院情報監視審査会平成29年報告　2018年3月に公表された衆議院情報監視審査会平成29年年次報告書は、興味深い内容の報告であった。同報告は、重要な情報を指定している特定秘密文書にもかかわらず、保存期間を「1年未満」の扱いにすることで各省庁の判断だけで廃棄している現状は問題だと指摘し、政府内にチェック体制をつくるよう求めた。報告書によれば、内閣官房、警察庁、防衛省など6省庁は2016年の1年間に特定秘密文書44万4877件を廃棄していたとされる。それらは、いずれも保存期間1年未満だった。廃棄した文書の多くは、衛星写真など原本のある文書類の写しや暗号関連文書だったが、2万8272件は「別の文書に同様の情報が含まれる」ものの、写しではなかったとされている。報告書は、この点を指摘した点で、政権全体を覆う公文書破壊の風潮に対して、異を唱え、1年未満に指定できるのは写しだけであることを徹底させよと政府に求め

ている。

　また、作成から30年を超える特定秘密文書について、その秘密として取り扱われてきた期間の長さを考慮し、保存期間満了時の措置を再検証の上、原則として歴史公文書等とし、保存期間満了後は国立公文書館等に移管することを検討することを求めている。

　審査会は、独立公文書管理監の活動についても、これまで以上に厳しいトーンで注文を付けている。①実地調査を増やすこと。②主導的に文書を選定すること。③検証・監察の流れを具体例を用いて当審査会に示すことなどがそれである。

　この情報監視審査会は、逆説的な意味ではあるが、国政に役立っている。まさしく、特定秘密の運用に関して、実効的な監視のシステムが存在せず、適切な監視が行われていないことを我々に教えてくれているからである。独立公文書管理監の活動がブラックボックス化されている中で、この審査会を強化する方が実効性のある監視システムに近づく途かもしれない。

独立公文書管理監の設置　秘密保護法の審議過程において特定秘密の指定が恣意的になされることが懸念されたが、そのため秘密保護法には附則9条が設けられ、「特定秘密の指定及びその解除に関する基準等が真に安全保障に資するものであるかどうかを独立した公正な立場において検証し、及び監察することのできる新たな機関」として、2014年12月10日、内閣府に独立公文書管理監が設置された。そもそも、法の構想段階で第三者機関についてまともな議論がなされず、国会審議の過程で付則として急遽独立公文書管理監等を設けることとされた。しかし、その内容と権限は法律の中にはまったく定められておらず、詳細は単なるマニュアルにすぎない運用基準で定められた。その権限は以下のとおりである。

　①必要があると認めるときは、行政機関の長に対し、特定秘密である情報を含む資料の提出若しくは説明を求め、または実地調査をする（運用基準Ⅴ3⑴イ）。

　②行政機関の長による特定秘密の指定およびその解除または特定行政文書ファイル等の管理が秘密保護法等に従って行われていないと認めるときは、当該特定秘密の指定およびその解除をし、または当該特定行政文書ファイル等を保有する行政機関の長に対し、当該指定の解除、当該特定行政文書ファイル等の適正な管理その他の是正を求める（運用基準Ⅴ3⑴ウ、

4⑵イ(キ))。

③特定秘密の指定およびその解除または特定行政文書ファイル等の管理が秘密保護法等に従って行われていない旨の通報を受理し、必要な調査を行う（運用基準Ⅴ4⑵イ(ウ)および(エ))。

独立公文書管理監等の組織と活動の限界　独立公文書管理監の権限行使を補助する情報保全監察室は、室長である独立公文書管理監以下20名の体制で設置された。

2017（平成29）年3月31日までの活動について、第2回の報告がなされている。ここでは、特定秘密の指定について、警察庁、外務省および防衛省において指定計5件が解除されたとしている。それ以外の105件の指定を適正と認めたとしている。

説明聴取、実地調査等の回数は170回、確認した特定秘密を記録する文書等の件数は507件とされるが、独立公文書管理監に対する内部通報はなかったとしている。

行政文書の数に比較して、実際に検証・監察がなされた件数は非常に少なく、十分な検証・監察がなされたとは到底評価できない。他方で、すでに特定秘密が記録された文書は多数に上っており、今後も秘密指定の件数や特定秘密が記録された文書の量は増加の一途をたどることが想定される。このような特定秘密が記録された文書の量の多さを考慮すれば、現状の情報保全監察室の体制では不十分であることが明らかである。

2018年6月、独立公文書管理監の権限を拡大し、局長級に格上げすると報じられている（6月22日毎日新聞）。

しかし、組織の独立性に根本的な疑念があり、制度的な独立性を保障し、秘密の恣意的な指定に目を光らせるという職業的使命感を持ったスタッフを確保する方途を講じなければ、局長級に格上げされてもこの機関は絵に描いた餅に終わるであろう。

⑼　通報制度の不十分性

全く機能していない独立公文書管理監への通報制度　運用基準において公益通報制度が一応作られたが、法律のレベルで規定されていない。さらに、内部通報を優先しており、また違法行為の秘密指定を禁止する法制を欠いているため、実効性のある公益通報制度と評価できない。そ

もそも１件の通報もないということは実効性が欠けていることの証左である。

　まず、通報者は、独立公文書監理監への通報よりも先に、行政機関の内部通報窓口に対する通報をすることが原則とされている。行政機関内部での事実上の報復を恐れて通報者が萎縮する可能性が高い。例外的に、行政機関の内部通報窓口を経ずに独立公文書管理監への通報ができる三つの場合についても、「不利益な取扱いを受けると信ずるに足りる相当の理由」「証拠隠滅等がされるおそれがあると信ずるに足りる相当の理由」「個人の生命・身体に危害が発生し、または発生する急迫した危険があると信ずるに足りる相当の理由がある場合」を、通報者において主張・立証すべきことになり、独立公文書管理監への通報を抑制するものとなっている。この通報制度はまったく機能していない。

　公益通報制度との関係　　日本には、公益通報をしたことを理由に労働者（通報者）が解雇等された場合に、その解雇等を無効にするなどして通報者の保護を図る「公益通報者保護法」が存在する。そして、公益通報者保護法上の「通報対象事実」は、限定列挙であるという問題点はあるが、多岐にわたる法令違反が対象とされているところである。公益通報者保護法による公益通報者の民事的保護と、秘密保護法による特定秘密漏えいの刑事処罰とが、どのような関係にあるのかについては、法文上、明らかではない。

　秘密保護法案審議段階の2013年11月29日、国会の国家安全保障に関する特別委員会（議事録第10号参照）において、公益通報者を守ることが秘密保護法によって可能なのかと問われた際、担当の森まさこ大臣（当時）は、公益通報者保護法の適用があるとした上、「特定秘密についても違法行為が行われた場合にそれを公益通報する者が保護されるようにしてまいりたいと思います。」と答弁した。

　しかし、秘密保護法には、行政機関の違法行為などを特定秘密に指定することを禁止する明文規定がない。公益通報者保護法上の「通報対象事実」に当たる情報が特定秘密に指定されることを禁止する明文規定もない。パブコメに付された秘密保護法の運用基準Ⅱ１(4)イの原案では、特に遵守すべき事項として、「法令違反の隠蔽を目的として、指定してはならない」とされていた。しかし、「隠蔽の目的」の有無という主観的な要素が重視

されると、行政機関が、隠蔽の目的があるわけではないとして恣意的な秘密指定をするおそれがある。そこで、客観的に判断できるような基準にすべきであるという批判が寄せられ、パブリックコメントを経て、政府は、運用基準案を改訂し、「公益通報の通報対象事実その他の行政機関による法令違反の事実を指定し、又はその隠蔽を目的として、指定してはならないこと」(運用基準Ⅱ1⑷イ)を明記するに至った。この運用基準の規定は、内部告発をする際の有力な法的根拠となり得る。

　行政機関の公務の内容が違法である場合、当該公務の民主的な運営そのものが損なわれ、我が国および国民の安全の確保という国家安全保障に関する民主的な政策の基盤自体も損なわれるため、そのような違法秘密は保護に値しない。以上の点は、外務省秘密漏えい事件[*14]においても、「公務の内容が違法であって、当該公務の民主的な運営ということ自体が無意味である場合には、民主的運営の保障のための秘密保持義務は考えられない……から、かかる公務に関する事項は国家公務員法にいわゆる『秘密』として保護する必要性を具備しないといわなければならない。」と判示されている。

　しかし、秘密保護法の法文上に、行政機関の違法行為などを特定秘密に指定することを禁止する明文規定がないこと、および、公益通報者保護法上の「通報対象事実」に当たる情報等が特定秘密に指定されることを禁止する明文規定がないことは秘密保護法の致命的な欠陥である。我々は、秘密保護法の廃止を求めてきたが、少なくとも、秘密保護法の法文上において、公益通報の通報対象事実その他の行政機関による法令違反の事実を特定秘密に指定することを禁止する規定、もしくは、公益通報の通報対象事実その他の行政機関による法令違反の事実が特定秘密に指定されていた場合に、当該特定秘密を漏らしても、公益通報として、処罰対象とならないことを確認する規定を、明文化することを求める。

⑽　人権侵害を生む適性評価

　適性評価制度は後に詳述するように、評価対象者やその家族等のプライバシーを侵害する可能性があり、また医療従事者などの守秘義務を侵害する可能性がある。

　秘密保護法では、適性評価制度が導入され、プライバシー侵害など諸方

面からの批判がなされている。特定秘密に指定されても、その管理がずさんで、漏れてしまっては意味がない。たとえば、特定秘密を扱う者が金銭的に困っている時に、外国の諜報機関に接触されて、資金提供を持ちかけられたら特定秘密を漏らしてしまうのではないかという恐れがないわけではない。そのような特定秘密の漏えいの危険を防ぐために、特定秘密取扱者の身辺調査などをする「適性評価」という制度が導入されている。

　しかし、適性評価は、評価対象者やその家族などのプライバシーに深く関わるものである。適正評価では、対象者の家族構成・同居人の氏名や国籍、犯罪歴・懲戒歴、情報の取扱いに関する非違行為の経歴、薬物の濫用、精神疾患、飲酒についての節度、借金などの経済状態といったことまで調査することになっている。たとえば、家族が海外留学しているとか、花粉症で薬を飲んでいるとか、酒癖が悪いかどうかとか、車が趣味で数年ごとに乗り換えてローンがあるとか、そういったことまで調査することになるし、上司や同僚、知人にも質問ができ、金融機関に照会をかけて金銭の出入りまで把握することが可能である。適性評価について、苦情は出ていないということであるが（「特定秘密の指定及びその解除並びに適性評価の実施の状況に関する報告」（2016年4月）12頁参照）、そもそも適性評価を受けることに同意している者は、過剰にプライバシーを収集されても文句をいえない状況に置かれているのではないか。

　2015年1月1日から2016年12月31日までの2年間で適性評価を受けた人数は22機関で11万7,563人（特定秘密を取り扱う事業者の従業員2,868人を含む）である（前記報告の2016年4月26日報告・表5、同報告の2017年5月19日報告・表4参照）。その内訳を見ると、防衛省関係が圧倒的に多く10万7,441人であり、警察庁の3,495人、内閣官房の2,158人、外務省の1,608人、防衛装備庁の1,719人が続く。

　上記の適性評価を受けた11万7,563人の内、適性評価で不適性とされた人数は1人である。また、適性評価を受けることを拒否した人数は46人であり、適性評価を受けることに同意をしたものの、その後同意を取り下げた人数は3人であった。つまり、特定秘密を取り扱うことになる可能性のある者（ここには秘密保護法施行以前に秘密を取り扱っていた者も含まれると考えられる。）の中で、特定秘密を取り扱う業務から外されても構わないから適性評価を受けたくないと考えた者が49人いたということになる。

適性評価はプライバシー侵害の程度が著しいことから、これを拒否したり、同意を取り下げたりすることも当然に予想されるものであるが、拒否や同意の取下げがあったからといって不利益に取り扱われることは許されるべきではない。現行法上、適性評価について苦情を申し出たことについては不利益取扱いが禁止されているものの（14条3項）、適性評価の結果それ自体や適性評価自体の拒否については不利益取扱いが禁止されていない。

(11) 結論

このように特定秘密保護法の問題点はあまりにも深刻なものである。国の安全を守るため、一定の事項を一定の期間に限って秘密とする制度の必要性が認められるとしても、市民やジャーナリストも処罰の対象としており、国の情報は国民のものであるという基本を無視している。情報を知ることができなければきちんと政治に反映できない。それは民主主義に反し、憲法21条と自由権規約19条にも反する。特定秘密保護法はやはりいったん廃止するしかない。

2 共謀罪

(1) はじめに

日弁連は、2003年に政府が共謀罪法案を国会に提出したときから、一貫してこの法案の成立に反対してきた。最近では、2012年4月13日付け「共謀罪の創設に反対する意見書」を公表していた。今回法案が国会に提出される直前の2017年2月17日には、意見書を採択し、「いわゆる共謀罪を創設する法案を国会に上程することに反対する」ことの意見を表明した。2017年6月15日の法成立時には、次の内容の会長声明を発している。現時点での日弁連の意見を表明したものとして、ここに採録しておく。

> 「本日、いわゆる共謀罪の創設を含む組織的犯罪処罰法改正案（以下「本法案」という。）について、参議院本会議において、参議院法務委員会の中間報告がなされた上で、同委員会の採決が省略されるという異例な手続により、本会議の採決が行われ、成立した。

当連合会は、本法案が、市民の人権や自由を広く侵害するおそれが強いものとして、これまで本法案の制定には一貫して反対してきた。また、本法案に対しては、国連人権理事会特別報告者であるジョセフ・カナタチ氏が懸念を表明する書簡を発出するという経緯も存した。

　本国会における政府の説明にもかかわらず、例えば、①一般市民が捜査の対象になり得るのではないか、②「組織的犯罪集団」に「一変」したといえる基準が不明確ではないか、③計画段階の犯罪の成否を見極めるために、メールやLINE等を対象とする捜査が必要になり、通信傍受の拡大など監視社会を招来しかねないのではないか、などの様々な懸念は払拭されていないと言わざるを得ない。また、277にも上る対象犯罪の妥当性や更なる見直しの要否についても、十分な審議が行われたとは言い難い。

　本法案は、我が国の刑事法の体系や基本原則を根本的に変更するという重大な内容であり、また、報道機関の世論調査において、政府の説明が不十分であり、今国会での成立に反対であるとの意見が多数存していた。にもかかわらず、衆議院法務委員会において採決が強行され、また、参議院においては上記のとおり異例な手続を経て、成立に至ったことは極めて遺憾である。

　当連合会は、本法律が恣意的に運用されることがないように注視し、全国の弁護士会及び弁護士会連合会とともに、今後、成立した法律の廃止に向けた取組を行う所存である。」

(2) 共謀罪反対運動が明らかにした共謀罪法の危険性とプライバシーの危機

審議手続きの国会法56条の3違反　共謀罪法案（組織犯罪処罰法改正案）は、衆議院法務委員会ではわずか30時間の議論で強行採決され、参議院法務委員会に至っては、わずか17時間50分しか議論されないまま委員会採決手続すら行われておらず、2017年6月15日午前7時46分の参議院本会議における「中間報告」（国会法56条の3）により法務委員会の採決が省略され、共謀罪法案の採決が強行された。

　この「中間報告」について、国会法56条の3は、「特に必要があるとき」に各議院が中間報告を求め、さらに「特に緊急を要すると認めたとき」に「委員会の審査に期限」を附けるか、「議院の会議（本会議のこと）において審議することができる」と定めている。共謀罪法案については、一刻も

早く成立させなければ、国民生活に重大な支障が生ずるような事情はなく、国会法56条の3に反する疑いがあった。

共謀罪法案が明らかにした監視社会の危機　2017年7月11日には法が施行され、政府は、国連越境組織犯罪防止条約（TOC条約）を188番目に批准する手続きをとった。2003年の政府提案から14年余に及んだ日弁連の反対運動は成功しなかった。日弁連は、法案に反対するたくさんの論点を指摘し、市民に提供した。

① 条約批准のため、法案は必要ないことの論証
② TOC条約は経済犯罪である組織犯罪対策を目的とするものであり、テロ対策の条約ではないことの論証
③ 修正して国会提出された政府法案が濫用防止につながらないことの論証
④ 普通の市民活動が共謀罪適用の対象とされる可能性があること
⑤ スノーデン氏の告発した監視の強まりを防ぎ、カナタチ特別報告者の指摘したプライバシーを保護するための措置の必要性

そして、この共謀罪反対運動の最大の成果は、日本の市民が、深まるデジタル監視の下でプライバシーを守る闘いの重要性を共有することができたことではないだろうか。

日弁連は、法制定後も、共謀罪法の廃止を求める活動を継続している。しかし、実は共謀罪法の廃止はゴールの一つに過ぎない。国連の特別報告者であるカナタチ氏が述べたように、監視社会の中ではとりわけ、人が自立して活動を続けるために、プライバシーを保護する法制度を作っていかなければならない。日弁連にとっても、特定秘密の保護によってもたらされている国民の知る権利への危機と並んで、共謀罪によってもたらされているプライバシーの危機に取り組むという重大な課題が残されていることが明瞭になった。

共謀罪は、おそらく最初は、暴力団や詐欺集団、人身売買、児童ポルノなどのケースが狙われ、「共謀罪は女性や子どもたちの安全に役に立った」というキャンペーンが張られることだろう。しかし、そうした事件の多くが、現実に組織犯罪集団によって繰り返されている既遂犯罪であり、新たに「共謀罪」を創設しなければ、本当に摘発できない犯罪であったかどうかを慎重に検証しなければ、共謀罪法の必要性を論証したことにはならな

い。まず、共謀罪法の危険性を明らかにし、これが実効化されることを防ぎ、速やかに廃止するための今後の課題を検討してみたい。

共謀罪法はどんな法律か？ まず、国会で成立した共謀罪法とはどんな法律なのかを説明する。

① 対象犯罪は、長期4年以上の刑を定める犯罪のうち組織的犯罪集団の関与が考えられる別表第四の277の犯罪
② 対象となる行為は、組織的犯罪集団の活動として、当該行為を実行するための組織により行われるもの
③ 組織的犯罪集団とは、その結合関係の基礎としての共同の目的が別表第三（277±αの犯罪）の罪を実行することにある団体
〔組織的犯罪集団については議論があり、後に詳論する。〕
④ 主体は、対象犯罪の遂行を2人以上で計画した者
〔2003年法案では「合意」とされていた文言が「計画」に変わっているが、意味は変わらない。〕
⑤ 既遂となるのは、その計画をした者のいずれかによりその計画に係る犯罪の実行のための準備行為（資金又は物品の取得、関係場所の下見など）が行われたとき
〔準備行為については、議論があり、後に詳論する。〕
⑥ 刑罰は、長期4年以上10年以下の犯罪の共謀は懲役または禁錮2年以下、死刑・無期・長期10年以上の犯罪の共謀は懲役または禁錮5年以下
⑦ 対象犯罪の実行着手前に自首したときは、その刑は減免される
〔密告が奨励されるという批判のある条項である。〕

犯罪の実効着手前に広範な犯罪が事前検挙できる 共謀が処罰されることの意味がどこにあるのだろうか。日弁連は2017年2月の意見書において、「共謀罪法案は、現行刑法の体系を根底から変容させるものとなる」と指摘した。このことの意味は次のとおりである。

共犯事件の犯罪が行われる過程を分析すると、ある人が犯罪を心に思い描いてから、結果が発生するまでの間には、共謀、予備（準備）、着手、未遂、既遂と進むが、日本の刑法の原則は、既遂の処罰が原則、未遂は例

外、予備はごく例外、そして共謀は本当の例外とまとめられる。特別刑法を除く刑法典の犯罪は全部で200個余りあるが、「この点は、現行刑法典だけでも、『既遂』が200余り規定されているのに対して、『未遂』は60余り、『予備』は10余り、『陰謀』はわずか数罪にとどまることからも明らかである」(前記日弁連意見書)。これまでは、極めつけの重大犯罪である殺人や強盗・放火についても予備罪しかなく、それらの共謀罪はなかったのである。

ところが、277個の共謀罪ができるということは、1％しかなかった共謀罪（陰謀罪）が突然10倍20倍ぐらいに増えたということを意味する。このことが、刑法体系、私たちの国の刑罰制度の根幹を変えてしまう可能性のある重大な問題であると日弁連が主張したのは、当然のことであった。

(3) 政府の提案には、濫用の危険が残っている

濫用されないという政府の大宣伝　政府は、「今回の法案は、2003年の法案と比べて、大きく修正し、濫用の危険のないものとした」と説明した。しかし、このような説明は事実とはいえない。政府の説明は、組織的犯罪集団の関与を要件としたこと、準備行為を要件としたこと、適用対象犯罪を676から277（衆院事務局の調査によれば、以前の政府のカウント方法では316）に減らしたことを根拠としている。

自民党は一度は適用犯罪を128にまで減らしていた　2007年の自民党小委員会案では対象犯罪は128にまで絞られた案が示されていた。1999年に制定された組織犯罪処罰法によって、組織的威力業務妨害罪、組織的強要罪、組織的信用毀損罪が作られ、法定刑が長期3年から5年に引き上げられた経緯がある。その結果として、これらの犯罪は共謀罪の対象犯罪とされている。

これらの犯罪は、もともと構成要件があいまいで、弾圧法規として使われてきた、問題のある犯罪類型である。先に述べた自民党の小委員会案では、これらの犯罪は共謀罪の対象から外されていた。当時の日弁連の批判に、与党も答えたのである。なぜ、政府はこのような濫用の恐れが著しい共謀罪を復活させたのか、合理的な説明は一切なされていない。沖縄における基地反対の市民活動には、威力業務妨害罪が使われた。「政府が共謀罪を活用して市民活動を弾圧する危険性がある」と指摘することには、十

分な根拠がある。

主要な構成要件が、刑罰法規の明確性の原則に反している

共謀罪法の主要な構成要件である「組織的犯罪集団」、「計画」および「準備行為」は、いずれも、刑罰法規に求められる明確性に欠けており、著しくあいまいである。これらは、憲法31条の定める刑事手続きにおける適正手続きの保障、憲法21条が保障する表現の自由の保障に反するといわざるを得ない。また、恣意的拘禁を禁止する自由権規約9条、公正な裁判を受ける権利を保障する自由権規約14条から導かれる罪刑法定主義の派生原理でもある「刑罰法規の明確性の原則」に反する。

組織犯罪集団の限定がなされていない

政府は、衆議院では、条文上の根拠が明確でないにもかかわらず、「組織的犯罪集団とは、テロリズム集団、暴力団、麻薬密売組織などに限られる」、「通常の団体に属し、通常の社会生活を送っている方々は処罰対象にならない」などの説明を繰り返してきた。

日弁連は、前記2017年2月意見書において、「主体を暴力団員等に限定したいのであれば、『組織的犯罪集団』の定義において、これらの法律に準じて、『常習性』、『反復継続性』等の要件が付加、明記されてしかるべきである。しかしながら、共謀罪法案の主体についてこのような要件の縛りはなく、主体がテロ組織、暴力団、薬物密売組織、振り込め詐欺集団等の構成員に限定されている趣旨を読み取ることはできない。」と批判していた。

政府は、この点に関して「自然環境や景観の保護などを主張する団体は、その結合関係の基礎としての共同の目的が、そのような正当な目的にあるものと考えられ、重大な犯罪等を実行することにあると考えられませんから、組織的犯罪集団に当たることはなく、座り込みを計画したとしても、テロ等準備罪による処罰の対象となることはありません。」(2017年4月6日衆・本会議：金田法相) と答弁している。

ところが、法の制定後に発出された法務省刑事局長依命通知では、「結合関係の基礎としての共同の目的」は「共同の目的」と同義だと説明し、国会答弁を反故にしようとしている。法が成立してしまった現段階では、我々は、政府が国会答弁において明らかにした見解などを根拠に、今後の法執行の状況を厳しく監視していく必要がある。

「計画」の要件が存在しても犯罪の成立が適切に限定されないこと

共謀罪法においては、「計画」という要件により、処罰の対象となるのは、犯罪の実行を目的とする合意が具体的・現実的になった段階に限定され、そのような段階に達成していない合意は処罰の対象とされない、との政府解釈が示されている。法が成立した以上、このような政府解釈が守られるように監視する必要があるが、「計画」とは、目的を達成するためにあらかじめ考えた方法・手段・手順等をさす用語とされているが、実質的には合意を言い換えたものであり、この文言だけからは、合意の具体性・現実性までが要求される趣旨を読み取ることは難しい。

準備行為の内容と位置づけは不明確なまま

準備のためにする行為（準備行為）が要件とされたが、これは、合意のあったことの証拠が必要だと考えられているものであって、予備罪における予備行為のように準備行為自体が危険な行為であることは必要ない、と説明されてきた。また、準備行為といっても、ATMからの出金や第三者に声を掛けるような、それ自体には違法性がない、ごくありふれた日常的行為でよいとされた。

政府は、2017年2月の衆議院予算委員会の審議では、「準備行為がなければ、逮捕勾留できない」と説明していたが、同年4月21日の法案審議では、「準備行為がなくても、任意捜査は可能である」と答弁した。法成立後に示された法務省刑事局長依命通知では、改めて準備行為は構成要件であるとされた。しかし、法条の構造から、準備行為は処罰条件とみるしかないという意見が刑事法学者の見解の中には多い（松宮孝明『共謀罪を問う』(法律文化社、2017年)など）。このような刑事法専門家の見解は無視できない。法律の解釈は最終的には裁判所が決めるものである。当面、政府答弁を守らせることが課題となるが、やはり共謀罪の本質は計画＝共謀の処罰であるといわざるを得ない。濫用の危険を断つには共謀罪法を廃止するしかない。

密告奨励の必要的減免規定が復活している

2017年3月に提案された法案（以下、新法案という。）の修正点は、実は、2006、2007年に与党あるいは自民党が作っていた修正案にはすべて盛り込まれていた。そして、2006年の与党修正案で任意的減免規定に修正されていた「自首の必要的減免規定」が、新法案では完全に復活し、そのまま成立してしまった。また、与党修正案にあった「準備行為が逮捕勾留のために必要である」と

の修正規定も、新法案から削除され、そのまま成立している。

本犯と共謀罪の二重処罰禁止規定も消滅している　アメリカの共謀罪制度は、本犯と共謀罪を二重に処罰できる仕組みになっている。共謀罪は二重処罰禁止の例外とされているのである。2006年6月1日に衆議院石原伸晃法務委員長（当時）がまとめた「組織的な犯罪の共謀罪に関する修正について」では、「共謀の後、共謀の目的とする対象犯罪が成立するに至ったときは、共謀罪は対象犯罪に吸収されることを法律上明確にすること」が提示されたが、これも今回成立した共謀罪法では対応がなされていない（平岡秀夫ほか『新共謀罪の恐怖』（緑風出版、2017年）134頁）。

法成立後に示された法務省刑事局長依命通知では、共謀の後、共謀の目的とする対象犯罪が成立するに至ったときは、共謀罪は対象犯罪に吸収されると説明されている。法文上は明確ではないが、政府がこのように説明した以上、このような運用を厳守させることが必要である。

わずかな予備罪を新設するだけで十分だった　2017年通常国会において、民進党は、組織的詐欺罪と人身売買の罪の二つの予備罪をつくるという別法案を同年5月に国会に提出した。この法案は、民主党政権時に平岡法務大臣（当時）が法務省に検討の指示をした内容をベースにしたものであった。そして、このような慎重な対応は、TOC条約の審議過程から見ても、条約批准のために必要かつ十分なものであったといえる。

日弁連として、このような具体的な対案をまとめたことはなかったが、2017年2月にまとめた意見書では、次のように意見をまとめていた。

「仮に我が国におけるテロ等対策について、上記(2)及び(3)で挙げた現行の立法では不十分である場合であっても、『未遂』の前段階の『予備』の段階で処罰する必要性のある犯罪行為、さらにその前の『陰謀』の段階、あるいは『準備』の段階での処罰が必要とされる犯罪行為をそれぞれ抽出した上で、処罰の対象行為を特定し、個別・具体的に立法を検討することが可能である（その立法の過程において、立法の必要性、構成要件の明確性等について、審議される。）。

もとより、この場合であっても、現行刑法の体系を大きく損なうことがないよう、『未遂』の処罰規定がない犯罪について、共謀罪を創設すべきではないし、共謀罪が処罰される犯罪の個数は、『未遂』が処罰される犯罪の個数を大幅に下回る必要があるであろう。共謀罪法案のように、長期4年

以上の刑が定められた犯罪について、一律に、犯罪とする必要性はない。」

しかし、政府・与党は、このような現実的な提案をまったく取り上げなかった。

(4) 共謀罪の捜査によるプライバシー侵害の危険性が著しく高まる

処罰範囲が不明確な共謀段階での処罰規定が設けられ、その共謀が処罰の対象となる対象犯罪が大幅に拡大された。

これまでの犯罪の捜査では、犯罪の被害が起き、それを引き起こした犯人を捜すというのが、捜査の基本であった。現場に残された指紋や遺留品から犯人を突き止めることが捜査の基本とされてきた。ところが、共謀罪の場合、まだ話し合いが行われているだけで犯罪の結果＝被害が起きていない段階で、犯罪は成立し、これを捜査することになる。共謀の事実を立証するために、必然的に被疑者の通話やメール等を捜査対象とせざるを得ない。

この点ついて、日弁連は、前記2017年2月意見書において、次のように批判していた。

> 「共謀罪法案が成立すれば、犯罪を共同して実行する意思の合致である『計画』が重要な構成要件となるところ、人と人とが犯罪を遂行する合意をしたかどうかや、その合意の内容が実際に犯罪に向けられたものか否かの判断は、犯罪の実行が着手されていない段階では、事柄の性質からして極めて困難である。したがって、犯罪の成否を明確にし、人権保障を担っている構成要件が機能せず、検挙しようとする捜査機関の恣意的な判断を容れる余地が出てくる。
> また、『計画』（合意）は人と人との意思の合致によって成立する。したがって、その捜査手法は、会話、電話、メール等の人の意思を表明する手段及び人の位置情報等を収集することとなる。既に通信傍受やGPS（グローバル・ポジショニング・システム）による捜査が行われているところ、共謀罪の捜査のためとして、新たな立法により、更なる通信傍受の範囲の拡大、会話傍受、更には行政盗聴まで認めるべきであるとの議論につながるおそれがある。このような捜査手法が認められたなら、市民団体や労働組合等の活動を警察が日常的に監視し、行き過ぎた行動に対して、共謀罪

であるとして立件するおそれもあり、市民の人権に少なからぬ影響を及ぼしかねない。」

今後、捜査機関が、客観的な痕跡の残りにくい「共謀」の事実や、日常的な行為と区別がつきにくい「準備行為」を立証する目的で、過剰な捜査や恣意的な逮捕を行い、無理な取調べによって証拠を得ようとする危険性がある。衆議院法務委員会での審議においても、計画（共謀）よりも前の段階から尾行や監視が可能となるとの見解が示されていた。

さらに、その捜査手法として、通信傍受対象犯罪の共謀罪への拡大、会話傍受の新たな導入、官民の監視カメラ映像と顔認識機能との連動、さらにGPS位置情報の収集などの捜査手段の広範囲での利用が行われるようになる可能性は高いと考えられる。

すでに、政府は、2016年春に、通信傍受の対象犯罪を拡大し、通信事業者の立ち会いを不要とする、通信傍受法の大拡大を内容とする刑事訴訟法の改正を行っている。

再び通信傍受法を改正して共謀罪を通信傍受・盗聴の対象とすることについて、2017年1月の衆議院予算委員会で、金田法務大臣は、法案が提出される前であるが、「共謀罪ができたときに、これを通信傍受の対象にする予定はあるか」との質問に対し、「今のところそういう予定はございません、しかしその点は将来の検討課題でございます」と答弁している。

さらに、自首減免規定が存在するため、密告捜査や市民団体内部への捜査機関の投入捜査（覆面捜査官）などの捜査も駆使される可能性も指摘されている。共謀罪は、監視型捜査を一挙に進めるきっかけとなる危険性を持っている。

自衛隊情報保全隊事件、ムスリム監視事件、大垣警察署事件、大分選挙事務所監視事件など、警察・情報機関による行き過ぎた監視の一角が、明らかになってきている。監視捜査の行方を市民がしっかりと監視しなければ、気がついたときには、言いたいことも言えなくなっているかもしれないのである。

(5) 政府は国連特別報告者や自由権規約委員会などの指摘に答えるべきである

カナタチ氏の日本政府に宛てた書簡　法案審議中の2017年5月18日、国連プライバシー権特別報告者ジョセフ・カナタチ氏は、共謀罪法案が「プライバシーに関する権利と表現の自由への過度の制限につながる可能性がある」との懸念を表明する書簡を安倍首相に送付した。この書簡で、カナタチ氏は、共謀罪法案について「私は、何が『計画』や『準備行為』を構成するのかという点について曖昧な定義になっていること、および法案別表は明らかにテロリズムや組織犯罪とは無関係な過度に広範な犯罪を含んでいるために法が恣意的に適用される危険を懸念します。」「法的明確性の原則は、刑事的責任が法律の明確かつ正確な規定により限定されなければならないことを求め、もって何が法律で禁止される行為なのかについて合理的に認識できるようにし、不必要に禁止される行為の範囲が広がらないようにしています。」「現在の『共謀罪法案』は、抽象的かつ主観的な概念が極めて広く解釈され、法的な不透明性をもたらすことから、この原則に適合しているようには見えません。」「プライバシーに関する権利は、この法律の幅広い適用の可能性によって特に影響を受けるように見えます。」と法案の根本的な問題点を指摘した。

　さらに、共謀罪法の制定が監視を強めることになることを指摘し、我が国の法制度において、プライバシーを守るための法的な仕組み、司法による厳しい監視、情報機関に対する監督措置などが想定されていないことが指摘された。

政府は書簡に答えることなく、法を成立させた　政府は、この法案の中では共謀罪を通信傍受の対象としたり、室内の会話盗聴を制度化することは提案していないが、国会答弁においては、法務大臣は、「共謀罪を傍受（盗聴）の対象とすることは、今後の検討の課題である」と説明した。

　ところが、日本政府は、カナタチ氏の書簡に対し、「強く抗議」することのみ表明し、法成立に至るまで、何ら中身にわたる回答をしないという恥ずべき態度をとったのである。

問題の存在そのものを否定する政府回答　共謀罪法成立後の2017年8月末には、日本政府の回答が示された。その内容は、「特別報告制度

に対する日本政府の協力姿勢は不変である」、「カナタチ氏の疑問点は国会審議で説明が尽くされている」、「法の定めは明確で、濫用の恐れはない」、「法には捜査の範囲を拡大する規定は含まれていないので、プライバシーの権利を侵害する恐れはない」という、答えにならないひどい回答であった。人のコミュニケーションだけで成立する共謀罪を捜査しようとすれば、プライバシー侵害の危険性を高めることは当然で、このような問題の存在そのものを否定する政府の回答は、真摯な対話を行おうとする姿勢とはいえない。

　日弁連は、2017年10月2日カナタチ氏を招いて公開シンポジウムを開いた。カナタチ氏は、日本政府の対応は、認識を共有し、対策を考えているアメリカ政府と比較しても、残念なものであると述べた。カナタチ氏は、2018年2月に公表した年次報告書の中で、日本政府による公式の招待があれば、日本の状況を訪問調査したいと述べている。国際社会からの協力も得て、プライバシー保護のための措置、とりわけ監視活動を行う警察等を監督する第三者機関の設置をめざすことが必要不可欠である。

(6) 共謀罪を廃止するための運動の課題

法の廃止を政治における現実的なテーマにしていく　　日弁連は、共謀罪法が憲法・国際人権法に違反するものであることを明らかにし、現実に法案の廃止・修正を求めていきたいと考えている。法が成立した2017年6月15日、日弁連は、共謀罪法の廃止を求めていくという会長声明を発した。そして、同年8月には、アムネスティや自由人権協会、ピースボート、グリーンピース、消費者連盟、「未来のための公共」など多くの市民団体が呼びかけ「共謀罪廃止のための連絡会」を結成した。共謀罪法の廃止のための署名も呼びかけられ、数十万の署名が国会に提出されている。

　同年9月15日には日比谷野音で共謀罪の廃止を求める3000人の大集会を実現した。同月には、廃止運動と法適用に対する実務対応を両輪として取り組む共謀罪対策弁護団が結成された。同年10月には、カナタチ氏が来日され、日弁連などで講演をされた。

プライバシー保護のための法の仕組みの提案　　カナタチ氏は、2017年10月2日の日弁連における講演で、プライバシー保護のためのセーフ

ガードについて次のようなポイントを説明した（翻訳は筆者）。これらの項目は、プライバシー保護のための国際基準作成のための準備作業の一環であると考えられる。

「1　監視システムは、使用前に法律によって認可されなければならない。この法律は、監視システムを使用する**目的や状況を特定**しなければならず、対象犯罪と脅威のカテゴリーを定義しなければならない。
2　法律は実際の監視が行われる前に、監視システムの稼働に関する最終決定について、**事前の独立した認可**を受けなければならない。
3　国家による個人の行動の意図的な監視は、対象を特定し、**合理的な疑い**に基づいてのみ、提供される。
4　関係する個人が**重大な犯罪**を犯した可能性があるか、重大な犯罪を犯す可能性が高い場合にのみ提供される。
5　国は、その個人に対する対象を定めた監視や、関連する個人データの収集の対象となるときに、当該国家の管轄の外にある場合、法執行機関や関係するセキュリティサービスや諜報機関は、**国際データアクセス令状**（IDAW）を法的な機関として設立された国際データアクセス機関に申請する権限を持つ。
6　すべての監視を行っている機関は、**独立した機関**が、そのようにすることが適切か、実現可能かどうか、および／または、現在進行中または今後行われる調査の完了又は予防、捜査または起訴の手続を害すると、司法が判断しない限り、〔法律により定められた期間内に〕不当な遅延なしに、特定の犯罪や脅威のために直接的または間接的な監視の対象としたすべての人に対して、特定の状況での監視システムを使用することを**書面で告知**しなければならない。
7　監視システムから取得される時刻情報の長さが守られ、各段階でこれにアクセスすることができるようにされなければならない。
8　サーベイランスの実施を監視するための**独立した監視監督権限**を設定し、法律の規定に従って実施することを確保する。（ヨーロッパ人権裁判所の判決 Szabo and Vissy v Hungary, App. No. 37138/14, para73.と、ドイツ憲法裁判所の決定 ECtHR,App. No. 47143/06, Zakharov vs. Russia, を参照すること）
9　**国際データアクセス令状**は、特定の国の中に設立された裁判所によって発行されたのと同様に、管轄内にあるすべての公共および民間団体が同じ効果ですぐに適切に構成された国際データアクセス令状の要件に準

拠することの確認を求めなければならない。
　このような場合、国内法は、以下の点を提供しなければならない。すなわち、公的機関または民間の機関は、要求された個人データにアクセスできるようにするためIDAWの要求に適合していないと主張するときに、その地域または管轄権の問題を、その根拠または防禦のために提起することはできない。

10　監視システムは、合理的な疑いが存在し、犯罪および／または脅威がコミットすることができる場合に限りシステムを使用することができる。

11　〔監視システムは、〕定義し、潜在的な目的を達成するために適しているかもしれない、**もっとも少ない侵入手段**を定義し、提供しなければならない。

12　〔監視システムは、〕その個人がその国の市民または居住者であるか否かにかかわりなく、その機関に対して、どのような調査手段についても、これが個々の調査活動に不可欠なインテリジェンスを得るために**厳密に必要**であり、個人のプライバシーの権利に対して、このような調査活動の全体的な影響を考慮するために、これと**比例**していることを、証明することを求める。

13　〔監視システムは〕、このような国の立法府および／または司法府など、適切な国の他の関連する機関によって、その活動の実質的かつ包括的なレビューを可能とするよう、**公に利用可能な、定期的な報告**を行わなければならない。

14　企業や他の非国家主体に対して行われた、カテゴリーと頻度を含む個人データの提供に関するすべての要求について、**国家自らが公に利用可能な透明性レポート**を作成しなければならない。

15　監視に関する**法と規則、監視を実施する機関の権限**に関して透明性を確保しなければならない。

16　**企業や他の非国家機関**も次のような場合には自ら公的に利用可能な**透明性レポート**を作成しなければならない。すなわち、コントローラー又はプロセッサのコアとなる活動が、その性質、その範囲及び／又はそれらの目的によって、その処理のための活動が、大規模なデータの体系的な監視のために、個人データを提供するために通常必要である場合。国はこのようなレポートを公表することを企業に対してこれを禁止するべきではない。

17　〔監視システムは、自らの〕監視システム及び監視目的のために非サーベイランスデータを利用する目的について、**市民社会や学界およびその**

他の利害関係者との定期的な対話の機会を設けなければならない。
18 特に、国は、直接的または間接的に、サービスプロバイダーに対して、情報の流れを遮断したり、アクセスを遮断したり、情報の流れを大きく乱したり遮断したりするよう命じたり、強制してはならない。

　個々のケースにおいては、特定のサービスを設定し、および／または違法な目的のために実質的に使用されているという合理的な疑いを持っている場合には、国家機関は、法の支配にもとづく法律に従って、サービスプロバイダーに対して法的要求にもとづいてそのサービスを拒否するために発行された指示をすることができる。

19-22 特に、国は、次のことを直接的または間接的に命じ、強制してはならない。

・サービスプロバイダーおよびハードウェアプロバイダーに対して、デジタルサービスまたは製品のセキュリティに悪影響を与える措置を講じること。
・データのローカライゼーションのために必要なアクションを実行すること。
・民間企業の意図を欺いて、調査を実施し、民間企業が保有する情報を利用しようとすること。
・ジャーナリストまたは報道関係者に対して、情報源を開示したり、その通信記録にアクセスすることを求めること。

23 スマート監視システムが採用された場合に、特に重要なことは、プライバシーに対する影響評価を新たな監視システムが配備されるたびに、実施することが必要である。」

　カナタチ氏によって示されている最低条件は、きわめて具体的で、日本でも、実施可能なものだといえる。私たちも、このような基準作りのための努力に協力し、これが国際社会の中で合意されるように、努力を傾ける必要がある。

自由権規約委員会から日本政府宛に厳しい質問　2017年11月24日、自由権規約委員会は、2019年に予定されている日本政府に対する第7回定期審査のリストオブイシューズ（問題点）を採択した。同委員会は、その中で「法的確実性と予測可能性の原則に従わないと主張されている組織犯罪および犯罪収入の罰に関する法律（「共謀罪法」）が、表現、集会および結社の自由を過度に制限し、自由と安全の権利および権利の侵害につ

ながるのではないかという懸念に応えてください。法律の別表4に定められた277件の新たな犯罪には、明らかにテロリズムや組織犯罪とは無関係の犯罪が含まれており、『組織的犯罪集団』、『計画』、『準備行為』などの共謀罪の自由裁量を含む要素のために、自由と安全と公正な裁判を受ける権利の侵害を引き起こすのではないかという懸念に応えてください。」(筆者訳)と質問した。まさしく、国連の条約機関が、日弁連が指摘してきた共謀罪法の問題点を政府に対し正確に指摘しているのである。政府は、この厳しい質問に答えなければならない。

　共謀罪法は、国連が2000年に採択したTOC条約の批准のための国内法であると説明されてきたが、国連の人権条約機関から国際人権法に反するのではないかとの指摘を受けるに至った。TOC条約の批准を錦の御旗としてきた政府の立法の根拠が問われる事態といえよう。

(7) 国連組織犯罪防止条約 (TOC条約) と共謀罪

TOC条約の目的はテロ対策ではない　政府は、共謀罪法案を「テロ等準備罪」と呼び、2000年に国連総会で採択されたTOC条約を批准するためには共謀罪の創設が必要不可欠であり、同条約を批准しなければ東京オリンピックのテロ対策もできず、オリンピックの開催ができないなどと国会で答弁してきた。

　しかし、わが国は国連の主要13テロ条約はすべて批准しており、TOC条約は、経済的、物質的な利益を目的とする組織的犯罪集団を取り締まることを目的とした条約であり(条約1条)、テロ防止を目的とするものではなかった。

TOC条約5条が求める措置　TOC条約5条は、組織的犯罪集団の関与が想定される重大犯罪について、未遂に至る前に処罰可能であることを加盟国に求めた規定である。このことは、条約5条1項(a)において、犯罪目的を認識して団体に参加する罪と共謀罪の二つの選択肢を設けつつ、これに括弧書きで「(犯罪行為の未遂又は既遂に係る犯罪とは別個の犯罪とする。)」と注記されていることからも、裏づけることができる。そして、TOC条約5条による措置は国内法の原則に従って実施すれば良いことは、TOC条約34条にも明記されている。

　共謀罪法は、277種類もの犯罪について、日本刑法では例外中の例外と

される予備罪にも至らない、およそ法益侵害の危険性のない「計画」（共謀）の段階から処罰しようとするものであり、日本の既存の刑法体系とは一致しないことが明らかな法である。

　国連でのTOC条約審議以前に広範な共謀罪が制定されていた国は、イギリスとアメリカとカナダくらいであり、TOC条約批准のために新たに広範な共謀罪を制定したことがわかっているのは、ノルウェーとブルガリアぐらいである。多くの国々は、それぞれの国内法をほとんど変えることなくTOC条約を批准している。日本も、新たな共謀罪を制定することなくTOC条約を批准することは十分可能であった。

日本における組織犯罪対策　日本には、テロや暴力犯罪など、人の命や自由を守るために未然に防がなくてはならない特に重大な犯罪約70については、共謀・陰謀罪として約20、予備・準備罪として約50あり、これにより、重大な組織犯罪とテロ犯罪の未遂以前の段階はおおむね処罰可能となっていた。これ以外に、人を殺傷する犯罪の予備段階を独立罪とした銃砲刀剣所持取締法・凶器準備集合罪や、重大窃盗の予備段階を独立罪化したピッキング防止法などの犯罪規定も存在していた。新たな共謀罪の制定自体は必要だとしても、共謀罪が対象としている277の犯罪には所得税法違反や著作権法違反、森林法違反など、テロとも組織犯罪とも無関係の犯罪が数多く含まれている。このような立法はそもそもTOC条約が求めていた範囲をはるかに超えていたといえる。

　最終的にはTOC条約本文に残されなかったが、条約に重大犯罪のリストを記載すべきであるとの意見が、2000年の第10回条約起草会合でアルジェリア・エジプト政府などから提案されていた。このリストは、かなり多くの国々の支持を集めた。ただ、ここにテロ関係の犯罪が含まれていたために、アメリカ、フランス、イギリス、ドイツ、日本など多くの国々から、条約目的に適合しないテロ犯罪を適用対象に入れることについて反対する意見が出され、合意に至らなかったのである。ただし、テロ関係以外の犯罪については、反対意見もなく、これにさらに追加を求める意見もなかったのである。このリストは条約制定過程の公式記録にも、以下の通り掲載されており、TOC条約が未然に防止すべきと考えていた犯罪がどのようなものであったか、このリストに示されているといえる。[15]

「アルジェリア、エジプト、インド、メキシコ、トルコは、国境を越えた組織犯罪に対する国連条約の附属書に含めるべき犯罪の指標リストを提案した。
　1．麻薬や向精神薬の不正取引。
　2．人、特に女性と子供の人身売買。
　3．移住者の不法取引と移住。
　4．通貨の偽造。
　5．文化遺産の不正窃盗や窃盗。
　6．核物質の不正使用や盗用、核兵器の使用または濫用の脅威。
　7．関連国際条約に定義されているテロ行為。
　8．銃器、弾薬、爆発物およびその他の関連資料の不正な製造および人身売買。
　9．自動車、その部品および部品の不正販売または窃盗。
　10．人間の器官および身体部分における不正な人身売買。
　11．コンピュータおよびサイバー犯罪のすべての種類、およびコンピュータシステムおよび電子機器への不正アクセス、または電子的な資金送金を含む。
　12．身代金のための誘拐を含む、誘拐。
　13．生物及び遺伝物質の不正取引又は窃盗。
　14．ゆすり。
　15．金融機関に関する詐欺。」(A/AC.254/5/Add.26)

　政府は、新法案では、対象犯罪を、長期4年以上の刑を定める676の犯罪から277の犯罪に絞り込んだ、と説明した。もともと、政府は、2003年の段階では、長期4年以上の刑を定めるすべての犯罪の共謀罪を罰する以外に条約批准の選択肢はない、と説明していた。しかし、政府は、自らの見解を放棄し、絞り込みが可能だという立場に転換したのである。もし、組織的犯罪集団の関与が想定される犯罪に絞り込みを行うとすれば、このリスト以外に、条約審議過程に裏付けられた有効な資料はない。そして、このリストの中で日本の現行法で予備段階の処罰ができていないのは、人身売買と金融機関に対する詐欺だけである。共謀罪法は明らかに過大な立法となっており、野党の民進党が国会に人身売買罪と組織的詐欺罪の予備罪を設ける対案を提案したことには、条約上の根拠がある。
　外務省が作成した「外務省の調査による世界各国の条約に規定する重大

犯罪数」という資料がある。これを見ると、スペインでは重大犯罪数はわずか46、フィンランドでは71で、日本で予備罪と共謀罪を合わせた72という数字は、決して少ない数ではなかったことがわかる。新たに277もの共謀罪を制定した法は、条約批准のためにも不要であり、過大なものであったといわざるを得ない。

(8) 国会に廃止法案が提案された

　2017年12月6日、私たちが待ち望んでいた共謀罪廃止法案が、立憲民主党、共産党、社民党、自由党、無所属の会の共同提案によって、衆議院で提出され、現在継続審議となっている。参議院においても、廃止法案の提案が準備されている。

　このような廃止運動の存在とその活動そのものが、法の濫用の歯止めとなり、政権が交代したときには法の廃止を実現できる担保・根拠となる。

　私たちは、政府に対して、共謀罪を廃止すること、通信傍受法を改正し共謀罪を通信傍受・盗聴の対象としないこと、プライバシーを侵害する捜査方法をやめること、公安警察などに対する独立した監視機関を設けることなどを求めていきたい。公安警察や自衛隊の情報保全隊のような秘密性の高い機関を効果的に監視し、実効性のある監督を実現するためには、人権擁護委員会のような人権問題全般を取り扱う独立性の高い機関の設立も有効かもしれないが、ドイツのデータコミッショナーのように、特定された分野で活動する組織を作り、ここに弁護士会、個人情報保護・情報公開の分野で活動してきた研究者、市民団体からも委員を選任して活動することができれば、さらに実効性の高い制度を作ることができるだろう。また、市民のプライバシー情報を集めているIT企業が警察などの捜査機関にどのような基準でどれだけの情報を提供しているのかを自ら公表する「透明性レポート」を出させることも大きな課題である（LINEはすでに公表している）。

　2019年には自由権規約委員会による日本政府に対する審査が予定されている。国際社会の動きに合わせ、私たちも、日本政府に対して、共謀罪法の廃止とともに監視捜査に対する効果的な監督システムの導入を提言していきたい。

[注]

＊1　2015年2月13日付け「秘密保護法における国会の監視機能に関する会長声明」、同年11月19日付け「秘密保護法実施状況報告の改善を求める意見書」、2016年3月4日付け「憲法の趣旨に反する特定秘密の取扱いを速やかに改め、会計検査院の検査に秘密保護法を適用しないことを求める会長声明」、同年4月28日付け「国連特別報告者による表現の自由及び市民の知る権利に関する暫定的調査結果についての会長声明」、同年9月15日付け「情報監視審査会平成27年年次報告書に関する意見書」、同年12月16日付け「『特定秘密の指定及びその解除並びに特定行政文書ファイル等の管理について独立公文書管理監等がとった措置の概要に関する報告』に対する意見書」を公表し、同法の運用上の問題点を指摘してきた。

＊2　2016年2月18日付け「情報自由基本法の制定を求める意見書」。

＊3　デイナ・プリースト、ウィリアム・アーキン（玉置悟訳）『トップシークレット・アメリカ』（草思社、2013年）323頁。

＊4　メディア総合研究所の暫定訳（2017年7月）〈http://www.mediasoken.org/page20170719.php〉より引用。

＊5　国立国会図書館調査及び立法考査局行政法務課（今岡直子）「諸外国における国家秘密の指定と解除――特定秘密保護法案をめぐって」調査と情報806号（2013年10月31日）。

＊6　前掲「調査と情報」806号6頁。

＊7　前掲「調査と情報」806号6頁。

＊8　衆議院欧米各国の情報機関に対する議会監視等実情調査団報告書に添付されていた「2012 Annual Report to the President」9頁の翻訳による。

＊9　「Fressoz および Roir 対フランス」、1999年1月21日、申請 No.29183/95 欧州人権裁判所。

＊10　「Guja 対モルドバ」、2008年2月12日、申請 No.14277/04 欧州人権裁判所。

＊11　東京高判昭和44・3・18判タ236号213頁。

＊12　東京高判昭和32・9・5判時124号1頁参照。

＊13　前掲「調査と情報」806号6頁。

＊14　東京地判昭和49・1・31判タ306号91頁。

＊15　〈https://www.unodc.org/unodc/en/treaties/CTOC/travaux-preparatoires.html〉

第5章
監視社会の実態
──アメリカ

スティーブン・シャピロ Steven Shapiro 《講演》
笠原一浩　鈴木雅人　二関辰郎　牧田潤一朗［訳］

［訳注］本章は、2017年10月5日に大津市で行われた日本弁護士連合会第60回人権擁護大会シンポジウムにおいて、アメリカ自由人権協会（ACLU）元リーガル・ディレクターであるスティーブン・シャピロ氏が行った講演「監視国家におけるプライバシー──米国の経験から」の講演録を本人に確認いただいた後、訳者が和訳したものである。

　今日ここで皆さんとご一緒できることを大変嬉しく思いますし、本シンポジウムにお招き頂いたことについて、日弁連にお礼申し上げたいと思います。また、昨晩大阪でお話しする機会を頂いた大阪弁護士会や、今週前半に東京や京都でお話しする機会を頂いた自由人権協会（JCLU）にもお礼を申し上げたいと思います。
　このシンポジウムのテーマほどタイムリーで重要なものはありません。世界中の政府が前例のない監視能力を持つに至ったこのデジタル時代において、私たちはプライバシーをどのように定義づけ、またどのように守ればよいのでしょうか。もちろん、私は合衆国と日本が異なる歴史を持つことを十分認識しています。両国は異なる伝統、異なる文化、そして異なる法制度を持っています。それにもかかわらず、プライバシーの問題、また、いかにそれを守るかという問題は、デジタル時代においては実に地球規模の課題です。私の願いは、私たちが合衆国で学んだ経験が、日本の皆さんがこれらの問題を考えるにあたって一助となることです。また、合衆国の人々も、日本の皆さんの経験から学べることが多いと確信しています。

1

　私は合衆国で40年間人権課題に取り組んできた弁護士です。この23年間は、合衆国最大の人権擁護団体で、おそらくは世界最大の人権活動法律事務所である、アメリカ自由人権協会（ACLU）の訴訟活動を担当する法務責任者でした。この経験から、私はしばしば合衆国において、あるいは海外を旅したときに、アメリカ人が今日直面する最も深刻な人権課題は何だと思うか、を尋ねられます。

　その質問に対する私の一般的な回答は「二つの問題がある」というものです。一つ目は差別で、二つ目はプライバシーです。これらの二つの問題は、重要なところで関連しています。伝統的に差別を受けてきたグループは、最も監視のターゲットとなりやすいのです。しかし、この二つの課題は、重要なところで大きく異なっています。私たちは合衆国において未だ差別の問題を解決できていませんが、何が問題なのかについては共通の理解があります。また、必ずしも尊重されてきたとも遵守されてきたとも限らず、さらに問題解決に適切とは限らないものの、多くの場面で差別禁止のために用いることができる公式な法的ルールを発展させてきました。

　これに対し、プライバシーとは何を意味するのかについて、私たちは共通の理解を持つに至っていません。テクノロジーは社会の規範を混乱させ、法理論はそれに追いつこうとして、もがき続けています。監視の道具は、決してタンスにしまわれているわけではなく、そのことを私たちはよく知っています。それらが利用可能であれば、必ず利用されるのです。そして、法の支配の下に置かれないと、ほぼ確実にそれらは濫用されます。

　本日の講演では、国家安全保障当局による監視の問題に焦点を当てようと思いますが、重要なことは、国家安全保障目的の監視が、私たちのプライバシーを脅かす唯一のものではないということです。民間企業が引き起こす同様に重大な脅威もあります。私たち皆がインターネット上にデジタルの足跡を深く残しており、それらの情報はアマゾン、フェイスブック、グーグル、ツイッター、スナップチャット、インスタグラムにより営利目的のために世界中で集められています。その問題も、法的に対応されなければなりません。いくつかの国では他の国よりも有効に対応がなされていますが、合衆国では比較的規制が緩やかなままです。

政府による監視について語る場合でも、法執行当局による監視と安全保障当局による監視を区別することは重要です。合衆国においては、法執行当局も安全保障当局も、大衆監視といって差支えない行為に従事しています。警察が、犯罪の容疑者を特定した後は、容疑者という対象に限定した監視のみ行っていると考えるのは誤りです。警察は、国家安全保障当局と同様に、彼らが日々利用している膨大な技術的能力を利用しています。彼らは、SNSを監視しています。彼らは、街頭カメラを用いています。彼らは、顔認証技術を用いています。彼らは、ナンバープレート読取装置を用いています。彼らは、あなたの携帯電話の利用に基づいて位置情報を収集しています。それらの計画も同様にプライバシーへの深刻な脅威を示しており、実定法上または憲法上の裁判所の判断によって対応する必要があります。

　しかし、これらのことも本日私が話すテーマではありません。私が話したいのは国家安全保障を目的とする監視であり、合衆国において主に国家安全保障局（NSA）の活動を意味します。2001年9月11日の攻撃の後、私たちの安全保障上の懸念事項は、すでに犯罪行為を行った人を逮捕することから、次のテロリスト攻撃を防ぐこと——過去を振り返るのではなく、むしろ将来を見据えること——に移行しました。そうした視点の転換にともない、個人の監視から大量監視へと大規模なシフトが起こりました。合衆国でこの15年間に行われた国家安全保障目的の監視のほとんど、すべてではないにせよ多くの監視は、9.11後に議会により制定された二つの法令に基づいて行われました。

2

　一つ目は、愛国者法215条です。愛国者法は9.11のわずか2か月後に採択され、政府に広範な新しい監視権限を与えました。それらのいくつかは議会が何年も模索していながら9.11までは手にすることができなかったものでした。215条に基づき、政府は、一切の「有形物」、つまり現在進行している外国の諜報活動に関連する一切の記録または文書を機能的には意味しますが、それを入手するために、外国諜報活動監視裁判所（FISA裁判所）として知られている、合衆国の非公開の国家安全保障裁判所から司法

命令を得ることができます。そして、外国諜報活動とは、スパイ活動またはテロリズムに関わる一切の捜査を含み得るもので、もし外国の権力（国際的なテロリスト組織を含む）に関わる場合であれば、合衆国の国家安全保障または外交に関する一切の捜査を含み得るものです。

　その広範な立法上の権限に基づき、NSA は、合衆国に居住する実質的にすべての個人の電話メタデータを、90日間にわたって日々収集する権限を NSA に付与する命令を FISA 裁判所から連続して得ました。電話メタデータとは、電話の会話内容は含みませんが、あなたが電話をしたすべての人の記録、あなたに電話をしたすべての人の記録、そしてその通話がどれだけの長さ続いたかという記録を含みます。

　それらは、NSA が、電話会社から、1日だけで何百万も入手しているデジタル記録です。そして、安全保障当局のデータ保存容量が指数関数的に増加し、彼らのコンピュータが今では大変強力になっていることから、NSA はその情報を自前の秘密のデータベースに収集して保存することができました。

　ひとたびその情報が収集され保存されると、NSA の監督者は、さらなる司法の関与無しに、特定の選択された用語、つまり安全保障当局職員が関心のある名前または電話番号に基づいてデータベースの検索を承認することができます。たとえば、もし私の名前が特定の選択された用語として選ばれた場合、NSA は、指定された期間中、私が電話をしたすべての人物および私に電話をしたすべての人物のプリントアウトを取得します。

　1年間に私が電話をかけたり、あるいは私に電話をかけたりしてくる100人のそれぞれ別の人々がいるとしましょう。これらの100の名前は最初の照会、最初のステップの結果として抽出されます。次に NSA は、その100人の名前のそれぞれについて同じことをします。そして、仮に100人のそれぞれの人からいずれも100人の名前が抽出されるとすれば、100×100となり、2回目のステップの結果、10,000人分の名前が得られることになります。

　さらに政府はもう一度同じことをします。10,000人の名前をもとに彼らが電話をかけたすべての人と、彼らに電話をしたすべての人を見ることになり、その結果、1回の検索で100万の名前を抽出することになります。しかしながら、このような見立てでさえも、政府の監視活動の範囲を過小

評価していることになるといえます。なぜなら、実際に政府が行っていたのは、この様な単一の検索ではなく、複数の選択された用語に基づいた複数の検索であり、それらはすべて電話番号収集を目的とする最初の許可を超えた裁判所からの新たな承認のないままに行われたものだからです。

　エドワード・スノーデンが明らかにするまで、このことは誰にも知られていませんでした。それが公にされた後も、多くの人々は、少なくとも初めは、そのことがプライバシーに与える影響を把握できませんでした。「誰が気にするでしょう？」、「政府が単に電話番号を集めているだけで実際の電話の会話を聞いていなければ、何がプライバシー上の重大な問題になるのでしょう？」と彼らは言っていたわけです。

　さて、あなたがかけた電話番号は、安全保障当局にとって、実際の電話の会話内容よりも多くの点で有用であることが分かります。一つには、これらの電話の会話をすべて聞くことはほぼ不可能です。そのためには、安全保障機関でさえ保有不可能な多数の人員が必要となります。電話番号は、コンピュータに入力することができ、アルゴリズムを通じて、私たち一人ひとりに関する途方もない量の事柄を明らかにする生活の一覧図を生成できます。政府は、この情報がテロ容疑者やテロ関係者の特定に役立つことを望んでおり、それがうまくいく場合もあるかもしれませんが、私たちのほとんどはテロリストではありません。それにもかかわらず、政府は、秘密裏かつ入念に私たちの電話メタデータを収集し、政府のコンピュータに保存していました。

　政府が私たち一人ひとりに対し、かけた電話のすべてのリストを保管してそれを政府に毎晩提出するように求めたとしたらどうでしょうか。私が思うに、そのような要求に対する反応は圧倒的に否定的なものでしょう。ところが現実の社会では、一般の人々はスノーデンによる暴露以前には電話メタデータの計画について何も知らなかったのです。私が働いていたACLUはすぐに提訴しました。その訴訟に対する政府の反応は非常に興味深いものでした。政府は、この種のプライバシー訴訟で繰り返し主張される二つの主張を展開したのです。一つは法律上の主張で、もう一つは憲法上の主張です。

　法律上の主張は次のようなものです。すなわち、政府は、進行中のテロリスト捜査に関連するあらゆる情報を収集することが認められているとい

うものです。進行中のテロリストの捜査はいつでも存在します。

　米国内で行われる一つ一つのすべての通話は、いつ有用になるのかわからないため、いずれも進行中の捜査に関連しています。もしすべてを集めないとしたら、必要と判断した時点で、政府はどのように必要な通話にアクセスできるというのでしょう？

　憲法上の主張は、電話メタデータについて個人はプライバシーの権利を持っていないという主張に依拠しています。それは、あなたがかけたり受けたりする電話番号があなたについて多くの事柄を明らかにするわけではない、という理由によるものではありません。もし、それが真実であれば、政府はその情報を収集することにまったく関心を示さないでしょう。むしろ政府の主張は、電話をする際にあなたは自発的に電話番号を電話会社に伝えているので、電話番号のいずれについてもあなたはプライバシーの権利を有していないというものです。政府によれば、いったん情報が第三者、すなわち電話会社の手に渡れば、それはもはや私的領域にあるとは考えられなくなるのです。そして、それがもはや私的領域にあると考えられなければ、政府の見解では、司法審査無しにその情報を収集し分析することについて憲法上の問題はない、ということになるのです。

　先ほど指摘したように、政府がこの計画を開始するために得た最初の決定は、政府のみが出廷する非公開の監視目的の裁判所によるものでした。一般の人々がエドワード・スノーデンからこの計画について知り、私たちが提訴したことで、この問題は政府だけではなく、両当事者が出廷し議論を行う機会を有する公開法廷で争われることになりました。今回は、政府が敗訴しました。より具体的にいうと、裁判所は、進行中の外国諜報捜査に関連する「有形物」を収集する権限を議会が政府に与えたときに、議会は215条に基づいてすべての電話メタデータの収集権限を与えたとする政府の主張を拒んだのです。裁判所は、何でも関連性があると宣言できる世界は、「関連性」という言葉に何も意味がない世界である、ということを正しく理解していました。法律上の関連性は制限的な原理です。それは、後で関連性があるとみなされるものを見つけることを期待して、あらかじめすべてを収集することを政府に許すものではありません。裁判所は、すべての人の電話メタデータを収集することによって、議会が215条で付与した権限を政府が超えて不法に行動したと判断しました。その上で裁判所

は、訴訟で提起された憲法上の問題については判断する必要はないとしました。

議会はいくつかの方法により法律を変更することによって、その決定に対応しました。修正された215条では、政府は電話会社から毎日電話メタデータを受領して保存することはなくなり、代わりに、会社がその情報を自身のコンピュータに保存することになります。第二に、政府は、メタデータを検索するためには、特定の選択した用語が進行中のテロリズム捜査に関連していることを示した上で、非公開のFISA裁判所の承認を得る必要があります。NSA自身が選択用語を検討して承認するだけではもはや十分ではありません。第三に、NSAは、検索を3段階ではなく2段階までしか行えません。先ほどと同じ仮定的な例で言い換えると、政府は、改正法の下では100万人分ではなく10,000人分の名前を得ることができます。

以上が現在の私たちの立ち位置です。電話メタデータ計画は今でも米国に存在していますが、それは以前よりも少しは規制下に置かれており、以前よりはおそらく広範ではないでしょう。

3

2番目の法律はさらに重要で、より広範な監視を認めるものです。

これはFISA改正法と呼ばれる法の一部で2008年に議会で採択され、ブッシュ政権下で法的権限なしに運営していた大規模な監視計画を成文化することを企図したものです。議会は、これらの大量監視計画を管理したり制限したり試みるのではなく、以前は政府が違法に行っていたことを合法的に行えるようにする法律を可決することにしました。

FISA修正法において非常に問題のある条項は702条です。702条はこの会場にいる皆さんにとっての関心事項のはずです。同条は、政府が非公開のFISA裁判所に対して外国の対象者と米国市民との識別性を確保する適切な手続があることを証明しさえすれば、政府が個別の容疑がないまま外国の対象者の電子メールやその他のインターネット上の通信を監視することを認めています。この監視計画を実施するために、政府は合衆国を経由する実質的にすべてのインターネット通信を日常的にスキャンしています——これもエドワード・スノーデンによって初めて明らかにされた事実で

す。したがって、あなたが合衆国の同僚に電子メールを送るたびに、その電子メールは国家安全保障局によりほぼ確実に捕捉されています。

　インターネットの基幹回線を光速で通過するそのような国際的な通信が何百万とあります。それらすべてをスキャンしているということは印象深い技術的な成果です。まず、電話メタデータ計画のように、政府はそれらの電子メールの内容を実際には読みません。政府が実際に行っていることは、強力なコンピュータを用いて、特定の外国の対象者との間でやりとりされたすべてのインターネット通信を特定することであり、必然的に政府が国際通信のすべてを見ることになります。政府は、電話メタデータ計画と同様に、選択した用語――たとえば、名前、電話番号またはIPアドレスのようなものを用いることでこれを行います。しかし、電話メタデータ計画の修正版と異なり、NSA職員は702条に基づいてFISA裁判所のさらなる審査無しにそれらの用語を選択することができます（最近まで、政府は外国の対象者に「関する」すべての電子メール〔訳注：電子メールの差出人ないし受取人として対象者が出てくるメールではなく、メールの本文中に対象者が出てくる電子メール〕にも関心を持っていました）。その選択された用語を含む電子メールはすべてコピーされ、検討され、保存されます。電話メタデータ計画と異なり、702条に基づく捜査は通信内容の捜査を意味します。不可避的に、この手続は外国にいる外国人と通信を行っている多くのアメリカ人の電子メールを捕捉することになります。たとえば、私はここに来る前に、私の講演に関し、この会議の主催者との間で非常に多くの一連の電子メールのやりとりをしました。それらの電子メールを捕捉することで、政府は私の電子メールも捕捉します。要するに、政府は、表向きは外国人を対象としながらも事実上司法の承認または監督のないままアメリカ人を含む非常に多くの通信を捜索する計画を考案したのです。

　702条は2017年12月に期限が切れます。これから3か月間、米国議会では、この大量監視計画が再承認されるべきかどうかが議論されるでしょう。再承認されるであろうことはほぼ疑いありません。重要な問題は、702条に何らかの新たな制限が設けられるか否かにあります。仮にこの計画に何らかの新たな制限が設けられるとしても、それらの制限は、ここにいるあなた方のプライバシーではなく、合衆国の市民、住民等のプライバシーを守るように作られるでしょう。その理由は、合衆国外に居住する合衆国籍

を有しない市民は、合衆国政府に対して行使できる憲法上の権利を有していないからです。また、ほとんどの合衆国の法律は国外ではなく国内でのみ効力を有するため、彼らは、ほとんどの事案において合衆国政府に対して行使できる法律上の権利も有していません。

エドワード・スノーデンが後に話しますが、彼は米国政府の監視計画の広い範囲について間違いなく私より豊富な知識を持って話すことができるでしょう（→本書プロローグ）。215条および702条は氷山の一角に過ぎないかもしれませんが、見ることができる氷山の一角であり、それゆえに、それらは監視国家の成長を熟考するにあたって、合衆国および他の場所において公衆の議論の中心になってきました。

4

そこで、私たちは、弁護士として、これらのプライバシーの脅威についてどのように向き合ったらよいのでしょうか。最初に理解すべきことは、合衆国憲法は、日本国憲法と同様、その条文のどこにも「プライバシー」という言葉に言及していないということです。しかし、合衆国憲法はプライバシーの概念を保護しています。具体的には、合衆国憲法修正4条は、「人民は」──合衆国国民およびその他合衆国内に居住している者を意味します──「不合理な捜索押収または抑留から身体、住居、書類および所有物の安全を保障されなければならない」と規定しています。その文言は皆さんにも馴染みがあると確信しています。なぜなら、日本国憲法35条にほとんど同じ文言があるからです。

合衆国におけるほとんどの憲法上のプライバシーの請求は、合衆国憲法修正4条に基づいて行われます。しかし、50年前までは、アメリカ法におけるプライバシーの概念は狭く限定され、不法侵入の法理と密接に結びついていました。プライバシー侵害を立証するためには、たとえば政府が住居に入ったとか財産の境界線を越えたといった事実を提示して財産権の侵害を示すことが一般的に必要でした。

それは、米国最高裁が1927年にオルムステッド対合衆国事件と呼ばれる訴訟で示した有名な判断を基礎としており、盗聴は警察官が盗聴器を取り付けるために住居に立ち入る必要がない限りプライバシー侵害にならない

というものです。これに対しては、プライバシーの権利は文明人にとって最も大切な権利であると述べたルイス・ブランダイスという名の合衆国最高裁判事による、よく知られ、しばしば引用される反対意見が出されました。

オルムステッド判決は、1967年に合衆国最高裁が、もう一つの盗聴事案であるカッツ対合衆国事件――合衆国内にまだ公衆電話があった当時に犯罪の被疑者が利用する公衆電話ボックスに取り付けた無令状の盗聴器に関するもの――において判断を示すまでの40年間、法規範として存続しました。

被疑者は、警察によって録音された会話に基づいて結局は逮捕され、起訴されました。被疑者のカッツは上訴し、無令状の盗聴は彼のプライバシー権の侵害であるとの最高裁の理論により、彼の有罪判決は覆されました。政府は、オルムステッド判決に依拠して、カッツは公衆電話ボックスに何らの財産権を持っていないからプライバシー侵害はないと主張しましたが、最高裁はもはやそのような窮屈なプライバシーの概念を受け入れようとはしませんでした。その代わり、最高裁はオルムステッド判決を変更し、プライバシーへの期待が本当にあって、期待することが合理的であると社会通念上認められる限りにおいて、われわれの憲法上のプライバシーの権利は、場所ではなく人を保護しているのである、と宣言しました。

カッツ判決は50年前に出されました。どちらかといえば、急速に進化し、私たちのプライバシーを予期せぬ方法で脅かし得る技術を目の当たりにして、それ以来、私たちのプライバシーの理解は一層混乱しています。アナログ時代に発展してきた法理論は、デジタル時代の現実にゆっくりと適応していますが、合衆国最高裁は、少なくとも二つの理由からプライバシー法を再評価することにとても慎重な動きを見せています。一つ目は、最高裁は自らが技術を本当には理解していないことを知っていること、二つ目は、最高裁がわかっていることとして、技術が非常に素早く進化するため、最高裁が今日述べることは5年か10年で時代遅れになってしまうであろうことです。それゆえ、最高裁は技術の現状が絶えず変化し続けているときに、技術の現状に依拠して新たな憲法判断を作り出すことに慎重です。他方で、最高裁は自らがただ立ち止まっているわけにもいかないことは理解しています。

日本と同様に、合衆国には独自の GPS 訴訟があり、そこでの最高裁のアプローチが注目を集めています。合衆国対ジョーンズ事件において、警察は、被疑者の行動を追跡するために令状無しに GPS 装置を被疑者の車に装着し、その装置から得られた証拠を、起訴するための証拠として裁判所に対して提出しました。被疑者ジョーンズは、彼のプライバシー権の侵害であるとして証拠排除を求めました。従来の法律に依拠して、政府は、誰でも見られる公道を運転している車を追跡しているだけなのでプライバシー侵害はないと反論しました。政府は、その主張に沿った譬えをあげ、覆面パトカーで被告人を追跡させる任務を二人の刑事に与えることもできたが、その場合であれば何ら憲法上の問題は生じなかったはずであると主張しました。たしかに、そのような場合であれば合衆国法上問題は生じません。政府の見解によれば、GPS の場合には、法執行機関にとって同じ目的をより効率的に達成する方法を選択しただけということになります。

　最高裁は、技術がもたらす違いを無視しているという理由から、政府によるこの譬えを受け入れませんでした。理論的には、警察は、二人の刑事に被疑者の車を追跡する任務を与えられたかもしれませんが、刑事がどれだけの時間追跡でき、どれだけの情報を収集できたかについて、現実世界では制限があります。警察署の人的資源は限られていますし、刑事は、捜査すべき他の事件や業務を抱えているはずです。対照的に、技術の進化のために、警察が被疑者の動きを実質的に制限無くコストをかけずに追跡することが容易になりました。政府が得られる情報の量および情報を得る容易さが異なるため、憲法上の対応も異なったものになることを最高裁判所は適切に認識しました。それゆえ、最高裁判所は、被疑者の車に GPS 追跡装置を置くことは、憲法上の捜索に該当すると判示しました。

　二つ目の、より最近の事件は、プライバシーに関する法理論における同様の発展を反映したものです。アメリカ法は、警察官や第三者に危害を加える武器を被疑者が所持していないことを確認するため、潜在的に自己に不利な証拠を破壊または処分する機会が被疑者にないことを確認するため、警察官が逮捕に伴って被疑者に対して令状無しで捜索することを認めています。それが、ライリー対カリフォルニア州事件で起こったことです。警察官が被疑者のポケットを探ったところ、警察官は携帯電話を見つけ、それを警察署に持っていき、中身を捜索しました。先の事件と同様に、被告

人はその証拠の裁判所への提出の許容性を争いました。先の事件と同様に、政府は、従来の法律に依拠し、逮捕に付随した合法的な捜索を行っただけだと主張しました。そして、先の事件と同様に、最高裁判所は、捜索差押えに関する古いルールを新しい世界にそのまま適用することはできないと判断しました。最高裁判所は、警察官が被疑者のポケットを捜索して携帯電話を取り出した場合は、武器あるいは誰かが電話番号を書き込んだ紙片を取り出した場合とはプライバシーを考慮するにあたって非常に異なると述べています。今や私たちの生活のすべての情報は携帯電話に保存されているため、携帯電話の捜索は、伝統的な逮捕に付随するポケットの捜索というより、被疑者の住居（または彼の机のすべての引き出し）の捜索に近いものです。被疑者の住居の捜索には令状が必要です。それゆえ、ライリー事件において最高裁判所が宣言した新しいルールの下では、被疑者の携帯電話の捜索にも令状が必要です。

5

　法がどのように変わる必要があるかを考えるに従って、私たちは少しずつ前進します。しかし、解決しなければならない非常に重要で困難な問題はまだ多数あり、それらの問題に対する答えが裁判官だけからもたらされるということはありません。答えは私たち全員が出さなければならないのです。

　一つの問題は、どの段階で実際のプライバシー侵害が起こるのかという問題です。それは、政府があなたに関する情報を収集したときでしょうか、政府が収集した情報を見たときでしょうか、あるいは、なんらかの形であなたに不利にその情報を政府が利用したときだけでしょうか。どの段階でプライバシーの権利が働くのでしょうか？

　二つ目として、あなたが自分の情報を第三者と共有することを選択した場合、そのことは、あなたがプライバシーの権利のすべてを失うことを意味するのでしょうか？　その答えは、時にはイエスかもしれませんが、いつでもイエスということにはならないでしょう。伝統的な法律上の特権のことを考えてください。あなたが自分の弁護士に告げたことは秘密情報として保護されます。しかし、同じことをあなたの弁護士と働いているわけ

ではない誰か別の人に伝えたら、あなたは弁護士以外の者と情報を共有したためにもはや秘密情報としての保護は及びません。そのような区別には相応の道理が認められます。しかしながら、あなたの電話のすべてはなんらかの方法、形または形式によりインターネット・サービス・プロバイダーと共有されているので、あなたは電話やコンピュータの内容に関するプライバシー権をすべて失っており、その情報はそれゆえ政府によって令状なしに差し押さえられるということになったら、そのことに意味があるとは到底いえないでしょう。しかし、そういった区別の線引きは、どこでどのようになされるのでしょうか？

　第三に、安全保障当局による大量監視に適用されるルールと犯罪捜査に従事する司法当局による大量監視に適用されるルールは異なったものであるべきでしょうか？

　第四に、プライバシーに対する合理的な期待を政府が侵害したか否かを基準とする合衆国の現在の法は、私たちが今日直面しているプライバシーの脅威に対して適切な保護を与えてくれているでしょうか？　多くの人がそうは考えていません。たとえば、私たちのプライバシーを侵害する意図があると政府が事前に宣言しさえすれば、そのような状況ではプライバシーを期待することはもはや「合理的」とはいえないために、政府はプライバシー侵害の主張を打ち負かすことができるのでしょうか。私たちは、私たちが守ろうとしていることの正確な理解を助けてくれる別の基準を生み出す必要があるのでしょうか？

　国連には、現在、プライバシーに関する特別報告者としてマルタ共和国のカナタッチ教授がいますが、私は日曜日に東京で同人とお会いする機会を得ました。私たちは一緒にあるイベントに参加したのです。彼は、最近合衆国を訪れ、その訪問中に、外交的表現で「初期段階の意見」という、まだ正式な勧告にはなっていない初期段階の意見を三つ述べました。一つ目の意見は、合衆国のプライバシー法は、どこに居住していようと国境に関わりなく、すべての人の権利を保護するように改正されるべきというものでした。

　二つ目の意見は、合衆国は、個々の特定した嫌疑に基づかない大量監視の慣習を終わらせるべきというものです。

　そして、三つ目は、相当な理由によって正当化され、司法当局による事

前の承認がある場合でなければ、個々の監視すら決して行われてはならないというものです。

　最後の意見は、現存する合衆国の法律に大変近いものです。最初の二つの意見、どこに住んでいようともすべての人のプライバシー権を保護し、大量監視を終わらせるべきという意見は、合衆国ですぐには達成されないであろうことを、私は、皆さんに請け負うことができます。

　これは長い間続く戦いです。オラクルのCEOであるラリー・エリソンは、それほど何年も前ではないころ、プライバシーの概念というもの自体が幻想になったと示唆しました。もしかすると、私たちはそのような状況に向かっているのかもしれません。ソーシャルメディアと情報共有の世界では、私たちはプライバシーの主張や私的な自己という観念を一切失ったのかもしれません。もしそうだとすると、私たちが開いたドアを政府が通り過ぎたとしても私たちは安心していられることになります。しかし、もし、それがあなたの住みたい世界ではないとすれば、私たちは、できる限り多くの情報を多くの人たちから集めたいとするすべての政府が抱く衝動を、法規範によって制限する異なった世界を求めて戦わなければならないでしょう。

　これは弁護士だけにとっての戦いではありません。それは合衆国だけの戦いではなく、日本だけの戦いでもありません。情報共有は地球規模のことであり、私たち全員が個人のプライバシーを保護することに関心があるのです。プライバシーは個人の権利ですが、プライバシーは共同の対応を必要とするのです。

　要するに、私たちは、自分たちが想像でき、要求する世界を生きることになるのです。それゆえ、本日開かれているこのような会議が、問題を検討するにあたって重要な位置を占めるのです。皆さんが本日ここにお集まりであることを大変うれしく思いますし、日弁連が、皆さんと一緒になれるよう私をお招きくださったことを誇りに思います。どうもありがとうございました。

第Ⅱ部

監視社会をどうするか

第6章 情報公開による権力の監視
―― 監視社会に抗するために市民ができること

山口宣恭

1 情報公開による権力監視の実情

(1) 南スーダンPKO派遣部隊の日報廃棄問題

あるジャーナリストの開示請求　2015年9月に成立した安全保障関連法で、PKO活動に、いわゆる駆けつけ警護などの新任務が付与された。治安が悪化する南スーダンで、危険な任務も遂行することになる自衛隊員。彼らが置かれている状況を詳しく知りたいと考えたジャーナリストの布施祐仁氏は、情報公開制度を使って現地における自衛隊の活動について調べてみることにした。

折しも、2016年7月上旬、首都ジュバで大規模な戦闘が発生した。激しい戦闘で数百人の死者が出ていると海外メディアが報じる一方、日本政府は「散発的な発砲事案」「自衛隊に被害なし」「武力紛争は発生しておらずPKO参加5原則も崩れていない」としていた。

この政府の発表に疑問を抱き、現地の自衛隊がどのような状況に置かれ、どう対応したのかを知りたいと思った布施氏は、まず、同月16日、「2016年7月6日（日本時間）～15日の期間に中央即応集団司令部と南スーダン派遣施設隊との間でやりとりした文書すべて（電子情報含む）」の開示請求をした（同月19日受付）。

しかし、開示されたのは、活動した隊員の人数だけが書かれた「人員現況」というA4用紙1枚の簡単な報告書だけだった。

その後、派遣部隊が作成する「日報」という文書があることを知った布

施氏は、同年9月30日、「南スーダン派遣施設隊が現地時間で2016年7月7日から12日までに作成した日報」と文書名を具体的に記載して、改めて開示請求した（同年10月3日受付）。

わずか数か月前の日報を廃棄!?　国の行政機関に対する開示請求は、通常、30日以内に決定をしなければならない（情報公開法10条1項）。しかし、防衛省は、同年10月30日に開示決定期限延長（同条2項）を通知し、その後、同年12月2日、当時の日報はすでに廃棄しており保有していないことを理由とする不開示決定を行った。

わずか数か月前に作成された文書が廃棄されて存在しないとは。しかも、日報は、これから先の訓練内容を考えるための基礎資料として活用される、自衛隊にとっても重要な文書のはず。廃棄されるなどあり得ないことである。

他方、同年11月15日、政府は、新たに南スーダンに派遣する自衛隊の部隊に駆け付け警護の新任務を付与する閣議決定を行い、同月30日に第11次隊が出発した。開示決定期限を延長したのは、新任務の付与について派遣前に議論が起こることを避けたかったからではないか、と布施氏は推測する。

廃棄したはずの文書が一転「見つかった」　布施氏による日報の開示請求と廃棄を理由とする不開示決定のことは、布施氏が自身のツイッターで発信する一方、同年12月下旬に新聞報道された。

このことを知った自民党の河野太郎議員が、同党の行革推進本部として、防衛省に対して、電子データも含めた調査を要請したところ、2017年2月6日、防衛省が、統合幕僚監部から日報の電子データが見つかったと発表。翌7日に一部開示された。

当初、防衛省は、陸上自衛隊文書管理規則の別表第20の備考6で「上記以外で、随時発生し、短期に目的を終えるもの及び1年以上の保存を要しないものの保存期間は、1年未満とすることができる」と書かれたことに基づき、日報を廃棄した、と説明していた。

しかし、2017年1月中旬、陸上自衛隊司令部の複数のコンピューターに、廃棄したはずの日報が保存されていることがわかった後でこれらを消去するよう指示されたとの報道がなされ、さらに同年3月15日には、陸上自衛隊が一貫して日報を保管していたと報道された。これによって、日報を隠

蔽していたのではないかとの疑いが強まり、当時の稲田朋美防衛大臣が国会で追及されるに至り、同大臣の指示により特別防衛監察が実施された。
　同年7月28日に公表された監察結果によると、

　①開示請求当時、派遣部隊が作成した日報が陸上自衛隊の指揮システムの掲示板にアップロードされており、同システムの利用者が閲覧およびダウンロード可能な状態にあったが、
　②派遣部隊の上級部隊である中央即応集団司令部の副司令官が、日報を開示対象から外したいと考えて、日報は行政文書ではない個人資料と説明し、
　③これを受けた統合幕僚部は、報告のために作成された文書であり、報告終了時点で目的を達成したのでその時点で廃棄したと報告し、
　④その後に日報が存在することが内部で判明した際は「適切な管理」を指導し、その結果、開示請求された日報を含む2016年12月11日までの日報が掲示板から廃棄された。

　この監察結果公表後、防衛事務次官は停職、陸上幕僚長は減給処分となり、両名とも辞任。稲田大臣も引責辞任を表明した。
　さらに、2018年4月、政府は、日報1年分以上が、前記特別防衛監察の対象外の部署に電子データの形で保管されていたことを公表した。この日報の中には、布施氏の開示請求に対し、存在しないとして不開示処分とした2016年7月7日から12日までに作成されたもののうち、同月7日を除く部分が含まれていた。

恣意的な公文書管理、疑われる隠蔽　問題点は三つある。
　①陸上自衛隊が、派遣部隊の状況を把握するために日報をシステム上共有していたことからすれば、日報は、情報公開請求の対象となる「行政文書」であり、2016年7月の開示請求の際、「中央即応集団司令部と南スーダン派遣施設隊との間でやりとりした文書すべて（電子情報含む）」に日報が含まれないと判断したこと自体、誤りである。
　②紙データとして出力された日報を廃棄しても電子データ自体を削除しない限り「行政文書」は存在する。これを保存期間1年未満であることを理由に廃棄扱いとし、請求開示の対象外としたことは、情報公開法および公文書管理法の趣旨を潜脱するものである。
　③自衛隊という組織において、派遣部隊の状況を把握するために作成す

る日報を、「軽微」な書類として保存期間1年未満とすることは不合理である。

　日報のような公文書が開示請求された途端、個人資料に過ぎないとか、廃棄したなどと組織ぐるみで開示を拒む口実探しに走り、廃棄したはずの文書が内部で発見されるや、発覚を恐れて廃棄を指示する防衛省の姿勢からは、行政機関（または政権）にとって都合の悪い情報は理由をつけて開示しないという態度が見て取れる。

　本件は、布施氏がその後、日報があることを知って改めて開示請求したのみならず、広く問題提起し、報道等で大きく取り上げられたことで、特別防衛監察にまで発展したが、布施氏が日報の存在を知らないままだったり、あるいは問題提起しても報道されずに終わってしまえば、防衛省は逃げ切ることができた。

　市民が情報公開請求した際、開示対象文書とされるべき文書が、個人資料に過ぎないとして対象とされなかったり、あるいは、あるはずの文書が「廃棄した」から存在しないとされることは、他にも起こっているのではないか。多くの市民はそのことに気付くことなく、情報公開制度を利用しているのではないか。そのような疑問を感じざるを得ない出来事である。

(2) 学校法人森友学園への国有地売却経緯に関する書類廃棄、決裁文書の改ざん問題

ある市議の開示請求をきっかけに　2017年2月、大阪市の学校法人森友学園に対して、同学園が設立する小学校の建設を予定している大阪府豊中市内の国有地（以下、本件土地という。）が、著しく低い価格で財務省近畿財務局から払い下げられていたことが発覚した。すなわち、本件土地の地積は8770m^2であり、森友学園によると払い下げの際の売却額は1億3400万円（1m^2あたり約1万5279円）であったところ、その東隣の国有地（地積9492m^2）は、2010年3月、近畿財務局が豊中市に対して売買代金約14億2300万円（1m^2あたり約14万9915円）で払い下げられていたというものである。

　発覚の経緯は、2016年9月に大阪府豊中市の木村真市議が、本件土地の売却額を調査するために、近畿財務局に対して行った情報公開請求だった。近畿財務局は、売却額等を黒塗りして公開したが、木村市議は、文書非公

開処分の取消しを求める裁判を起こした。これが新聞報道されたところ、2017年2月10日、財務省は、一転して、本件土地の売却額が1億3400万円であったことを公表するとともに、本件土地の鑑定価格は9億5600万円であったが、大阪航空局が算定した地下のごみ撤去費用8億1900万円を差し引いた金額であると説明するに至った。

　森友学園への売却経緯は、会計検査院による検査期間が終了するまでは経緯を含めた説明責任が発生している。そして、本件土地の払い下げにあたり、財務省または近畿財務局と森友学園との間との交渉、協議等の内容を記録した文書が存在することは疑いがなく、また、本件土地の払い下げには、財務省、近畿財務局および大阪航空局などの複数の行政機関が関与しているのであるから、これらの行政機関において、協議、照会および打ち合わせなどが行われながら手続が進められたことは明らかであって、当然、これらの内容に関する文書が作成されているはずである。

保存期間1年未満により廃棄した？　しかし、2月24日の衆議院予算委員会で、当時の財務省理財局長は、これらの文書が財務省行政文書管理規則によって保存期間が1年未満とされており、2016年6月の森友学園との売買契約成立により事案が終了したため廃棄したと答弁した。

　ここでも、南スーダンPKO派遣部隊の日報廃棄問題（以下、自衛隊日報問題という。）と同様の問題が存在する。すなわち、①土地の契約に係る交渉経緯に関する文書の保存期間が1年未満とされているが、かかる取扱いは、公文書管理法の目的である意思決定過程の合理的な跡付け、検証を困難にするものであり極めて不適切である。②また、保存期間1年未満の文書として廃棄してしまえば、意思決定過程の合理的な跡付け、検証の説明をしなくてよいかのような財務省の態度もきわめて不適切といわざるを得ない。

　この答弁を受けて、NPO法人情報公開クリアリングハウスは、同月27日に近畿財務局と大阪航空局、同年3月2日に財務省に、森友学園への本件土地売却に関する交渉、協議等に関する内容を記録の開示請求をしたが、同年4月までに文書不存在を理由として不開示決定処分がなされた。

　これに対して、同法人は、同年5月19日、不開示決定の取消訴訟を提起した（現在係属中）。また、同年6月に控える財務省の行政LANシステムの更新によって削除されたデータの復元が不可能となることを懸念し、財

務省が職員らに貸与しているパソコン中のバックアップデータ等の提示命令と検証を求める証拠保全の申立てを東京地裁に行った。

しかし、同年5月31日、同地裁は、財務省および近畿財務局と森友学園との交渉、協議等にかかるものだけを選別することができる外形的な指標の存否が明らかでなく、保全の目的の特定が実質的になされていないとして却下した。その後、東京高裁は同様の理由で抗告を棄却した。同法人は、最高裁に対して、特別抗告および許可抗告を行ったが、同年9月15日までにそれぞれ棄却された。

決裁文書の改ざん発覚という異常事態 しかし、問題はこれでは終わらなかった。2018年3月2日、財務省が森友学園との本件土地の売却契約に関する決裁文書を改ざんしていたとの新聞報道を受けて、同月12日、財務省は、内部調査の結果を公表した。その結果、2017年2月下旬から4月にかけて決裁文書14件を改ざんしていたことが判明した。

そもそも決裁は、組織としての意思決定そのものであり、これを改ざんする行為は、「意思決定の背景に不都合な事実があったことを隠そうとしているのではないかとの批判を招く行為であり、論外である」(2018年4月27日付け与党・公文書管理の改革に関するワーキングチーム作成にかかる「公文書管理の改革に関する中間報告」)。そして、本件において改ざんの時期が、当時の財務局長の国会答弁の時期に近接していること、改ざんの内容が、国有地売却に至る詳細かつ具体的な経緯を削除したことにより、本件売却契約の背景がほとんど分からなくなったことからすれば、まさに本件国有地売却の意思決定の背景に、行政機関(あるいは政権)に不都合な事実があり、国会答弁との整合性を図るためにかかる不都合な事実を隠したといわれても仕方がない事態である。これは公文書管理法の想定を超えた異常事態といわざるを得ない。

2 情報公開制度と公文書管理制度の現状と問題点

(1) 情報公開制度の現状と問題点

情報公開法の目的

「人民が情報を持たず、またそれを獲得する手段を持たぬ人民の政治は、道

化芝居の序幕か悲劇の序幕であり、あるいはその双方以外の何ものでもない。知識は無知を永遠に支配する。自治を獲得しようとする人民は、知識が与える力で自らを武装しなければならない。」

これは、アメリカ合衆国憲法の制定者の一人ジェームス・マディソンが、1822年に書いた手紙の一節であるが、情報公開制度の理念を語る上で、繰り返し引用されている。

日本国憲法は、他の多くの先進諸国と同様、国民主権原理を採用している。ならば、公権力による政治的な意思決定も国民の納得によって権威づけられなければならない。そこでは国政担当者は、その政治的な意思決定が国民の福利につながることについて説明責任を負う。すなわち、国民の福利を無視した私利私欲や党利党略目的の発言や行動が許されないのはもちろん、国民から批判されることを恐れて、発言内容や情報を隠すことも許されない。なぜなら、国民は、国政担当者が果たすこの説明責任に基づいて、選挙で誰に投票すべきかを判断し、支持する政策を選択し、自己の政治的意見を形成し、時にはそれをメディアやインターネットを通じて訴えることなどにより、国民主権を実現するのだからである。したがって、情報の公開は国民主権原理の実現にとって不可欠な手段なのである。

行政機関の保有する情報の公開に関する法律（以下、情報公開法という。）1条が、「この法律は、国民主権の理念にのっとり、行政文書の開示を請求する権利につき定めること等により、行政機関の保有する情報の一層の公開を図り、もって政府の有するその諸活動を国民に説明する責務が全うされるようにするとともに、国民の的確な理解と批判の下にある公正で民主的な行政の推進に資することを目的とする」と規定するのはこのことである。

情報公開法の問題点　しかし、ほぼ全国の地方自治体が情報公開条例を制定し、1999年に情報公開法が制定されたことで、市民が本当に知りたい公的な情報を獲得できるようになっただろうか。答えは否といわざるを得ない。

公的な情報の不開示の問題点としては、これまでは不開示情報の規定（情報公開法5条）の定め方が抽象的で、不開示の恣意的拡大を招いているとの指摘が数多くなされてきた。これに加えて近時意識されるようになっ

たのが、文書の不存在を理由とする不開示である。とりわけ前述した自衛隊日報問題と学校法人森友学園への国有地売却経緯に関する書類廃棄、決裁文書の改ざん問題（以下、森友問題という。）は、大きな政治問題に発展している。

(2) 公文書管理制度の現状と問題点

公文書管理法の制定経過　　あるべきはずの行政文書が不存在とされてしまえば、情報公開制度は的確に機能しない（適切な公文書管理なくして適切な情報公開なし）。その意味で、情報公開法制定前から、情報公開制度と公文書管理制度は車の両輪と認識されていた。

他方、わが国における旧来の文書管理は、文書を管理する主体内部における効果（内部的効果）、すなわち事務の適切かつ円滑な運用を専ら目的としてきた。そこでの公の主体によって作成・取得された公文書は、専ら官公署の用に供される「公用物」として位置付けられ、特別な管理法（条例）の制定は求められていなかった。

その後、情報公開法（条例）の制定により、開示請求の対象となる公文書については開示に応えるという外部的効果が発生する。そのため、このような公文書は、公衆の用に供される「公共用物」として位置付けられることになり、管理法（条例）の制定が必要と考えられた。

しかし、情報公開法旧22条は、行政文書の適切な管理を努力義務にとどめたため、行政機関の公文書管理に対する意識は高まらず、政府もその後の公文書管理制度の法整備を怠った。こうして公文書の杜撰な管理が見過ごされた結果は、2007年に、消えた年金問題、薬害肝炎患者リストの放置問題等、国民に実害を与える重大事件に発展した。

福田康夫首相（当時）は、公文書管理の在り方等に関する有識者会議を設置し、2008年11月4日、最終報告が提出された。そこでは、公文書が民主主義の「根幹を支える基本的インフラであり、過去・歴史から教訓を学ぶとともに、未来に生きる国民に対する説明責任を果たすために必要不可欠な国民の貴重な共有財産である」と位置づけられた。この考えは、2009年6月に制定された公文書等の管理に関する法律（以下、公文書管理法という。）1条の「公文書等が、健全な民主主義の根幹を支える国民共有の知的資源として、主権者である国民が主体的に利用し得るものであること

にかんがみ」「国……の諸活動を現在及び将来の国民に説明する責務が全うされるようにすることを目的とする」という目的規定に結実している。

公文書管理法の問題点　このように公文書のライフサイクル全体を対象とする一般法としての公文書管理法と、現用文書の利用を対象とする特別法としての情報公開法という「車の両輪」が制定されたことにより、以降は、政府が「情報公開を前提とした組織運営に転換し、自らの活動の正当性を示し、組織の知的資源として公文書を取得・作成し、保管し利用して行くという前向きなサイクルを作ること」が期待された（NPO法人情報公開クリアリングハウス2017年4月12日付け「公文書管理法の改正に関する意見」参照）。

しかし、公文書管理法制定後も公文書管理に関する問題が毎年のように発覚・発生している。ことに前述した自衛隊日報問題、森友問題、さらには後述する学校法人加計学園の獣医学部新設に関する文書の問題は、政府が記録に基づいた説明責任を十分には果たせておらず、その信頼性を失墜させる事態となっている。

3　情報公開制度の抜け道としての「文書の不存在」の問題

総務省発表にかかる「行政機関情報公開法の施行の状況について」によれば、2015年度で開示請求に対し一部または全部を不開示としたもののうち行政文書不存在を理由とするものは3,115件（5.0％）にのぼる（2014年度は2,427件（4.0％）、2013年度は2,380件（4.2％））。

また、総務省情報公開・個人情報保護審査会事務局発表にかかる「情報公開・個人情報保護審査会の活動概況」によれば、情報公開関連において、2016年度の答申937件中、不存在事件が157件（2015年度は208件、2014年度は116件）あり、存否応答拒否事件が51件（2015年度は51件、2014年度は53件）あるということである。

文書の不存在を理由とする不開示事案が少なからぬ数にのぼり、かつ増加傾向にあることがうかがわれる。

この文書の不存在を理由とする不開示事案の背景にある問題を探るため、私たちは、国および一定範囲の地方自治体の情報公開・個人情報保護審査

会(以下、審査会という。)の答申を調査した。審査会の答申を調査した理由は、報道され、全国的に関心を持たれる事例は特殊なものも多く、それだけでは日常の文書管理の参考にするには十分ではない。他方で、毎年数多く出されている情報公開請求に関する審査会答申に現れる事例は、日ごろの公文書管理の問題がより満遍なく表れているといえるからである。それらを学ぶことは、公文書管理を改善する必要性を認識し、改善の参考とするためにも有用と思われる。

ここでは国の審査会答申に付された付言等を手がかりに、文書の不存在を理由とする不開示事案の問題点を、文書のライフサイクルである①作成・取得、②管理、③廃棄の順に集約・整理した。

(1) 文書の作成・取得に関する問題点

意思決定についての書面、議事録等を作成していなかった事案 ①国税局の外部カウンセラーを委嘱する際に、採用条件を定めた文書や、具体的な委嘱の条件についての決裁文書等を作成していなかった事案(平成15年(行情)164号)について、文書管理のみならず意思決定手続として問題であると指摘された。

②「米軍再編実施本部」の解消により引き継がれたはずの文書について、「本部の事務を引き継いだ部局が直接的には存在しない」ため文書がないという諮問庁の理由を不合理としながらも、結果として「米軍再編実施本部」の活動実績がなく文書が特定できないと判断された(平成22年(行情)502~509号)。

③関係省庁の職員が出席し複数回開催される「個人通報制度関係省庁研究会」について議事録等がなかった事案につき、担当者交代の際に継続的な議論を可能にするためにも、行政事務の在り方として妥当性を欠く等とした(平成24年(行情)9号)。

④同研究会の議事録がないことについて、公文書管理法の趣旨に鑑み妥当性を問われるとした(平成23年(行情)487号)。

⑤行政の透明性の在り方を検討するため開催された「行政透明化チーム」の審議過程に関する資料について、議事録は作成されているものの、決裁文書や同会合出席者の人選過程にかかる資料等が作成・保管されていない事案について、妥当性を問われるとした(平成23年(行情)378号)。

⑥東北地方太平洋沖地震に伴う原子力発電所の事故により放出された放射性物質に係る除染等の措置等について検討する「環境回復検討会」について、第1回の検討会で、議事録を作成せず議事「要旨」を環境省のホームページに掲載することとしたが、第4回の検討会で議事録も作成・公表することとした件（平成28年（行情）558号）については、文書がまったく作成されなかったわけではないが、問題の重大さからすれば、当初から議事録を作成すべき事案だといえよう。

⑦「秘密保全のための法制の在り方に関する有識者会議」において報告書が承認されたことが書かれた文書が請求された件で、会議の席上においては報告書案が承認に至らなかったとはいえ、期日後修正した最終案が照会に回され、これに対し、委員の一人が回答した電子メールがあることから、それを対象文書とした件（平成25年（行情）87号）については、議事録に代わる意思決定に関わる文書が公文書とされており、注目される。

国の事務・事業の実績に関わる文書を作成していなかった事案　①護衛艦「たちかぜ」乗員の自殺事件に関して行われた7件の情報公開請求につき、情報公開室が文書の特定を原課に求める際、実施要領の指定する様式の依頼文書を作成せず口頭で依頼したため、指定様式の依頼文書が残されていなかった（平成25年（行情）29号）。

②警備訓令に基づき作成を求められていた「能登半島不審船事案における行動報告等」が原処分で文書不存在とされた（平成18年（行情）156号）。

③（答申例ではないが）2014年7月1日に閣議決定された日本国憲法9条の解釈変更について、内閣法制局が内部での検討過程を公文書として作成していなかった。

これら三つの事案は、本来作成が必要な文書が作成されていなかった事案であり、より問題性が大きい。

⑵　「行政文書」に当たらないとして情報公開の対象から外そうとする問題

これは、⑴とは異なり文書は作成されているが、行政機関が、作成された文書が公文書管理法2条4項の「当該行政機関の職員が組織的に用いるもの」（組織共用性の要件）に当たらないとして、情報公開および公文書管理の対象から外そうとする問題である。前述した自衛隊日報問題において、

派遣部隊の上級部隊である中央即応集団司令部の副司令官が、日報を開示対象から外したいと考えて、日報は「行政文書」ではなく個人資料と説明したのがこの一例であるが、ここでは、①2014年7月1日に閣議決定された日本国憲法9条の解釈変更について、内閣法制局担当者が国会審査用に作成した想定問答案の問題と、②学校法人加計学園の愛媛県今治市での獣医学部新設計画に関する文書の問題について説明する。

憲法9条の解釈変更における内閣法制局の想定問答案に関する問題　2014年7月1日に閣議決定された「国の存立を全うし、国民を守るための切れ目のない安全保障法制の整備について」に関して、意思形成過程の公文書が残されていない旨の新聞報道がされたことを契機に、2016年2月8日、内閣法制局は参議院決算委員会の理事懇談会に、「閣議決定に関して内閣法制局が作成し保存しているすべての文書」として、行政文書ファイルに綴られているすべての文書を提出した。しかし、この中には国会審議に備えた想定問答案はなかった。

しかし、別の報道機関が、「内閣法制局が国会審議に備えた想定問答を作成しながら、国会から文書開示の要求があったのに開示していないことが分かった」と報道したために、第190回国会の参議院決算委員会において、内閣法制局長官は想定問答案の存在を認めた。

その後、この新たに存在を認めた文書について開示請求がされたが、内閣法制局長官は、想定問答案は、組織的に用いるものではなく「行政文書」に当たらないとして不存在不開示とした。これに対し不服申立てがされたところ、内閣法制局長官は、今度は、上記想定問答案は、不採用となった瞬間に組織共用性を失い「行政文書」としての性格を失う等と主張したが、審査会は、「行政文書として作成・利用されたものであることは明らか」と判断した（平成28年（行情）646〜648号）。

学校法人加計学園の愛媛県今治市での獣医学部新設計画に関する文書の問題　2017年5月17日、政府の国家戦略特区制度を活用した学校法人加計学園の、愛媛県今治市での獣医学部新設計画について、文部科学省（以下、文科省という。）が、内閣府から、「総理のご意向だと聞いている」「官邸の最高レベルが言っている」といわれたことを記録した文書を作成していたことが報道された。当初、菅義偉内閣官房長官は、「怪文書のようなもの」である等と述べ、松野博一文部科学大臣も、同月19日、関係者

数人へのヒアリングなどの調査をもって、「文書の存在は確認できなかった」と発表した。
　ところが、文科省の元事務次官が、同月25日に記者会見を開いて文書は本物であると話し、その後文科省職員への取材で、当該文書が省内の複数の部署で電子データとして共有されていたことが報道された。これに対し、松野文科相は、当初、「文書の出所や入手経路が明らかにされていない」として再調査を拒否したが、その後、「個人のメモや備忘録は公開しないこととしているが、今回の件は、国民の声を真摯に受け止めて徹底した調査を行うという特例的な調査である」として再調査に転じ、同年6月15日、「国家戦略特区における獣医学部新設に係る文書に関する追加調査（報告書）」で、問題の文書と同内容あるいは同じ文書の存在が確認されたと公表した（これらの問題を、以下、加計問題という）。
　文科省の再調査の理由からすれば、本件文書は個人のメモであり、組織共用性がなく「行政文書」の範囲に属しないという前提に立つようである。しかし、本件文書は文科省の共有フォルダに保存され、事務次官も閲覧できるようになっていたものであり、組織共用性が認められる「行政文書」として取り扱うべきものである。
　さらに、同年7月5日の報道によれば、松野文科相が、個人メモとして作成されたものを共有フォルダに保存されていたこと等を「不適切」として、文科省の責任者を口頭で厳重注意処分にしたとされている。しかし、これは文科省が、当該文書の利用のされ方を無視して、恣意的に当該文書を「行政文書」から外した解釈に立つものであり誤った処分である。

(3) 文書の保管に関する問題点

行政文書ファイルの命名方法に問題があるとされた事案　開示請求者の側から見て、請求対象の行政文書ファイル名に連番が付されているのみで、あたかも一つの行政文書ファイルが分冊されたように見える等、一見してファイルの内容が分からない場合がある。情報公開法22条1項の趣旨からすれば、開示請求者が容易かつ的確に開示請求をすることができるようにすべきであり、①「少なくとも行政文書ファイルとしてまとめられた時期を行政文書ファイル名の中に明示する方法を採ることが望まし」く（平成15年（行情）209号）、②「より抜本的には、相互に密接な関連を

有していない行政文書については、編てつするファイルを別にした上で、例えば「第○回議事録」等、開示請求者がその内容を了知しやすいファイル名を付して管理することが適当であると考えられる」(平成20年(行情)586号)。

同じ行政文書ファイルに入れる文書の分類方法に問題があるとされた事案　①日米地位協定に関連する文書について、米国側が「対外的に明らかにしない」意思を表示したことが記載された文書の開示が請求された事案で、それが不存在とされたことに対し、そうしたものが記載された1次資料・2次資料となる「文書が存在するがい然性が高い」として、対象文書を更に探索特定した上で改めて開示決定等すべきであるとされた(平成22年(行情)50号)。

②独立行政法人都市再生機構が行った耐震診断調査の結果および耐震改修・補強等に関する検討結果等が記載された書面が開示された件について、当該文書にはそれを作成するための基となった文書があるため、これも追加開示すべきとされた(平成22年(独情)8号)。

③食肉流通問題調査検討委員会における資料の基となった農林水産省保管資料について、職員が資料を作成する過程において参照した資料があることがうかがわれること、指摘を受けた内容について諮問庁が関係部署の確認を取った上で取りまとめたとしており、この文書もあることがうかがわれることから、それらの文書についての再調査および特定を求めた(平成15年(行情)46号)。

④外務大臣命令により核持ち込み等に関する密約について調査を行った調査報告書において、調査対象となった4,423冊のファイルの件名ないし特定された331点の文書を保管したファイルの件名が記載された文書を作成しなかった件について、「適正な文書管理の観点からみて首肯し難い」と指摘された(平成24年(行情)180号)。

⑤米軍再編実施本部のグアム事業部にかかる文書の開示請求において、異議申立てを受けて確認したところ、対象文書として国会答弁資料も存在することが判明した(平成24年(行情)382号)。

⑥集団的自衛権の行使を認める閣議決定案の開示に関連し、原処分では対象とされていなかった想定問答集および記者会見資料があることが判明した(平成27年(行情)914号)。

⑦労働災害にかかる災害調査復命書および添付資料が原処分で開示された事案につき、ほかに当該事業場に対する改善指導や当該事業場からの報告もあると思われ、追加開示すべきとされた（平成26年（行情）343号）。

⑧特許庁の新事務処理システムの設計・開発の支出負担行為即支出決定決議書が原処分で開示されたことについて、それ以外に設計・開発委託先に対し損害賠償請求を検討した経過があり、それについて法務省が回答した文書も開示すべきとされた（平成26年（行情）449号）。

これら各答申例からは、請求者の意図を実施機関が狭く解釈した特定の誤りの問題なのか、実際に関連資料を見つけられなかった問題なのかは不明である。しかし検証のために原資料を確認しなければならないことが生じ得ることも考えると、同じ行政文書ファイルに綴るか、それが難しく他のファイルに綴るのであればせめて原資料の所在場所がわかる工夫を施すべきであろう。

容易に識別できるように行政文書の内容等の記載に工夫が必要である

①能登半島不審船事案における行動報告等の不開示事例（平成18年（行情）156号）では、警備訓令で作成が義務付けられた書面について、原処分で不存在とされたものであるが、事実上はそれに相当する内容を記載した「海上警備行動等（不審船舶対処）に関する経過概要及び所見」なる文書が存在した事案である。

②海上自衛隊幹部候補生学校で発生した自殺未遂について、海幕から内局への第1報の文書等の開示が請求され、原処分では存在しないとされたものの、異議申立て後に、学校から海幕への報告に用いられた「服務事故発生報告（第1報）」と同じ文書で情報共有が行われたことが判明し、これを開示対象とした件（平成27年（行情）575号）がある。

これらは、作成された当該書面の内容や、何のための文書であるかを、実施機関側が把握できていなかった可能性もあり、仮にそうであるならば工夫が求められる。

紙媒体と電磁的記録がある場合の管理簿の記載に工夫が必要である

①ロッキード裁判に関連し、東京地検が米国司法省に「照会し回答を受け取った」文書について、開示請求者が、検察庁、法務省にそれぞれ情報公開請求を行ったところ、法務省への開示請求の際には「電磁的記録」が残されていた可能性があるとされた（平成16年（行情）187号）。

②「金沢国税局における『単身赴任の状況』」という文書の開示請求がされた際、該当する書面としては、電磁的記録と紙媒体があり、紙媒体には幹部への説明の際のメモ書きもあったにもかかわらず、電磁的記録のみを開示した問題点が指摘された（平成16年（行情）492号）。

③平成18年度に行われた全国都市再生モデル調査の一つとして、特定業者に委託して行われた「特定開発地区における地域住民等が主体となった立体公園の整備と管理運営に関する調査」について、成果物として冊子とCD-Rを受領していたものの、CD-Rが開示されなかったことについて、CD-Rが行政文書ファイル管理簿に記載されていない問題点が指摘された（平成23年（行情）92号）。

④陸上自衛隊学校において作成する「教材目録」の開示請求に対し紙媒体の教材目録を開示した原処分を相当としつつ、最新の改訂が反映された「教材目録」の電磁的記録を請求しているとも考えられるため補正をすべきであったと付言した（平成24年（行情）402号）。

行政文書ファイル管理簿には「媒体の種別」が記載されるが（公文書管理法施行令11条1項10号）、他の媒体の文書も存在する場合に、何らかの形でそれが分かるような工夫が求められる。

行政文書ファイル管理簿の運用上の問題　①「吉野川第十堰改築工事の予備調査」に関する文書がすでに保存期間を経過し廃棄されていたことについて、「当時処分庁では、文書管理規程等の規定に基づき作成・管理することとなっている『保存文書目録書』や『文書管理台帳』について、目録書は作成しておらず、台帳も文書管理規程等の規定により5年で廃棄されていたことから、処分庁において実際にどのような文書が存在し、また、いつの時点で廃棄されたかは確認できない状況」であったとし、文書管理規則の規定にのっとった行政文書ファイル管理簿等の適切な調製をするよう求めた（平成15年（行情）455号）。

②「中央労働基準監督署の労働基準監督官の超過勤務予定者報告書」が、東京労働局の行政文書ファイル管理簿に誤って登載されていた件について、過去にも厚生労働省において同様文書の誤登載があり（平成15年（行情）532号）、審査会答申で付言されていたにもかかわらず、再び起きたことから、文書管理のより一層の適正化が要望された（平成17年（行情）30号）。

③外務省日米安全保障条約課が保管していた「国以外の者による協力」

という行政文書ファイルが管理簿に記載されていたにもかかわらず、存在しなかったことについて、平素より注意を払っていれば未然に防止できたと思われること、存在しないことが分かった時点で管理簿から抹消するとともに原因の究明・再発防止策の検討が必要と思われることが指摘された（平成23年（行情）87号）。

④行政文書ファイル「原子力施設における内部脅威への対応」が開示請求時に2分冊となっていたことに気が付かず、書庫において1冊のみを見つけて対象文書と即断し、原処分時に開示した問題点が指摘されている（平成24年（行情）43号）。

(4) 文書の廃棄に関わる問題点

保存期間1年未満の文書の取扱いについての問題　①「日朝平壌宣言」（2002年9月17日）に関する想定問答集の開示が求められたが、執務室や地下書庫等が捜索されたが見つからなかったため、「1年を超えて保存することが適当な資料にも該当しないものについては、『随時発生し、短期に廃棄するもの』と判断した上で、その保存期間を1年未満に設定する場合もある」との諮問庁（外務省）の説明が容認されている（平成21年（行情）485号）。

②「国立療養所帯広病院の医師名義借りに係る懲戒処分について」の開示請求について、開示文書に記載された別添資料が探索しても不存在であり、開示文書が収められていた行政文書ファイルには部分的廃棄の記録もないことから、懲戒処分を行った北海道厚生局が保存期間1年未満の文書としてすでに廃棄し、独立行政法人国立病院機構に引き継がれなかった、との同機構の説明を否定できないとした（平成19年（独情）114号）。

③少年鑑別所が特定年度に入手した外部からの資料の開示請求につき、少年の保護者のアンケートを対象文書として特定したものの、「保存期間が1年未満であり、当該少年が少年鑑別所を出所すれば廃棄した」ため不存在とした（平成20年（行情）364号）。

④特定個人が財務省主計局長宛てに提出した特定日付の報告書について、「保存期間1年未満」の「その他の行政文書」で「1年以上の保存を要しないもの」に該当するとして、いつ廃棄されたかがわからなくても不自然ではないとされた（平成15年（行情）462号）。

⑤行政監察事務所において収受した知事への手紙について、本件手紙は苦情処理票が作成されない申出事案に係る行政文書に該当するので、保存期間は1年未満とされ、廃棄されたものと判断されるとの諮問庁（総務省）の説明を不合理・不自然とすることはできないとした（平成15年（行情）388号）。

⑥護衛艦「たちかぜ」乗員自殺事件に関連する7件の情報公開請求の際に、文書の特定のために情報公開室と原課とのやり取りについての文書開示が求められた例で、1年未満保存とされていたために原処分では7件のうち6件について不存在と回答したものの、民事訴訟においてはそれが証拠として提出されていたことから、改めて捜索したところ、「個人資料」として保管されていたことから改めて開示決定等すべきとした（平成25年（行情）29号）。

⑦「陸幕だより」という、陸上自衛隊の各級指揮官等への情報の速達を図るため、陸上幕僚監部総務課広報室が月2回を基準として作成している部内広報について、開示請求がされたものの、保存期間は原則2週間ですでに廃棄済みであるという諮問庁の説明を是認した例がある（平成23年（行情）102号）。同文書の具体的な重要性については定かではないものの、「確かに情報を伝えた」ということの証明が後で求められる可能性があるならば、原則2週間での廃棄という運用はリスクを伴うように思われる。

⑧「米軍構成員による犯罪事件の罪名別処理人数等に係る文書」の開示が求められた件について、「法務省刑事局が所管する統計報告については、一律に保存期間が1年とされており、本件統計もこれに当たることが認められる」「所要の探索を行ってもその発見に至らなかったとの諮問庁の説明が、不自然、不合理であるとまでは言えない。」としながら、「もっとも、統計報告であるとの本件統計の性格からして、保存期間1年であるとの基準自体に問題があ」ると指摘された件がある（平成24年（行情）38号）。

誤廃棄に関する問題点　①国道事務所に土地を売却した契約書の開示請求がきっかけで、文書の紛失が判明し、「ひとえに文書管理意識の欠如に起因するものと思われ」「今後は、国土交通省全体において文書の紛失等という事態を絶対に起こさぬよう日頃の文書管理を徹底することが望まれる。また、文書の中には復元等の対処を要するものもあり、復元等の対処には紛失等の事態の早期発見が肝要であるから、少な

くとも定期的に文書の所在の点検を実施することが望ましい。」とされた（平成25年（行情）347号）。

　②「永久保存」とされていた「従来の外交政策企画委員会」第6回から最後までの記録のうち、各回記録のうち第1頁のみについて10回以上探索しても見つけることができなかった（平成23年（行情）61号）。

　③「札幌地方検察庁室蘭支部保管に係る保管記録閲覧請求書」が不存在とされた点で、諮問庁が、対象文書が他の廃棄文書に混入し誤廃棄された可能性を指摘したことに対し、適正な文書管理の徹底を求めた（平成17年（行情）114号）。

　④「秘密指定の解除手続」（理由説明書）に関する全文書の請求につき、開示された文書に「別紙2」との記載があったためその「別紙2」等も開示を求め不服申立てがされた件について、インカメラ手続で示された「別紙2」の文書が写しであり、原本の所在が不明であることについて諮問庁（外務省）に対し苦言を呈したものがある（平成16年（行情）494号）。

　⑤電力会社の水利使用変更許可書の地方整備局側の文書が請求されたが文書が見つからなかったため当初不開示決定をしたが、異議申立がされたため、急きょ電力会社から電力会社の保有する原本を取得して、その写しを異議申立人に交付した事案について、対応のまずさを指摘した例がある（平成20年（行情）477号）。

係争中の文書、開示請求を受けた文書を廃棄した事案　　公文書管理法施行令9条1項4号（同施行令〔平成22年政令250号〕による改正前は、情報公開法施行令16条1項6号）では、開示請求があった文書については、その決定の翌日から起算して1年間これを保存しなければならないとしている。

　開示請求の対象文書が開示請求後に廃棄されてしまったものとして、

　①国際協力機構（JICA）が無償資金協力のため「調査報告書」「積算概要資料」の作成を外部コンサルタントに委託したことについて、コンサルタントがそれらの報告書を作成する元とした各種資料が開示請求されたことに対し、コンサルタントがそれら各資料を廃棄したのが開示請求よりも後であったことから、JICAとしては開示請求時以降に当該請求文書が廃棄され、あるいは紛失することがないよう配慮すべき法的義務を負うと指摘された（平成20年（独情）76～78号）。

②大学院研究科の専任教員採用等年次計画変更書等の開示が請求されたことに対し、同書に添付されていた教員個人調書がすでに廃棄されていたことについて、保存期間1年の文書であり、請求時にはいまだ保存期間は経過していなかったことから、文書管理の適切さを欠くと指摘された（平成19年（行情）256号）。

③ロッキード裁判の確定訴訟記録の刑事確定記録法に基づく閲覧請求について、米軍司法省に行われた照会と回答（公電）の件（平成16年（行情）187号）は、外務省への開示請求ではなかったが、関連する機関への開示請求がされ外務省もそれを知り得たにもかかわらず廃棄してしまった事案である。

④防衛庁の職員が防衛庁に対する行政文書開示請求者のリストを作成し、庁内に配布したことがプライバシーの侵害に当たるとされた、いわゆる新潟リスト訴訟（新潟地判平成18・5・11判時1955号88頁）に関連し、その公務員個人に求償権を行使するか否かについての検討文書の開示請求がされたのに対し、それら訴訟の検討資料が1年未満の保存文書として、最高裁の上告棄却による終結を待たずに廃棄されていたことに対し、重要性および意思決定の透明性からすれば、より長期間の保存とすることも考えられたと指摘された（平成23年（行情）568号）。

⑤護衛官「たちかぜ」乗員自殺事件において、原処分ではすでに廃棄され存在されていないとされていた、「艦内生活実態アンケート」および事故調査報告書の案について、訴訟に対応すべく訟務専門官事務官が探したところ見つかり、その後訴訟に証拠提出されたことについて、重大な資料が「個人資料」として保存されていたことや、文書発見後の対応、関係部署の探索等、複数の問題点に警鐘を鳴らした件がある（平成25年（行情）233号）。

4　真の情報公開を実現するために

(1) これまでの日弁連の取り組み

これまで、日弁連は、わが国の情報公開制度および公文書管理制度が多くの問題を抱えていることから、折々に制度や運用の改善を求める意見書等を繰り返し発表してきた。その主なものは次のとおりである。

①2004年8月20日　情報公開法の見直しにあたっての裁判手続におけるヴォーン・インデックス手続及びインカメラ審理の導入の提言
②2004年11月19日　情報公開法の改正に関する意見書
③2006年2月17日　情報公開法の改正に関する意見書（情報公開法の制度運営に関する検討会報告に対する意見）
④2008年10月22日　公文書管理法の早期制定と情報公開法の改正を求める意見書
⑤2009年4月24日　公文書管理法案の修正と情報公開法の改正を求める意見書
⑥2010年4月30日　「情報公開制度の改正の方向性について」に対する意見
⑦2013年11月22日　公文書管理法の改正を求める意見書
⑧2014年3月19日　公文書管理法と情報公開法の改正を求める意見書
⑨2015年12月18日　施行後5年を目途とする公文書管理法の見直しに向けた意見書

　これらの意見書により再三意見を述べたにもかかわらず、情報公開法改正の目途は立たず、むしろ秘密保全法制が進められてきた状況を踏まえ、より根本的な制度の提言として発表したのが、⑩2016年2月18日付け「情報自由基本法の制定を求める意見書」である（情報自由基本法の内容については(4)で後述する）。

(2)　公文書管理制度の見直しをめぐる動き

採用されなかった提言　　2009年6月の公文書管理法制定前、日弁連は、「公文書管理法の早期制定と情報公開法の改正を求める意見書」（前記意見書④）および、「公文書管理法案の修正と情報公開法の改正を求める意見書」（前記意見書⑤）で、概ね以下の内容を提言した。

①目的規定に「国民の知る権利の保障」を明記すること
②いかなる文書を後世に残すか、もしくはいかなる文書が行政監視につながるかという観点から、個人的メモも含め、作成すべき行政文書の範囲を決定すべきであること
③中間書庫（各行政機関の非原用文書をすべて受け入れ、書庫で廃棄および移管の判断を行う）に法律上の根拠を付与すべきこと
④廃棄予定文書について国民が意見を述べる機会を付与し、その手続を経

なければ廃棄できないようにすること
⑤特定歴史公文書の利用拒否事由をさらに限定し、作成後30年を経過した場合に原則公表するルール（いわゆる「30年原則」）を採用すること
⑥刑事確定記録や軍法会議記録が国立公文書館に移管されるようにすること
⑦公用文書毀棄罪の積極的な運用と、過失による廃棄・紛失の罰則を法定化すること
⑧電子文書による原本取扱いとする、公文書管理の抜本的改革を進めることを明記する
⑨公文書担当機関として公文書管理庁を設け、また国立公文書館を行政機関本体から距離を置き、三権の機関の文書を保管するにふさわしい特別の法人とすべきこと

しかし、これらの提言は、公文書管理法制定の際には採用されなかった。

公文書管理法は施行後5年後を目途に見直しするはずだったが

公文書管理法附則13条は、「政府は、この法律の施行〔2011年4月〕後5年を目途として、この法律の施行の状況を勘案しつつ、行政文書及び法人文書の範囲その他の事項について検討を加え、必要があると認めるときは、その結果に基づいて必要な措置を講ずるものとする」と規定されていた。

そこで、日弁連は、2015年12月に、「施行後5年を目途とする公文書管理法の見直しに向けた意見書」（前記意見書⑨）を発表し、①公文書管理庁の設置、②徹底した電子記録管理を行う法制度への移行、③目的規定（第1条）への「知る権利」の明記、④公文書管理法3条を削除して公文書管理法の適用除外をなくす、⑤いわゆる「30年原則」の採用、⑥地方自治体における公文書管理体制の促進、を提案した。

しかし、2016年3月23日に公文書管理委員会が発表した「公文書管理法施行5年後見直しに関する検討報告書」では、公文書管理法の改正ではなく運用面での改善が目指されていた。

その後、自衛隊日報問題、森友問題、加計問題といった、政府が記録に基づいた説明責任を果たせず、その信頼性を失墜させる事態が続発したが、政府は、「行政文書の管理に関するガイドライン」を改正することで対応する方針を固め、公文書管理委員会とは別に内閣府内に「行政文書の管理の在り方等に関する検討チーム」を作り、2017年9月20日に開催された公

文書管理委員会に、「行政文書の管理において採るべき方策について」と題する文書を提出した。

文書の正確性の確保がもたらすもの　この検討チームが提案した方策は、上記ガイドラインの改正に盛り込まれたが、中でも特徴的なのが、以下に指摘する箇所である（下線は執筆者が施したもの）。

> ①文書の作成に当たっては、<u>文書の正確性を確保するため</u>、その内容について原則として複数の職員による確認を経た上で、<u>文書管理者が確認するものとする</u>。作成に関し、部局長等上位の職員から指示があった場合は、その指示を行った者の確認も経るものとする。
> ②○○省の外部の者との打合せ等の記録の作成に当たっては、○○省の出席者による確認を経るとともに、可能な限り、<u>当該打合せ等の相手方（以下「相手方」という。）の発言部分等についても、相手方による確認等により、正確性の確保を期するものとする</u>。ただし、相手方の発言部分等について記録を確定し難い場合は、その旨を判別できるように記載するものとする。
> （以上、改正ガイドライン第3、3 (1) (2)）

これは加計問題で、「総理のご意向」「官邸の最高レベルが言っている」などと書かれた文科省の文書を巡って、文科省と内閣府との意見の相違が明るみになったことが背景にあると考えられる。

しかし、「文書の正確性」を、どちらの行政機関が作成した記録が正しいかという観点から調整することは、かえって、文書の正確性確保の目的を損なうことになりかねない。

そもそも、各行政機関は、外部との交渉の際には複数の職員が立ち会い、そのうちの1名以上の者がその場のやりとりを記録している。持ち帰ったメモは、当該交渉の場に臨んだ職員の間で確認し、清書され、その後、各行政機関内部で利用される。そのようなことが長年にわたって行われてきており、そのこと自体に特に不合理な点は存在しない。

しかし、当該交渉の場に臨んだ職員とは別の文書管理者（通常は課長級）の確認が必要となると、不都合な事実が記載された文書が、文書管理の確認がないということで「行政文書」として取り扱われない（そのため、公文書として保存されず公開もされない）おそれが生じる。

また、各行政機関で見解が異なる場合や、さらには一方当事者に都合の

悪い内容がある場合、省庁間の調整に時間を要し、行政運営の円滑を損なうおそれがあるばかりか、細かな議論が省略され、お互いに当たり障りのない合意した部分のみが文書として残される危険性がある。さらに、当事者間に政治的な力関係の差がある場合、一方当事者に強引にねじ伏せられ誤った事実の記載に変えられてしまうおそれさえある。

　打合せ等の文書の内容に各行政機関の主張や受け止め方の違いがある場合、その違いはそのまま残すことにこそ、爾後に、国会や国民において、双方の受け止め方を検証するために有意義である。

　したがって、打合せの当事者が摺り合わせた結果を残すことに文書作成の努力を傾注するような運用は行うべきではない。かかるガイドラインの記載は削除すべきである。

電子メールの取扱い　また、電子メールの取扱いについても、検討チームの提案した次の方策が、改正ガイドラインに盛り込まれた（下線は執筆者が施したもの）。

> ③意思決定過程や事務及び事業の実績の合理的な跡付けや検証に必要となる行政文書に該当する電子メールについては、保存責任者を明確にする観点から、原則として作成者又は第一取得者が速やかに共有フォルダ等に移すものとする。
>
> （改正ガイドライン第5、留意事項）

　しかし、日々の行政実務で大量にやりとりされる電子メールを、作成者または第一取得者（最終的には文書管理者）がいちいち「意思決定過程や事務及び事業の実績の合理的跡付けや検証に必要となる」か否かを判断し、共有フォルダに移す方法が機能的とはいい難い。また、「行政文書」に当たるかの判断に恣意的判断が入り込む余地を否定できない。

　電子メールについては、IPアドレスが割り当てられた職員のパソコン内にある送受信メールを一括して長期間保存管理する制度設計を採用すべきである。このような制度設計にしても、電子メールを含む電子データは、紙データと異なり大量に保存することに管理上困難な問題を生じさせることはない。

(3) 公文書管理制度改善の具体的方向性

　以上述べてきた状況を踏まえ、私たちは、2017年日弁連人権擁護大会シンポジウム第2分科会で、公文書管理制度改善の具体的方向性を公表した。

公文書管理法4条に規定された文書作成義務の厳正な履行を求める　公文書管理法4条が行政機関職員に「経緯も含めた意思決定に至る過程並びに当該行政機関の事務及び事業の実績を合理的に跡付け、又は検証することができるよう」な文書作成義務を課したのは、「第1条の目的」すなわち、「国及び独立行政法人等の有するその諸活動を現在及び将来の国民に説明する責務が全うされるようにする」ためである。政府の説明責任が記録に基づいて全うされるためには、最高責任者の首相はもとより、政治部門および行政部門の幹部の活動が記録として残されなければならない。また、議員から官僚に何らかの口利き、要請があった場合は、その内容を文書化して上司に報告し、行政文書として保管する仕組みを作るべきである。地方自治体では、このような仕組みを構築しているところがあり、議員と職員の関係、政策決定の過程の透明性が高まることとなる。

公文書管理法2条4項の「行政文書」の要件（組織共用性）が情報公開の妨げにならぬよう運用すること　情報公開法2条2項は、「組織的に用いるもの」（組織共用性）であることを「行政文書」の要件とした。これは、初期の情報公開条例において、「公文書」の定義に、「決裁」「供覧」を要件とするものがあり、決裁や供覧を経ていない文書の公開が拒否されるという不合理な運用がなされていたことを踏まえ、公開の対象となる文書を、「政府の諸活動を国民に説明する責務を全う」する情報公開法の目的達成に必要な範囲に拡げる見地から「実質的要件」として導入されたものであった（1996年11月「情報公開法要綱案の考え方」2 (2)参照）。

　このことは、政府等の「諸活動を現在及び将来の国民に説明する」ことを目的とする公文書管理法を制定する過程でも考慮され、同法2条4項の「行政文書」の定義でも組織共用性が要件とされた。かかる経緯からすれば、意思決定の過程も含め、政府の諸活動の説明責任を果たすために必要な文書は、組織共用性ありと考えるのが相当である。

　とすれば、自衛隊日報問題で派遣部隊が作成した一時資料である日報は、派遣活動の成果や問題点を検証し、今後のPKO活動の可否・内容を考えるために必要な文書であり、当然に組織共用性が認められる。また、加計

問題で問題となった文書は、国家戦略特区制度を活用した学部新設の認可プロセスという、まさに政府および文科省の意思決定に至る過程に関する文書であり、当然に組織共用性が認められる。

　ところが、防衛省は「個人資料」、文科省は「個人のメモ」と主張して組織共用性を否定した。いまや組織共用性の要件が、情報公開の対象を狭める方向に恣意的に運用されている。このような恣意的運用を禁止するため、組織共用性の要件を削除すべきとも考えられる。

　他方、組織共用性は、「行政文書」の要件として、情報公開法および公文書管理法に共通し、行政文書の開示請求等の不服審査を担う情報公開・個人情報保護審査会においては、行政文書の範囲に関する判断を行っている答申例が積み重なっており（平成13年（行情）145号、平成23年（行情）256号、平成24年（独情）39号、平成26年（行情）586号等）、要件の削除により解釈・運用に混乱が発生するおそれがある。

　そこで、情報公開法および公文書管理法の目的に立ち返り、ガイドラインに、「政府の諸活動を説明するために必要な範囲」の文書は組織共用性の要件を充足することを明記すべきである。そして、組織共用性を欠く場合とは、作成者以外の職員が閲覧・共用し得る状況に置かれていない草稿であるとか、電話中に記録し、その直後に読みやすい文書に書き直したことによって不要となった電話メモのようなものに限定されることを明記すべきである。

　さらに、電子メールは、職員同士のメールのやり取りや外部の者とのメールのやり取り自体が政府の諸活動そのものと評価し得るのであるから、その説明責任に必要な文書として組織共用性が認められることも明記すべきである。たとえ一対一のメールのやり取りであっても、当該メールが送信者・受信者それぞれに保有され、他の職員がパソコンの記録媒体に記録したり、プリントアウトしたものを保有する等して、利用または保存されることも十二分に想定できるので、組織共用性を否定することはできない（大阪地判平成28・9・9、大阪高判平成29・9・22参照）。

保存期間1年未満の文書の範囲をより限定すべきである

　自衛隊日報問題、森友問題では、関連する行政文書が廃棄された理由として、保存期間が1年未満であることが理由となっている。

　このような弁解がまかり通っているのは、公文書管理法が、行政機関の

恣意的な文書廃棄を防止するため、行政文書の廃棄にあたり内閣総理大臣の同意を要件としているが（8条2項）、この同意が必要な文書が、保存期間1年以上のものに限られ、保存期間1年未満の文書は、行政機関が随時自由に廃棄できることになっているためである（2011年4月1日付け内閣総理大臣決定による運用）。

　この点、ファイルに含まれる行政文書の保存期間が異なる場合に、最も長い保存期間に合わせてファイルの保存期間が設定されれば、たとえば南スーダンPKO派遣日報は、保存期間が3年であるPKO業務に関する文書と一連の文書としてファイルされ保存されていれば、また、森友学園への国有地売却の経緯も5年保存となる売却の決裁文書と一連の行政文書で保存されていれば、いずれも1年未満で廃棄されることはなくなる。

　ところが、公文書管理法5条2項は、一連の行政文書ファイルにまとめることができるのは、「保存期間を同じくすることが適当であるものに限」られている。そのため、決裁などの決定やとりまとめがされた行政文書とその経緯を記載した行政文書が別々のファイルに保存されてしまった。

　さらに、公文書管理法7条は、行政文書ファイル管理簿の作成を義務付けているが、「政令で定める期間未満の保存期間が設定された行政文書ファイル等については、この限りでない。」として、1年未満の保存期間の行政文書（同法施行令12条）については、行政文書ファイル管理簿に掲載しなくてよいこととしている。そのため、これらの文書は、廃棄されたとしても行政文書ファイル管理簿に廃棄の記録すら残されない。これでは公文書管理法1条が掲げる「国及び独立行政法人等の有するその諸活動を現在及び将来の国民に説明する責務が全うされる」目的は実現されない。

　そこで、公文書管理法を改正して保存期間を1年未満とすることができる行政文書の定義や要件を明確にすること、相互に密接に関連する行政文書は、所管課の裁量を廃し、最も長い保存期間のものに合わせて行政ファイルを管理する運用がなされるべきである。

　この点、改正された「行政文書の管理に関するガイドライン」では、保存期間1年未満の文書として以下の7類型を定めた。

　　①別途、正本・原本が管理されている行政文書の写し
　　②定型的・日常的な業務連絡、日程表等

③出版物や公表物を編集した文書
④○○省の所掌事務に関する事実関係の問合わせへの応答
⑤明白な誤り等の客観的な正確性の観点から利用に適さなくなった文書
⑥意思決定の途中段階で作成したもので、当該意思決定に与える影響がないものとして、長期間の保存を要しないと判断される文書
⑦保存期間表において、保存期間を1年未満と設定することが適当なものとして、業務単位で具体的に定められた文書

　ただし、上記②④については、他の情報と結びつくことで意思決定過程の跡付けや検証に必要となる場合があること、⑤⑥⑦については、判断が内部職員である「文書管理者」に委ねられるのであれば恣意的な判断になる危険性がある。1年未満保存文書を①および③のみとすることで対処すべきである。

デジタルデータの長期間保存を明文化すべきである

　南スーダンPKO派遣部隊の日報も学校法人加計学園の愛媛県今治市での獣医学部新設計画に関する文書も電子データとして作成されている。作成された電子データは、紙データとして出力した文書を破棄しても存在しつづける。このような状態を廃棄と説明することは、虚偽か自らの情報管理状態を知らない無知かのいずれかであるとの非難を免れない。

　この点、デジタルデータは、紙データとは異なり保管場所を必要としないのであるから、保管場所の問題を理由に短期間で廃棄する必要はない。それどころか世界中の政府がデジタルデータを長期保存して国際政治に利用する時代に、日本だけがデジタルデータを1年未満で廃棄するというのは明らかに対応を誤っている。長期間保存を明文化すべきである。

公文書管理庁の設置を

　以上述べてきた四つの具体的問題点に対する各行政機関の対応は極めて消極的であり、その自発的取組みに委ねていても問題点が解決しないことは明らかである。

　この点、2018年7月20日、政府は、「公文書管理の適正の確保についての取組について」を取りまとめた。これによれば、特定秘密に関する検証・監察機関である独立公文書管理監に、各府省における行政文書の管理状況について常時監視する権限を追加し、この者の下に「公文書監察室」を設置するとともに、各省庁に、行政文書の管理および情報公開の実質的責任者となる「公文書監理官」を設置し、この者の下に「公文書監理官

室」を設置して公文書管理に係る専門的知見や実務経験を有する者の配置を検討するとのことである。
　しかし、①独立公文書管理監には局長級官僚を充てるが、内閣総理大臣、国務大臣、政務官等、高い政治レベルの活動に関する行政文書や、事務次官級等、自身より位階の高い者に関する行政文書の管理状況を監視できるか甚だ疑問である。
　また、②独立公文書管理監の本来業務である特定秘密に関する検証・監察が不十分であるのに、これに加え、特定秘密よりも膨大な行政文書全体の管理状況を監視することは、およそ不可能である。
　さらに、③改正ガイドラインで、行政文書の確認権限を付与された「文書管理者」およびこれを補佐する「文書管理担当者」、さらに指導監督の役割を果たす「総括文書管理者（正副）」が設置されているのに、加えて「公文書監理官」および「公文書監理官室」を設置して管理することがかえって職員の萎縮を招き、作成すべき文書を作成しなくなるおそれがある。
　そこで、行政機関による恣意的な公文書管理を防止するために、府省の利害や判断を超えて公文書全体を統括し、専門的な見地から独立の判断により、行政文書の管理状況に関する報告または資料の提出を求め、必要に応じて職員に立ち入り調査をさせる等の強い権限を与えられた公文書管理庁（2008年11月4日付け公文書管理の在り方等に関する有識者会議最終報告で言及された、数百人規模の人員からなる公文書管理担当機関に相当する機関）を設置すべきである。
　また、本来保管すべき文書を廃棄してしまう問題を改善するため、現用文書管理の専門家であるレコードマネージャーの養成が急務である。また、現用を終えた公文書の収集・保存・利用に関する専門家であるアーキビストを相当数養成するための予算措置を講じ、これら文書管理専門職を公文書管理庁および各府省に配置して、専門的、技術的観点から各行政機関の職員を支援する体制を確立することで、公文書管理の徹底を図るべきである。

(4)　**情報自由基本法の制定を**

　日弁連が2016年2月18日付け「情報自由基本法の制定を求める意見書」で提案した情報自由基本法は、国に対して、公的情報は国民の情報である

とともに公的資源であるとの原則に立ち返り、憲法上の知る権利および国際人権規約に則り、国家安全保障と情報への権利に関する国際原則（いわゆる「ツワネ原則」）をも参照して、公的情報に関する基本法を制定すべきことを求めるものである。

情報自由基本法の目指すところは、憲法21条により保障される知る権利の参政権的な側面や請求権的な側面を具体的権利として明文化するところにある。

すなわち、①公的情報公開の促進の面では、情報公開法について、公的情報は原則公開とし、行政機関等は、裁判所に対し、判断に必要な情報をすべて提供しなければならないと規定する。また、②公的情報の作成、整理、保存を強化する面では、公文書管理法について、意思決定の過程の検証等のための文書作成、整理、保存義務を公的機関職員に課すことを規定する。

さらに、③秘密指定の制限、明確化の面では、特定秘密保護法について、公的情報は原則秘密指定できないこととし、秘密保護の正当性は公的機関に立証責任を負わせることを規定する。また、④情報取得行為や開示行為に対する制裁の限定の面では、公益通報者保護法について、同法の適用範囲を全ての公的情報の取扱いについての内部通報に拡大し、かつ、情報取得行為や開示行為の目的が不正で、かつこれらの行為による不利益が利益を著しく上回る場合でない限り制裁を科してはならないことを規定する。

上記意見書の公表後、自衛隊日報問題、森友問題、加計問題を通じて、私たちは、政府や行政機関において、公的情報がきわめて恣意的に取り扱われていることを現実問題として知らされた。わが国の国内政治のためにも、わが国が国際社会において信頼される国家になるためにも、このような状況を大きく変える必要がある。

そのためには、公的情報の取扱いを定めた包括的な基本法である情報自由基本法を制定し、その理念の下で、情報公開法、公文書管理法、特定秘密保護法、公益通報者保護法等の各法を、再構築し、適切に運用していく必要があるものと考える。

[参考文献]

情報公開制度研究会編『情報公開制度運用の実務』(新日本法規出版、1999年〔加除式〕)

三宅弘『原子力情報の公開と司法国家——情報公開法改正の課題と展望』(日本評論社、2014年)

森田明『論点解説　情報公開・個人情報保護審査会答申例』(日本評論社、2016年)

宇賀克也『逐条解説　公文書等の管理に関する法律〔第3版〕』(第一法規、2015年)

久保亨・瀬畑源『国家と秘密——隠される公文書』(集英社〈集英社新書〉、2014年)

瀬畑源『公文書問題——日本の「闇」の核心』(集英社〈集英社新書〉、2018年)

布施祐仁・三浦英之『日報隠蔽——南スーダンで自衛隊は何を見たのか』(集英社、2018年)

[資料]

情報自由基本法の骨子

1 目的

この法律は、国民主権の下において、公的情報は本来、国民の情報であるとともに公的資源であり、この公的情報を適切に公開、保存することが市民の知る権利に資するとともに民主的な政治過程を健全に機能させることに鑑み、憲法第21条第1項の保障する市民の知る権利を具体化し、かつ発展させる法律として制定される。この法律は、公的情報の公開、保存および取得に関し、基本理念を定めるとともに、国および地方公共団体等の責務を明らかにする。また、公的情報の公開、保存および取得の基本となる事項を定めること等により、公的情報の適切な公開、保存を総合的に推進し、もって、国民が主権者として民主的な政治過程に一層参加することができるとともに、市民に必要な情報が行き渡る社会の実現に寄与することを目的とする。

2 定義

(1) 公的機関　国および地方公共団体並びにこれらの機関の代理または機能を代行し、または、これらの機関から一定割合以上の出資を受けて運営される民間団体をいう。

(2) 公的情報　公的機関により保有され、または覚知されている情報であって、それが保有されている形式や媒体を問わない。この中には、職務に役立たせるために作成されたメモ、記録、覚書、書籍、描画、計画、図表、写真、視聴覚記録、電子メール、日誌、標本、模型およびあらゆる電子形式で保存されたデータが含まれるが、これらに限定されるものではなく、有形無形を問わない。

(3) 制裁　刑事上、民事上および行政上の措置を含むあらゆる形態の処罰または不利益を指す。

3 基本理念

(1) 公的情報は、国民主権の下では国民の情報であり、その公開が憲法第21条第1項の保障する市民の知る権利に資するとともに、民主的な政治過程を健全に機能させることに鑑み、原則として公開されなければならない。

(2) 公的情報の公開および取得が制限されるのは例外であって、公的機関は制限の正当性についての証明責任を負うものとする。

(3) 公的情報のうち、以下の類型のものまたは一定の年限を経過したものについては、公開することの公益性が高いことに鑑み、原則として制限が許されないものとし、例外的な制限については、公的機関が、その高度の正当性について証明責任を負うものとする。

　一　自衛隊、警察、検察庁、内閣情報調査室および公安調査庁の組織、予算および資金の支出に関する情報並びに当該機関に関する告示・通達
　二　他国と締結された協定その他の合意事項の存在と条項

三　自衛隊の装備の概要および自衛隊の活動に関する情報
四　国家による個人等の監視に関する情報
五　公的機関や公務員による憲法・法令違反、権力濫用に関する情報

4　公的機関の責務

(1)　公的機関は、本法律の基本理念に則り、市民の知る権利が憲法第21条第1項で保障されていることを踏まえ、公的情報の公開、保存および取得に関する施策を策定し、実施する責務を負う。

(2)　公的機関の職員は、本法律の目的や基本理念を達成するために、当該公的機関における経緯も含めた意思決定に至る過程並びに当該公的機関の事務および事業の実績を合理的に跡付ける、または検証することができるよう、文書を作成し、整理し、保存しなければならないとともに、廃棄または移管に当たっては、市民に意見を述べる機会を付与しなければならない。

(3)　公的機関は、公的機関の職員が、公的情報の公開をし、または市民の公的情報の取得に応じた場合、当該情報公開等が不正の利益を得る目的、公的機関や他人に損害を加えもしくはその安全を脅かす目的、その他不正の目的で行われ、かつ、公的情報の取得により失われた利益と、これにより市民の知る権利等に資することになった利益とを考慮して、前者が後者を著しく上回ると認められる場合でない限り、制裁を科してはならない。

(4)　公的機関の職員以外の者が、公的機関が非公開とした公的情報を取得したとしても、可罰的な手段により、専ら不正の利益を得る目的または公的機関や他人に損害を与えもしくはその安全を脅かす目的で行われ、かつ、公的情報の取得により失われた利益と、これにより市民の知る権利等に資することになった利益とを考慮して、前者が後者を著しく上回ると認められる場合でない限り、制裁を科してはならない。

5　裁判上の措置等

(1)　国は、公的情報を裁判所へ提供する制度を構築することのほか、裁判所が公的情報の公開、保存、取得またはその制裁に関する裁判の審理を十分に行うことができる施策を実施する責務を負う。

(2)　国は、憲法第31条の適正手続の保障の観点から、刑事裁判の審理に当たり、被告人が防御に必要な公的情報の開示を受ける権利を有することを確認し、被告人の防御に必要な公的情報の開示をする責務を負う。

(3)　国は、秘密指定に関する独立した監視機関を設置するとともに、当該監視機関に全ての情報に接することができる権限を付与すべき責務を負う。

第7章
調査報道による権力の監視
――もうひとつの情報公開

清水 勉[1〜3、5・6]　澤 康臣[4]

1　調査報道の持つ意味――権力監視の必要性

　アメリカの言語学者ノーム・チョムスキーは、著書『メディア・コントロール――正義なき民主主義と国際社会』(集英社〈集英社新書〉、2003年)の冒頭、「メディア・コントロール」の章の「メディアの役割」で、次のような指摘をしている。

　民主主義社会には二つの概念がある。一つは、一般の人々が自分達の問題を自分達で考え、その決定にそれなりの影響を及ぼせる手段を持っていて、情報へのアクセスが開かれている環境にある社会。もう一つは、情報へのアクセスは一部の人間だけに限られ、一般の人々には社会の問題の意思決定に関わらせてはならない社会である。

　チョムスキーは、後者こそが私たちが暮らしている民主主義社会だという。そこは、ごく少数の人間が現実とは異なる「必要な幻想」を作り出して、人の感情に訴える「過度の単純化」をした情報を提供して、大半の人間の思考をコントロールする社会だ。そこでは、組織的宣伝によって人々が望んでいないことについても同意を取り付けることができる。

　ワイマール憲法下でヒトラー政権を生んだドイツも、マッカーシズムが吹き荒れたアメリカも民主主義社会だった。チョムスキーは、いまのアメリカも同じだという。

　一体だれがこのような状況を作っているか。権力が自らの業務内でできることではない。他に権力の作り出す「幻想」を広げてくれる役割を担う

存在がいなければできない。メディアこそがその役割を果たしている、というのがチョムスキーの分析だ。

　日本はどうか。国民総背番号制を「マイナンバー」と言い換え、際限なく広がる危険のある国家秘密を「特定秘密」と言い換え、過度の労働を強いる可能性が高い法案を「働き方改革」と言い換え、耳ざわりのいい言葉で「幻想」を作り出し、人の感情に訴える「過度の単純化」による意識誘導が行われている社会になっているのではないか。メディアはどのような役割を果たしているだろうか。

　メディアが十分な裏付取材に基づく権力監視報道を行うなら、私たちは、チョムスキーがいうところのもう一つの民主主義社会に近づくことができるかもしれない。

　以下で紹介する国内外の調査報道は、民主主義社会のために報道の自由がいかに重要であるかを痛感させる。これらを振り返り、調査報道の意義や問題点を考え、これからの調査報道について提案したい。

2　国内の調査報道

(1)　リクルート事件（朝日新聞）

発覚の発端　1984年12月から1985年4月にかけて、リクルート株式会社会長（当時）の江副浩正氏が自社の地位を高める目的で有力政治家や官僚等の有力者に子会社であるリクルート・コスモスの未公開株を譲渡した事件である。1986年にリクルート・コスモスは店頭公開され、未公開株を譲り受けた者は多額の利益を得ることになった。調査報道は最初、1988年6月18日、朝日新聞がリクルート・コスモス株の神奈川県川崎市助役への譲渡を利益供与疑惑として報道したことに始まる。

取材の経過　朝日新聞が疑惑を追及するようになったきっかけは、1988年4月中旬、横浜支局の神奈川県警担当記者が川崎市の助役の汚職事件の情報を掴んだことに始まる。情報を得た当日、朝日新聞横浜支局内で追及チームが結成され、取材が開始された。チーム結成の翌日には、贈賄側と見られているのがリクルートとリクルート・コスモスであることを突き止め、これらの会社に関するあらゆる資料

を収集し、分析した。

　5月中旬には、川崎駅西口再開発地区にリクルートが進出する際に、再開発を担当する企画調整局長だった助役が、リクルート・コスモスの未公開株を譲り受け、公開後に1億円を超える売却益を得ていたという事件の概要がわかった。追及チームは、神奈川県警が強制捜査に着手するXデーを睨みながら、事件そのものの原稿を仕上げ、シリーズとしての連載物の企画を立て、記事化のタイミングを図っていた。

　ところが、それから数日後、捜査当局が川崎市助役の件を刑事事件にしないという方針を決めたという衝撃の情報が入ってきた。これでは、捜査当局の捜査と並行することで記事が書きやすくなるという、捜査当局の動きに合わせた報道をしようとした目論見から外れる。記事化をあきらめる選択肢もあったが、朝日新聞は独自に証拠や証言を集めて報道をする方向に舵を切った。

　問題の川崎駅西口の再開発の物件に関して、特定街区の土地については登記簿その他の資料を調べた。本来は容積率500％の建物しか建てられないはずのところに、リクルートは700％の建物を建てられることになっていた。住宅・都市整備公団の幹部からも証言が取れた。

　取材を続けていくうちに、リクルート・コスモス株の譲渡リストの一部を入手した。このリストこそリクルート事件が川崎市助役だけの贈収賄事件ではなく、竹下内閣そのものまで揺るがしていく大疑獄事件に繋がる重要な証拠だったのである。

　追及チームは、さらに、川崎市助役の直接インタビュー、リクルートの江副浩正会長（当時）の手紙取材を経て、1988年6月18日の朝刊に記事として公表した。

事件の広がり　朝日新聞が入手していたリストには、川崎市助役の他に、中曽根康弘元首相や、竹下登首相（当時）、宮沢喜一副総理（当時）、安倍晋太郎自民党幹事長といった自民党の派閥トップクラスだけでなく、野党を含む多くの政治家、さらには官僚の名前も並んでいた。

　朝日新聞は、川崎市助役の件の記事を載せる直前に、事件が表面化せず未だ警戒心の薄いであろう森喜郎へ不意打ち的なインタビューを行ったところ、あっさりとリクルート・コスモス株の譲り受けを認めた。その他の

政治家についてもリストと資料を照らし合わせながら、政治家へのリクルート・コスモス株の譲渡の裏を取り、6月30日の朝刊には政治家への譲渡の記事を出していった。7月6日の朝刊には、中曽根元首相、宮沢喜一副総理（当時）、安倍晋太郎自民党幹事長（当時）の顔が並ぶ記事も出た。追及チームは最後に竹下登首相の元秘書の青木伊平氏へ取材し、リクルート・コスモス株の譲り受けがあったことの回答を得て一応の区切りがついたことから、以後の継続的な取材を本社社会部に引き継いで、解散した。

内閣総辞職へ　この朝日新聞のスクープが火付け役となり、マスコミ各社の後追い報道が続いた。リクルート事件は、戦後最大級の疑獄事件として連日報道され、国会でも疑惑の追及が続いた。

国会において疑惑追及を行っていた衆議院議員楢崎弥之助（当時）は、リクルート・コスモス株の譲渡先名簿を出すようリクルート社に要求したところ、リクルート・コスモス社長室長が楢崎に接触して贈賄の申し入れと国会での追及に手心を加えるよう要求してきた。楢崎は自らの潔白の証拠を残すべく親しい日本テレビ記者の協力の下、1988年8月30日の社長室長との会談状況をビデオカメラで撮影し、9月5日にテレビニュースとして放映された（NNNニュースプラス1）。

リクルート事件の広がりは、国民の政治不信を大いに高め、竹下首相（当時）自身に対する疑惑も追及されたことから支持率も数％台まで大幅に低下した。これを受けて、1989年6月3日の竹下内閣総辞職へとつながっていった。

(2) 北海道警察裏金事件（北海道新聞）

警察の組織的裏金づくりを無視し続けたマスコミ　1984年、元警察官僚・松橋忠光（元警視監）が『わが罪はつねにわが前にあり――期待される新警察庁長官への手紙』（オリジン出版センター）を出版した。彼は転勤する先々で、警察組織内で捜査費が裏金になり、警察署長や警察官僚が勝手に使える金になっていることを知り、その違法をはっきり認識しながら、現職中は内部告発ができなかった。退職後、出版という形で告発（懺悔）した。衝撃的な内容だったが、メディアでこの問題を追及する社はなく、社会からすぐに忘れ去られた。

その後、警視庁内から不正経理の内部告発があり、住民訴訟（東京地裁

平成 8 年（行ウ）第151号）や国家賠償請求訴訟（東京高裁平成12年（ネ）第2099号）によって、原告が勝訴判決を勝ち取ったが、大きく取り上げるのは写真週刊誌だけ。新聞やテレビなどが大きく報道することはなかった。大手メディアにとって警察は日々捜査情報をもらう相手であり、不正追及の対象にはならなかった。

　そんな中、2003年 7 月、高知新聞が高知県警本部内から内部告発資料を入手し捜査費裏金追及を開始した。新聞社の動きとしてはきわめて異例だった。

北海道新聞の裏金追及報道　同じ年の11月末、北海道新聞は、北海道警察の捜査費の組織的裏金づくりを追及する報道を始めた。報道は2005年 6 月まで 1 年半以上続き、その間の2004年11月に芦刈勝治道警本部長が組織的な不正経理があったことを公に認め、さらに道警幹部・元幹部に利息を含め 9 億円を超える金額を返還するに至るという、前代未聞の調査報道を行った。朝刊も夕刊も北海道警裏金追及記事が載らない日はなかった。記事総数は約1400本。読者の道民は北海道新聞の徹底追及ぶりに驚き、賛同した。北海道新聞の調査報道は全国にも知れ渡り、人々をも驚嘆させた。一連の調査報道は、2004年の新聞協会賞、菊池寛賞、日本ジャーナリスト会議大賞を受賞した。

　しかし、その過程には、また、調査報道後にはさまざまな深刻な問題があった。

内部告発先に選ばれなかった北海道新聞　一連の報道のきっかけは、北海道警旭川署の関係者による不正経理文書の提供（内部告発）だったが、提供先は北海道新聞ではなかった。2003年11月23日（日）午後。北海道新聞本社でテレビ朝日系列の報道番組『ザ・スクープスペシャル』を見ていた記者たちは、画面に大写しにされた旭川中央署の捜査費裏金の内部書類を見て、内部告発先が東京のテレビ局だったことを知った。

内部告発者に信用されていなかった北海道新聞　北海道新聞は道内では他紙を圧倒する部数を発行する新聞だ。北海道新聞への道民の信頼は厚い。北海道新聞の記者はだれもそう自負していた。しかし、旭川署の関係者は内部告発先に北海道新聞を選ばなかった。なぜか。記者たちは考えた。内部告発者は身元が告発された側に知られることをおそれる。と同時に、自分の内部告発が確実に報道され、それをきっかけに深刻な事態

が改善されることを強く願う。旭川中央署の関係者と思われる内部告発者もそうだったにちがいない。内部告発者は内部告発を実行に移すまでの間、北海道新聞（の記者）が北海道警（の警察官）とどういう付き合い方をしているかを身近に見て知っていた。1年ほど前、札幌白石署の捜査費裏金問題が発覚したとき、北海道新聞が単発記事2本で終わらせたことを、内部告発者は知っている。そんな北海道新聞（の記者）に内部告発しても、どうせ同じことになる。それどころか、へたをすれば、自分のことを北海道警に密告されるかもしれない。そこまで考えたかどうかはわからないが、内部告発者は北海道新聞を告発先に選ばなかった。

内部告発者のこの選択が北海道新聞の記者たちの心に火をつけた。

逆転の発想と徹底的な追及　テレビ朝日の番組に触発された札幌の新聞、テレビ各社は一斉に旭川署の不正経理問題を報じた。しかし、道警本部は動じなかった。この報道はすぐに終わる。裏金報道が始まった数日後の11月末、道警記者クラブの記者たちとの懇親会の場に姿を現した芦刈本部長は「不正経理の事実はない」と疑惑を全面否定した。お祭りはおしまいという挨拶だ。実際、多くのマスコミはそうなった。

しかし、北海道新聞はちがった。その覚悟は、取材班の編成と目標設定にはっきり現れていた。

取材班の編成。通常、日本の新聞・テレビが警察組織批判報道をするときは、警察記者クラブに所属しない（遊軍）記者に担当させ、ごくわずかの報道で終わらせる。警察記者クラブの記者は自分が警察追及報道に関わっていないことで、顔見知りの警察幹部との親密な関係を維持でき、警察は「不正はない」という簡単なコメントを出すだけで報道を終わらせることができる。この使い分けでマスコミと警察の調和が保たれている。

ところがこのときの北海道新聞はまったく逆のことをした。道警記者クラブ担当記者を取材の中心に据えたのだ。その方が警察組織の内部に深く入り込んだ取材ができるという読みと計算だ。警察側からすれば、「昨日の友は今日の敵」。記者クラブのキャップは、親しくしていた道警幹部から「飼い犬に手をかまれた」と非難された。

目標設定を、マスコミでは「落としどころ」という。ふつう、手間暇がかからないところに着地点を設定する。マスコミが「不正経理の告発があった」と報道し、これに対して、権力側は「そのような不正はありませ

ん」とコメントし、これでお終い。マスコミはそれ以上の追及をしない。これが常識的「落としどころ」だ。

しかし、このときの北海道新聞は違った。北海道警が組織的な不正経理であることを認めるまで報道を続けるという、前代未聞の目標を設定した。長年、組織的に不正経理をしてきた北海道警があっさり認めるはずがない。全国の警察への影響も絶大だ。取材班が設定した目標はとてつもなく難しい。目標というより野望に近い。

連日の報道　取材班は各自の警察人脈を使って取材を始めた。いつもと違う取材に相手の警察官は戸惑い怒りつつも、取材源がわからないようにすることを条件に、取材に応じてくれた。彼らも捜査費が裏金になっていることに納得していなかったのだ。彼らは捜査費の裏金化を止めてほしいと思っていた。それが取材に応じるという形で現れた。それは、裏金を自分のものにしている署長や北海道警幹部にとって不愉快きわまりない事態だった。当然、取材に応じた警察官を捜し出そうと躍起になった。

北海道警は、北海道新聞に特別のネタを提供しなくなった。他社に発表するネタさえ北海道新聞の記者には教えない。しかし、親しくしている警察官が情報を提供してくれることもあったり、配信社の記事を使ったりした。配信社も干されることさえあった。それでも北海道新聞は取材と報道を続けた。

他社の対応　他社は必ずしも裏金追及に熱心ではなかった。それどころか、記者クラブに加盟する全国紙の中には、自社が北海道新聞に替わって北海道警察と親密になろうとする動きさえあった。北海道警を褒め称える大きな記事を全国版に掲載する全国紙もあった。記者クラブは、北海道新聞が記者会見から排除されていることがわかっていながら、記者クラブとして道警本部に差別的扱いを抗議することはなかった。連日、朝夕刊で北海道警裏金追及記事を書き続ける北海道新聞のことを、「まるで週刊誌記事のようだ」と、道警幹部に陰口をいう記者もいた。

この溝は、将来、北海道警（OB）が北海道新聞への反撃を選択する背景になる。

北海道新聞の裏金追及報道の波紋　前例のない北海道新聞の調査報道は、全国に衝撃を与えた。成果は裏金問題の発覚が全国に及んだことでもわかる。2004年6月（静岡県警）、同年7月（福岡県警）、同年10月（静岡県警）、同年11月（岩手県警）、同年12月（北海道警）、2005年2月（北海道警）、同月（福岡県警）、同年3月（愛媛県警）、同月（福岡県警）、同年6月（北海道警）、同年7月（愛媛県警）、同年11月（北海道警）、同年12月（愛媛県警）、2006年11月（高知県警）、同年12月（高知県警）、2007年12月（宮崎県警）に県や国に対して不正支出額の返還がなされた。

　国費・県費捜査費の不正経理が全国的に一気に大きく改善されるきっかけになった。

北海道警の逆襲　2005年3月、北海道警裏金追及はほぼ終息し、北海道新聞の取材班のメンバーは警察担当をはずれ、担当部署はばらばらに分かれた。替わって他の記者たちが北海道警記者クラブを担当することになったあたりから、北海道警の逆襲が始まる。

　北海道警は最初、記者クラブに所属する北海道新聞の記者を冷遇する。不正追及に関わっていたわけでもないのに冷遇される記者たちは困惑し、どうすれば北海道警の取材がやりやすくなるのかと嘆く。しかし記者クラブは北海道警に抗議しない。北海道警は北海道新聞の広告業務の不正経理を横領事件として強制捜査をするようになった。北海道新聞本社への強制捜査の可能性も危惧された。北海道新聞の幹部は恐怖した。

不可解な名誉毀損訴訟　北海道警の逆襲は実はこれ以前に密かに始まっていた。2004年10月、その年の3月まで北海道警本部総務部長だった道警OBから取材班宛てに送られて来た1通の内容証明郵便が発端だった。その言い分は、北海道新聞の記者たちの取材の過程を本にした『追及・北海道警「裏金」疑惑』（講談社〈講談社文庫〉、2004年）、『警察幹部を逮捕せよ！──泥沼の裏金作り』（旬報社、2004年）に書かれている自分の名前が出て来る場面のエピソードが虚偽だから謝罪し販売を中止しろというものだった。出版差止めの要求なら出版社に要求すべきだ。道警OBはあえてそれをしないで、記者だけに要求してきた。狙いが出版の差止めにないことはすでにこの時点で明らかだった。

　取材班は、取材内容に誤りはない、謝罪の必要もないと結論づけ、回答した。その後の後始末は会社がさっさと済ませるはずだった。

第7章 調査報道による権力の監視——もうひとつの情報公開　231

　ところがそうならなかった。そのことを取材班の記者たちは知らなかった。道警 OB は抗議文の宛先を北海道新聞の社長にするなどして、延々と抗議を続けた。これが訴訟にまで発展する。
　2006年5月、道警 OB は、北海道新聞、取材班の記者二人、講談社、旬報社を被告とする名誉毀損訴訟を札幌地裁に起こした。不可解なことに、「名誉毀損だ」「出版差止めだ」と言いながら、道警 OB は結局、提訴前に出版社に対して一度も抗議しなかった。出版社にとっては突然の一方的な提訴。まるで付け足しのように被告にされた。

裏交渉　　記者二人は会社が自分たちを守り抜いてくれるか不安を感じて、会社の顧問弁護士とは別に独自に弁護士を代理人につけることにした。この判断が正しかったことが、裁判の進行中に道警 OB が裁判所に提出した証拠ではっきりした。それは、訴訟を起こされる前、取材班の記者たちが知らない間に、会社の幹部が道警 OB と34回も面談して裏交渉していた隠し録音の反訳文だった。最後の裏交渉の場面で、道警 OB が北海道新聞を訴え、北海道新聞が一定の非を認める形で和解にすることまで話し合っていた。記者たちは会社に呆れ、激怒した。が、それは、そこまで北海道新聞が道警（OB）に追い詰められる事情を抱えていたということなのだ。

傍聴席　　法廷は札幌地裁でいちばん広い法廷が使われた。傍聴席はほぼ満席。傍聴人の多くは、定年を迎えた年齢の元警察官と思われる男性たち。原告の支援者だろう。他方、被告側は、取材班だった記者数人と被告にされた記者を支援している高知新聞の記者だけ。あとは記者クラブの記者たち。北海道新聞の本社から裁判所までは歩いてわずかの距離だが、労働組合の記者さえ来ていない。傍聴席を見る限り、原告側が圧勝していた。
　しかし、法廷の柵の中での戦いは被告側の主張立証が原告側のそれを圧倒していた。

判　決　　2009年4月20日、判決言渡し日の法廷の原告席は原告本人どころか代理人弁護士さえいない空席。片や、被告席は被告記者二人といつもどおり被告代理人が全員揃い、満席。あまりにもひどい裏交渉の実態が明らかになり、真実性、相当性の立証はできたと、被告席のだれもが被告らの勝訴を信じていた。

ところが、判決は原告の一部勝訴（三つの争点のうち二つが認められた）。毎回、裁判を傍聴していたマスコミの記者たちも驚いた。記者会見では取材記者たちから戸惑いの声が相次いだ。

　その後、原告被告双方が控訴し、さらに上告したが、一審判決は変わらなかった。

　最高裁が上告を退けたとき、被告の記者二人は連名で、「非常に残念な結果ではありますが、これにひるむことなく、種々の形で権力監視型の調査報道を続けていきたいと思います」とコメントを発表した。多くのマスコミが彼らのコメントを引用して報道する中で、北海道新聞だけは一言も引用しなかった。

調査報道の困難さ

　北海道新聞の北海道警捜査費裏金追及報道はすばらしかった。最終的には裏金づくりを北海道警に認めさせ、目標を達成した。全国の警察の捜査費の運用にも決定的な打撃を与えた。現場の警察官は偽造領収証の作成を強いられなくなったことを喜んだ。北海道新聞は警察組織全体を敵に回していたわけではなかった。そのことが取材する上での強みになっていた。

　しかし、長年、裏金で利益を得ていた官僚側の怒りは強かった。その後の北海道警、道警OBの反撃ぶりは凄まじかった。道警OBは名誉毀損訴訟で被告側の証人として証言した記者を偽証罪で刑事告発し、元取材班を困惑させた。取材班にいた記者にとって北海道新聞は居辛い場所に変わって行き、記者は孤立して行き、北海道新聞を去る者もいた。記者クラブも記者クラブ加盟社も、北海道警や道警OBの異常な反撃を問題にすることはなかった。

　政治家がいくら強い権限を持っていても、政権の座を失えば何の力もない。政治権力を使った反撃はできない。これに対して警察組織を相手にした場合、報道が警察組織に勝利することがあったとしても、それで警察組織が消滅するわけではない。権限は何も変わらない。警察組織として二度とこのような調査報道は許さないという価値判断をすれば、そのような状況を作るための行動をとる。北海道警が北海道新聞の記者を冷遇したり、道警OBが北海道新聞と取材班を徹底的に追及したのは、まさにこのためである。その成果があったかどうかは報道機関と報道現場の記者たちの判断に委ねる。いずれにしても、北海道新聞の北海道警捜査費裏金追及報道

の社会的意義が大きいことは変わらない。

(3) イラク派遣報道（中日新聞）

自衛隊によるイラク戦争の武力行使支援

2007年7月23日、中日新聞は朝刊1面に「米兵中心　1万人空輸　逸脱・・・説明拒む政府」という見出しのスクープ記事を掲載した。自衛隊小牧基地からイラクへ派遣される自衛隊輸送機が、人道的支援物資ではなく、多国籍軍の武装兵や弾薬であることを明らかにする記事であった。

取材のきっかけ——小牧基地から忙しく飛び立っていく自衛隊輸送機

この記事を手掛けたのは、中日新聞の小牧通信局の記者とイラク取材経験のある社会部デスクである。

2003年3月、イラク情勢は悪化し、米英軍の攻撃が始まり、同年5月にブッシュ米大統領が「大規模戦闘終結宣言」をしたが、イラク国内は内戦状態になった。11月には日本の外交官二人が銃撃で死亡した。その直後の12月、政府は自衛隊のイラク派遣を閣議決定した。状況は悪化の一途を辿り、海外メディアも日本メディアもイラクにいられなくなった2004年1月、自衛隊の派遣が始まった。

航空自衛隊小牧基地からC130輸送機が飛び立っていった。2005年4月に入り、当時すでに人道支援活動そのものが機能しなくなっているにもかかわらず、自衛隊の輸送機が何を運んでいるのかと疑問を持って取材を開始したのが先に挙げた二人の記者である。

彼らは、これまで自衛隊取材の経験も

2007年7月23日付中日新聞朝刊1面

なく、まずは情報源の開拓から始めた。基地の門で待ち伏せするなど、数多くの隊員に接触を試みて事実を知る隊員を探していった。小牧基地の自衛隊員は多いが、その中でもイラクに派遣された隊員は10人に一人ほどの割合で、その中で何らかの話をしてくれる隊員は更に少なかった。

　地域支局ならではの地元密着のフットワークの軽さを生かした活動の中で、偶然、近いところに事実を話してくれる隊員を見つけ、イラク派遣の実態に迫っていくことができた。イラク派遣から帰ってきたばかりの隊員に聞くと、C130輸送機の中は米兵ばかりであること、政府が言うような人道支援などあるわけもなく戦争の手伝いをしていること、フライト中は輸送機に向けての対空攻撃の警告アラームが絶えなかったことなど非常にリアルで生々しい話をしてくれた。

　実際に派遣された隊員から現場の話を聞けても、全体像をつかむことはできない。全体像がなければ、記事にして問題提起することは難しい。基地の隊員だけではなく、防衛省からも情報を得る必要があった。そこで、小牧通信局の記者を防衛省の記者クラブに入れて防衛省内部から情報をつかむことにした。

　防衛省というところは、他省庁に比べて、外からの取材にきわめて非協力的で、ほとんど答えない。記者クラブに所属していて、信頼がおけると判断した記者にだけ情報を流すということをするところである。

　記者クラブに入った記者は、地道な記者活動を積み重ねてある防衛省幹部の信頼を得ることができ、武装米兵の輸送人数の確認をするところまでこぎつけた。

　そうしてようやく記事にできるまでの情報が揃ったが、更に慎重を期して、1か月の社内での検討を経て記事となった。

記事の影響——自衛隊派遣違憲判決へ

　この報道の社会的影響は大きかった。2008年4月17日、名古屋高裁判決は「航空自衛隊のイラク派兵は憲法9条1項に違反する」という画期的な判断を下した。ただ控訴人（一審原告）の請求（平和的生存権を侵害されたとする国家賠償）を認めなかったため、被控訴人（一審被告国）は上告できず、判決は確定した。

　判決は、政府がイラク戦争「後」の「復興支援」のために航空自衛隊が支援物資をイラクの首都バグダッドに空輸していたという事実を否定し、

「イラク国内での戦闘は、実質的には2003年3月当初のイラク攻撃の延長で、多国籍軍対武装勢力の国際的な戦闘」だったと指摘した上で、武装兵の空輸は憲法違反だと判断した。

(4) 加計学園をめぐる報道

52年ぶりの獣医学部新設大学　2017年1月4日、内閣府が今治市で2018年4月に獣医学部を開設可能な1校を募集し、1月20日、事業者として加計学園を選定。加計学園(岡山理科大学)は3月31日に文部科学省に設置認可を申請した。文部科学省の大学設置審議会は、過大な定員数や閣議決定時の認可条件との齟齬、実習計画の不透明さなど、計7件の是正意見を付け、学園側の改善を経た答申段階でも8件の留意事項を付けたが、11月10日、学部新設を認可された。その後、2018年4月に開学、日本国内では52年ぶりの獣医学部新設大学となった。

　募集から開学までの期間の異常な短さ。しかも、今治市で、という条件。素早いというより甚だ拙速という印象を受ける。

　加計学園の獣医学部新設大学の認可がなぜこれほど短期間で認められたのか。加計学園の加計孝太郎理事長は、安倍晋三総理大臣とアメリカ留学時代からの長年の友人で、安倍総理大臣が加計理事長を「腹心の友」と評する、個人的にきわめて親しい関係にある。そのことが大きく影響しているのではないかという疑いがある。

　以下では、2017年9月までの報道に焦点を当てて論じる。エピソードとしてはすでに古くなっているが、その後、2018年にも続く問題追求の端緒となった報道であり、調査報道のあり方についての指摘として十分に意義があると考えるからである。

「総理のご意向」　2017年5月17日、朝日新聞は「総理のご意向」等と記された文部科学省の文書の存在を報道した。実は朝日新聞ではこれより約半年前にこの文書を入手していた。そしてこの内容の真偽を明らかにするため取材を重ねていた。その結果が上記記事である。

　これに対して、菅義偉内閣官房長官は、文書には日付も作成名義人もなかったことから、「全く、怪文書みたいな文書じゃないか。出どころも明確になっていない」と述べた。菅官房長官が「調査する」と答えること

を期待し予想していた朝日新聞は驚いた。しかし、むしろ、菅官房長官は不利と判断したからこそ、「調査する」と言わなかったのだ。そう言わないで済むよう、「怪文書」という言葉を使ったものの、「怪文書」と断定しない。「みたいな文書じゃないか」と曖昧にすることで、後日、本物であることの証明がされたときに、「怪文書と断定したことはない」と弁解できる。「出どころも明確になっていない」は、文科省の中にいるであろう情報提供者は、出て来れないだろうという読みをしてのことだろう。

松野大臣「文書の存在を確認できなかった」 5月19日、22日、文科省内の共有フォルダを調査し、松野博一文部科学大臣は、文書の存在を確認できなかった、追加調査はしない方針を示した。文科省の官僚と松野文科大臣との間には明らかに問題への取組姿勢の違いがある。

不可解な記事と不合理な弁明 5月22日、読売新聞は、「前川前次官 出会い系バー通い 文科省在職中、平日夜」との見出しで、25日に告発の記者会見を予定していた前川喜平氏が、文科省の在籍中に新宿歌舞伎町の出会い系バーへ頻繁に通っていたと報道したが、これはまともな記事の体裁になっていない。

記事の構成は、前川前事務次官が出会い系バーを訪れていたという事実の前後に、出会い系バーは売春の温床であるとの趣旨の一般論を織り交ぜ、さらに売春行為が処罰の対象となるものの摘発が難しいという一般論でできている。文中の「教育行政のトップとして不適切な行動に対し、批判が上がりそうだ」との感想は、世論を誘導している。まるで前川前事務次官の信用を落としておくことで、その発言の信用性を落とそうとしているかのような記事だが、それ以前に、そもそもこれは取材して書いた記事なのかという疑いがある。

前川前事務次官が出会い系バーに入るところを記者が幾度も目撃したのであれば、記者はその店に入り、前川前事務次官に対応した女性を確認し、前川前事務次官とどのような会話ややりとりがあったかを聞き出し、文科官僚として問題がある行動を確認したのであれば、そのときに記事にしたはずだ。ところが、記事には具体的な記述がまったくない。しかも、なぜこの時期なのか。読売新聞がこの時期に記事になっていない記事を出すことは、「印象操作」を狙ったとしか考えられない。

当然のことながら、この記事に対して多方面から非難が噴出した。

『週刊文春』、『週刊FLASH』など週刊誌は、問題とされた出会い系バーの当時の店員を取材し、前川前事務次官が何ら売春等に関与していたものではないことを報道した。

多数の批判を受けた読売新聞は、6月3日の朝刊紙面に、社会部長のコメントを掲載した。社会部長は、教育行政のトップである人物が「違法行為が疑われるような店」に出入りすることは不適切であるため、こうした報道は「公共の関心事であり、公益目的にかなう」として、「これからも政権・行政の監視という報道機関の役割を果たしていく」と書いた。

読売新聞記事は個人名を出して非難する内容なのであるから、裏付取材なしの評論報道は論外である。開き直ったコメントに、他のメディアは一斉に批判した。

朝日新聞は、6月13日の記事で、元読売新聞記者でジャーナリストの大谷昭宏氏のコメントを紹介するなどして、読売新聞の報道についての批判的な見解を複数掲載した。大谷氏は、出会い系バーの記事が東京、大阪、西部（福岡）の各本社の紙面で同じ扱いだったことに注目し、他の記事は各紙面で見出しや扱いが異なる部分があったことから、会社の上層部から指示が出た可能性が高いとの見解を示した。読売新聞グループ本社広報部からは「扱いや見出しが同じになるのは日常的に起きています」と文書で回答があったとのことである。

毎日新聞も、同日、大谷氏や服部孝章・立教大名誉教授のコメントを紹介して、読売新聞記事について批判的な論調の記事を掲載した。読売新聞は「当社の見解は紙面に掲載した通りだ。5月22日の記事について名誉毀損に当たる恐れはないかとのおたずねだが、記事の内容は真実であり、公共性・公益性があることも明らかなので、名誉毀損に当たるとは考えていない。」と回答している。

前川前事務次官は、「個人的な行動がどうして全国紙で報道されるのか。昨年秋にすでに杉田（和博）官房副長官から注意を受けた。そのことがなぜ読売新聞に出たか問題にすべきだと思う。この記事が出た前後に官邸からの動きも感じた。私に対するメッセージだと思う。私以外にも行われているとしたら、国家権力とメディアの関係は問題だ。横行しているとするならば、国民として看過できない。」と述べている。

内部告発——前川喜平前文部科学省事務次官の会見

5月25日、前川前事務次官が記者会見を行った。「あったことをなかったことにはできない」と明確に述べ、「平成30年4月開学を大前提に逆算して、最短のスケジュールを作成し、共有していただきたい。これは官邸の最高レベルが言っていること」「総理のご意向だと聞いている」とされる文書の存在については、「獣医学部の新設について、自分が昨年秋に、担当の専門教育課から説明を受けた際、示された」と述べた。これらの文言に対し「誰だって気にする。圧力を感じなかったといえば嘘になる」、最高レベルとは「トップは総理、次なら官房長官、二人のことかなと思った」と述べた。

「あったことをなかったことにはできない」「在籍中に共有していた文書で確実に存在していた」「具体的な将来需要が示されず、文科省として負いかねる責任を負わされた」と述べ、証人喚問があれば応じると述べた。

現職職員による内部告発

この内部文書を添付したメールの送受信者と同姓同名の職員が10名も実在することや、複数の文部科学省現役職員がこの内部文書が存在し文部科学省内で共有されていたことを認めたことなどが、矢継ぎ早に報道されると、報道の勢いは止まらなくなった。内部情報が出て来る速さからして、文科省内の幾人もの官僚が経緯を明らかにしたいという意向を明確に持っており、曖昧に終わらせたい政府との間に明らかに対立が生じている。

6月9日には、文科省の当初の調査の後、複数の職員が「文書は省内に保管されている」と幹部に報告していたにもかかわらず、その報告が放置される一方で、松野大臣が国会などで「文書の存在は確認できなかった」と繰り返していたことが報じられた。文科省のトップと部下である文部官僚が真っ向から対立していたことが露見した。

義家弘介文科副大臣の「守秘義務違反」発言

こうした報道に政権は抵抗を示した。

6月13日、義家弘介文科副大臣は参院農林水産委員会において、「告発内容が法令違反に該当しない場合、非公知の行政運営上のプロセスを上司の許可無く外部に流出されることは、国家公務員法(違反)になる可能性がある。」と内部告発者に圧力をかける姿勢を示した。

不正が明らかになろうとしていることにストップをかけようとする異常

さはだれの目にも明らかだった。義家文科副大臣の発言は元教育者とは思えない暴言だ。本来、政府には内部資料に基づいて事実関係を説明する責任があるはずだ。それをしないからこそ、官僚が自ら発言したのだ。どちらに正義があるかは明らかだ。説明責任を果たすべきだという職員を懲戒処分にすることは論外である。その後、義家文科副大臣は内部告発者を懲戒処分したのか。報道はない。

「総理のご意向」文書　相次ぐ報道の勢いに押し切られるように、政権は、再び文部科学省の内部調査を実施せざるを得なくなり、同日、松野文科大臣は再調査を実施することを明らかにした。

そして、6月15日、内部調査の結果、松野文科大臣は、「官邸の最高レベルが言っている」「総理のご意向」などと記載された文書を含めて、これまでその存在が報道されていたいくつかの文書が、文科省内に存在することを認めるに至った。この再調査では、萩生田光一内閣官房副長官が内閣府の藤原豊審議官に対し、実質的に加計学園しか応募できなくなる要件を指示したことがうかがえるメールと文書が公表された。なお、萩生田官房副長官は、同月1日、加計学園が運営する千葉科学大の客員教授として報酬を得ており、2017年現在でも名誉教授として報酬を受領していることを認めている。

菅官房長官の弁明　6月15日、菅官房長官は、記者会見において自らの発言につき「怪文書という言葉だけが独り歩きして、極めて残念だ。」とし、「追加調査で複数の文書の存在が確認された結果は、大変申し訳なかったと思うし、政府としては真摯に受け止める。」と述べたが、責任の所在については「第一義責任は文科省の問題だ。」と述べて会見を終えた。

同月16日、内閣府側の調査結果が公表され、山本幸三地方創生大臣は、「内閣府が文科省に官邸最高レベルが言っているとか、総理のご意向などと伝えた認識はなく、また総理からもそうした指示等は一切ありませんでした」と述べた。文科省側の調査結果とはまったく異なる内容の調査結果が発表されたことで更なる調査が必要となったはずだが、同日、菅官房長官は記者会見で、矛盾を解消するための追加調査はしないと断言した。

同月18日、加計学園をめぐる疑惑の検証がなされることなく、通常国会は閉会した。

報道するNHK、報道しないNHK

通常国会が閉会した翌日19日、NHKが『クローズアップ現代＋』で文科省の新たな内部文書について報じた。その内容は、萩生田官房副長官が文科省に対し、はっきりと「総理案件」であることを伝えているというものであった。

翌20日、松野文科大臣は、萩生田官房副長官が文科省の局長に対して発言したとされる新たな文書を公表した。この文書には、萩生田官房副長官が「加計学園」の名前を挙げた上で内閣府、そして総理補佐官と相談した結果として、四国で獣医学部新設が認められるようにするための具体的な指示を出した上で、「官邸は絶対やると言っている」、「総理は平成30年4月開学とおしりを切っていた」などと文部科学省に具体的な時期を示して、新設を認めるよう求める発言をしたという記載があった。

6月23日、約1か月ぶりに前川前事務次官が会見し、「内閣府は自分の口から発した言葉を否定していて、ありえないことだ」と批判するとともに、「すべてが萩生田氏の発言ではない可能性がある」としつつも、「書いた課長補佐はしっかりした人物で、取り違えをするとは思えない。中身はほぼ間違いないと思う」と述べ、当該文書に信用性があることを強調した。

この会見で、前川前事務次官は、NHKの報道姿勢についても言及した。「この加計に関わる文書の信憑性だとか、官邸からの働きかけといった問題について、私に最初にインタビューを行ったのはNHKですが、その映像はなぜか放送されないままになっている。いまだに報じられていない」。NHKが報道を控えていたことを明らかにした。

総選挙を経ても深まる疑惑

北朝鮮のミサイル発射が危惧されると政府が訴えていた最中の2017年9月28日、安倍総理大臣は、突然、衆議院を解散した。8月3日に発足した「仕事人内閣」が始まってわずか2ヶ月。10月22日の解散総選挙で与党は大勝したが、総選挙直前に誕生した、政府に対決姿勢の強い立憲民主党が大躍進したこともあり、選挙後も野党の「モリカケ問題」の追及は続いた。

佐川宣寿理財局長は、森友学園側との交渉記録はすべて廃棄したと国会で答弁していたが、その後、実際には記録は存在し、しかも、事案の核心に関連する部分を書き換えていたことが判明した。2018年3月7日、この過程に関わった近畿理財局の男性職員が自殺し、佐川氏は国税庁長官職を辞し退職した。

加計学園問題も追及が続き、2018年4月10日午前、柳瀬唯夫・首相秘書官が、愛媛県、今治市の担当課長、加計学園事務局長らと獣医学部新設に関して2015年4月2日に首相官邸で面会していたことをはっきり否定したが、同日午後、愛媛県知事が記者会見を開き、県職員が作成した面会記録に「首相案件」と書かれていたことを公表した。面会時に職員が柳瀬氏に貰った名刺には「27．4．－2」の日付がスタンプされていた。それでも、柳瀬氏は否定し続けたが、7月24日、突然、経産省は柳瀬氏について経産省経済産業審議官を退任させる人事を発表した。

多方面からの報道　　加計学園報道は、いわゆる発表報道とはまったく異なる。マスコミ各社がそれぞれ取材し、必要に応じて政府に説明させ、その説明に矛盾点や疑問点があればさらにそれを追及する取材報道を行うということが行われている。

　このような取材報道があることによって、内部告発者は社会的に孤立させられていない。むしろその発言は社会に広く受け入れられ、政府を追い詰めている。元の職場の部下たちが取材に応じ、真相を語ることを後押ししている。

3　スノーデン氏の内部告発とジャーナリスト、メディアの対応──［海外の調査報道①］

内部告発の目的　　元アメリカNSA契約職員のエドワード・スノーデン氏による内部告発の内容については別の章で論じているので（→本書プロローグ、3章）、ここでは報道の自由との関係から論じる。

　スノーデン氏にとって最も重要なことは、内部告発を成功させることであった。内部告発した相手が公表を控えてしまったり、さらに悪ければ、公表されないどころか、アメリカ政府に身柄を引き渡されてしまえば、元も子もない。内部告発先を慎重に選ぶ必要がある。

　他方、スノーデン氏から内部告発を受ける側は、スノーデン氏の内部告発の重大性を十分に理解できる者でなければならず、スノーデン氏の身の安全を確保しつつ、内部告発を成功させること、すなわち、スノーデン氏が提供した情報を効果的に公表し、世界に対してアメリカ政府が行ってい

る世界監視の実態を知らせることである。

以下、主に、ルーク・ハーディング著、三木俊哉訳『スノーデンファイル』（日経BP社、2014年）によって説明する。

内部告発を批判していたスノーデン氏 スノーデン氏は、自身が内部告発をする前の2009年1月、『ニューヨーク・タイムズ』紙に掲載された機密情報について、リークした政府関係者を、これほどひどい犯罪はないと痛烈に批判している（前掲書33頁）。

この記事は、現在および過去のアメリカ政府関係者、ヨーロッパとイスラエルの政府関係者などへのインタビューをもとに、ブッシュ大統領が地中貫通爆弾の供与を求めるイスラエルの要請を断るかわりに、イランの核開発を妨害する新たな秘密作戦を承認したことをイスラエルに伝えたというものである。

この批判は、その後のスノーデン氏の内部告発にそのまま当てはまるのではないか。内部告発後、スノーデン氏は、「CIAが手にしている機密情報のほとんどは、コンピュータやシステムではなく、人に関するものです。だから、だれかを危険にさらしかねない情報開示には賛成できませんでした」（同37頁）と述べている。確かに、スノーデン氏が公表した内容は、アメリカ政府が行っている監視システムに限っており、特定の人を危険に曝すようなことはしていない。

だれに内部告発するか これは内部告発を決意した者にとって最も重要な選択、決断である。

スノーデン氏は次のように述べている。

> 「9.11後、アメリカを代表する報道機関の多くは、権力のチェック者としての役割、つまり政府の行きすぎに異を唱える責任を放棄してしまいました。愛国的ではないと見なされ、ナショナリズムの高まりのなか、市場でそっぽを向かれることを恐れたからです。ビジネスの観点からすれば、これは当然の戦略でしたが、企業が潤った結果、市民はその代償を負わされました。主要メディアはまだこの寒々とした時期から回復しはじめたばかりです。」（同73頁）

9.11後の米国の主要メディアは内部告発先として信用できないという。

「ローラとグレンはそんな時期にあっても、バッシングをものともせず、物

議をかもすテーマについても恐れることなく報じ続けた数少ないジャーナリストです。結果、ローラが特に標的にされてしまいました。……彼女は、ジャーナリストとして考えられる最も危険な任務、世界で最も強力な政府の悪事を暴くという仕事を遂行するのに必要な勇気、経験、技能をそなえていました。間違いなく適任者だったのです。」（同74頁）

スノーデン氏は、ローラとグレンの仕事ぶりをみていて、二人なら信頼できると判断した。ローラはドキュメンタリー映画作家のローラ・ポイトラス、グレンは元弁護士のジャーナリスト、グレン・グリーンウォルトである。

ポイトラスは、9.11後のアメリカに関する長編映画三部作を制作していた。第一作（2006年）では、米国侵攻後のイラクの実情を描いた。第二作（2010年）では、オサマ・ビン・ラディンの運転手だったかどで告発されグアンタナモに収容された男性、もう一人はビン・ラディンのボディーガードをしていた男性を通じて、ブッシュとチェイニーの暗黒時代を糾弾する作品をつくった（同72頁）。2012年に取り掛かっていた第三作では、アメリカの国内監視活動の拡大を取り上げていた。ポイトラスは2006年から2012年の6年間、約40回、米国入国のたびに国土安全保障省の職員に拘束され、そのたびに、ラップトップ、携帯電話、カメラ、ノートを押収され、3、4時間、足止めされた。だが、罪になるものは何も見つからなかった。様々な嫌がらせを受けながら、彼女はめげることなく、逆に、情報源や機密情報を守るにはどうすればよいかを学んだ。

グリーンウォルトは、10年間弁護士として働いた後、2007年からコラムニストとして寄稿するようになり、ジョージ・W・ブッシュ政権、オバマ政権を厳しく批判していた。市民権の侵害、無人機による攻撃、対外戦争、イスラム世界への不幸な関与、グアンタナモ収容所、アメリカの「拷問政治」などなど。2012年8月、グリーンウォルトは、英紙『ガーディアン』紙にフリーランスのコラムニストとして加わった。

内部告発の始まり　2012年12月、スノーデン氏は、実名も職業も明かさず一読者としてグリーンウォルトに思わせぶりなEメールを幾度も送ったが、グリーンウォルトの反応は芳しくなかった。2013年1月末、スノーデン氏は作戦を変更し、ポイトラスにEメールを送

った。彼女は興味を抱き、すぐに暗号化キーを教えた。

　ポイトラスは、アメリカ政府の罠ではないかと疑いながら、素性の分からない者（スノーデン氏）とのメールのやりとりを続けた。そして、2012年12月発行の最高機密文書「大統領政策令20」（オバマ大統領がアメリカのサイバー攻撃のターゲット候補をリストアップするよう、安全保障および情報関連の高官に密かに命じたというもの）を手に入れたと言って来た。ポイトラスは本物かどうかを確認しようとしたが、確証には至らなかった。氏名不詳氏はグリーンウォルトを関わらせるよう求めてきた。

　氏名不詳氏は正体を明かさない代わりに、なぜ機密資料をリークしようとするのか、それが必然的にどれほど重大な影響を及ぼすかを示す、私的なマニュフェストをEメールで送って来た。この内容から二人は内部告発は本物だと思った。

　香港で直接会うことになった時点で、「エドワード・スノーデン」の名が明かされた。

『ガーディアン』の立場　スノーデン氏の提供した情報を公表することは、NSA、FBI、CIA、ホワイトハウス、国務省などの逆鱗に触れることは間違いなかった。『ガーディアン』は周到に準備を進めることにした。そのために、『ガーディアン』はワシントン特派員であるイーウェン・マカスキルをスノーデン氏の取材に参加させることにした。内部告発者が本物かどうかを見極める役である。

香港での取材　スノーデン氏が香港を取材場所に選んだ理由は、ここには言論の自由の伝統があると判断したからだ（同108頁）。かつて住んだことがある日本は選ばなかった。香港での取材状況はポイトラスがカメラ撮影し、マカスキルが質問した。このときの映像を編集したものが『CITIZEN FOUR（シチズンフォー）』（4番目の内部告発者）である。内部告発記事が世界を駆け巡ったあと、ドキュメンタリー映画として世界中で公表された。

　インタビューの中でスノーデン氏は次のようにいう。

「アメリカは基本的によい国です。」
「すぐれた価値観を持った、すぐれた人々がいます。でも、いまの権力構造は自己目的化しています。全市民の自由を犠牲にして、自らの権力を拡大

しようとしています。」(同111頁)

『ガーディアン』米国は、3大紙『ニューヨーク・タイムズ』『ワシントン・ポスト』『ウォール・ストリート・ジャーナル』が占めるアメリカでは小さな存在に過ぎなかったが、インターネット上に記事を出す分には企業規模の大小は関係ない。確実な素材によって確実な記事が書けるかどうかだ。そして十分過ぎる確実な素材がスノーデン氏によって示されている。問題は、『ガーディアン』が本当に記事にするかどうかだった。

スパイ活動法　最大の障害は、第一次世界大戦中につくられたスパイ活動法の存在だった(同124頁)。同法は、アメリカの諜報資料を外国政府に「提供、発信、伝達」することを犯罪としていた。ジャーナリストにこの規定が適用されるかは不明だった。報道側が訴追されたことは一度もなかったが、楽観はできなかった。

『ガーディアン』は記事として公表する前にNSAに4時間の猶予時間を与えることにした。この間にアメリカ政府が安全保障上の具体的な懸念を表明すれば(できれば、だが)、記事を止めたのかもしれない。しかし、アメリカ政府はここで対応を誤った。泥縄式の対応で記事を止めようとした。その手法はアメリカの3大紙には通用しても、イギリスの『ガーディアン』には通用しなかった。アメリカではのんびりした紳士的な態度でことを進めても構わないが、イギリスでは、ロンドンで12の全国紙が生き残りをかけた厳しい競争をしている。スクープを公表しなければ、他社が公表してしまう(同131〜132頁)。『ガーディアン』はイギリスの新聞だ。

『ガーディアン』のスクープ記事　NSAから回答がなく、『ガーディアン』米国は超スクープ記事の掲載を始めた。

最初は、米国最大級の通信プロバイダーのベライゾンに、毎日、継続的に何百万もの顧客の通信記録(電話メタデータ)をNSAに提出せよという、外国情報監視法(FISA)裁判所のロジャー・ビンソン裁判官の署名がある2013年4月25日付け命令書だ。90日間、何百万人の顧客は自分の知らない間に自分の通信記録を政府に取られ続けていた。

PRISM(プリズム)の記事化(NSAは、マイクロソフト、ヤフー、グーグル、フェイスブック、パルトーク、ユーチューブ、スカイプ、AOL、アップルというアメリカIT大手のシステム(同194頁)に直接アクセスできる。分析官

は、Eメールコンテンツ、検索履歴、ライブチャット、転送ファイルなどの収集が可能)にあたっては、『ガーディアン』米国は、公正さの観点から、登場するIT企業に連絡して反応を見ることにした。

実名告発　　『ガーディアン』米国は、スノーデン氏の取材動画をインターネット上にアップした。アップした1時間後、どのネットワークもスノーデン氏の映像を流していた。CNNは12分のビデオを全編放映した。これでスノーデン氏は無名人から一気に世界一のお尋ね者になった。

　スノーデン氏は、最初から、実名告発することを予定していた。理由は、匿名で告発をすると、自分以外の者が疑われ調査対象になってしまうので、それを回避したかったとのこと。それと、このような形での実名告発は、スノーデン氏の生存や言動を世界中の人々の監視下に置くことを意味し、アメリカ政府やこれに協力する国がスノーデン氏を暗殺したり身柄拘束して虐待したりすることをやりにくくする。

「DA通告」　　『ガーディアン』は、イギリスから記事を発信しなかった。理由は、イギリスでは憲法で言論の自由が保障されていないからだ。アメリカでは、ジャーナリズムが社会の重要な機能を果たすという文化的な理解も根強く、調査報道の伝統が生きている。対照的に、イギリスでは、国家の機密を優先させる抑圧的な文化が色濃い（同168〜169頁）。

　スノーデンファイルをロンドンで保有しているだけでも、政府に知られれば、報道禁止を命じられる可能性があった（同169頁）。

　1993年、イギリスでは、情報公開へ向けた暫定措置の一環として、国家の安全保障を揺るがすと思われる記事の発表に先立って政府に問い合わせるDA（Defence Advisory）通告ができた。問い合わせるかどうかは任意とされているが、実際にはマスコミ報道を阻む手段として利用されていた。

　「DA通告」のシステムを運営していた元空軍少将アンドリュー・ヴァランスは、GCHQ（イギリス政府通信本部）に代わって、『ガーディアン』やBBC、スカイニュースなどの放送局、新聞に対して、『ガーディアン』米国によるPRISMのスクープ記事に追随してはならないという極秘の通告を行い、『ガーディアン』以外はほとんどが通告に従った（同174頁）。

国境を越えるメディア連携　『ガーディアン』はイギリス政府が法的な圧力をかけてくることを懸念し、米国メディア『ニューヨーク・タイムズ』との連携を考えた。これが実現すれば、イギリスの『ガーディアン』はアメリカの憲法修正第1条に基づく権利の保護を手に入れることができ、アメリカの『ニューヨーク・タイムズ』はイギリスの新聞社が持っているUSBメモリーを手に入れることができる。7月12日、双方の新聞がファイルを共有することが取り決められた。報道業務をニューヨークに丸ごと移す。スノーデン氏が批判していた『ニューヨーク・タイムズ』が連携することになった。

　『ガーディアン』は記事を書き続けた。その結果、7月20日、報道を止めさせたいGCHQの指示で、『ガーディアン』のスタッフは自社のコンピュータを叩き壊すというパフォーマンスを強いられた（このときの様子は世界中で報道された。）。政府の高圧的な姿勢はその後も続いた。記事も続いた。

4　取材・報道の力で「逆監視」
―― 鍵は情報の自由、弁護士との協業［海外の調査報道②］

(1)　情報不自由社会・日本

知られざる顔認識システムを米紙が暴いた　2015年9月12日、昼下がりの米フロリダ州ジャクソンビル。アパートのそばの車から出てきた二人連れの男に、薬物の売人が声を掛けた。「調子はどう」。コカイン50ドル（約5000円）相当を売ると、「またよろしくな。俺の名はミッドナイト」と、コードネームだけを教えて去った。買った男はさりげなく「ミッドナイト」の写真をスマートフォンで撮影した。おとり捜査官だった。

　「ミッドナイト」の身元がウィリー・アレン・リンチ46歳と特定できたのは、スマートフォンの写真を、ジャクソンビル捜査当局の顔写真データベース「JPICS」と照らし合わせる作業の結果だった――と、逮捕報告書には書かれていた。

　だが実際に重要な役割を果たしたのは別のテクノロジー、別のデータベースだった。コンピューターが人間の顔を識別し、自動的にターゲットの人物を探し出す顔認識システムである。フロリダ州のさまざまな捜査機

関がアクセスする「顔分析比較検査システム」——頭文字から「FACES」と呼ばれるシステムが「当該人物である疑い濃厚」としてヒットしたのがリンチだった。このシステムに蓄積されている顔写真は3300万人分にのぼる。3分の2が運転免許証の写真、残りは捜査で得られた写真などである。そして、FACESの存在は関係者以外にはほとんど知られていなかった。

となると、逮捕報告書の記述は控えめにいっても誤解を招く。素直に考えれば捜査の核心部分を隠蔽したということになる。

このことを2016年秋に報じたのがジャクソンビルの地元紙『フロリダ・タイムズユニオン』の記者、ベンジャミン・コナークだった(本節に記述するこの事件の事実関係は同紙報道とフロリダ州の訴訟記録に基づく)。FACESを含む顔認識システムが全米に広がっていることは、ジョージタウン大学の調査で同年に発表された。コナークはそれを足がかりに、地元ジャクソンビルで現実に起きた問題としてリンチの事件をつかみ、調査し、報道した。記事中でジャクソンビルの公設弁護人事務所は「こうしたテクノロジーがこの地域で使われたとは聞いたことがない」と驚くが、捜査当局側は別に初めてのケースではないという。知られることなく使われていた捜査テクノロジーだったのだ。

コナークの記事は、このテクノロジーが警察に与える強大な監視能力に警鐘を鳴らす。もしも警察官がデモや抗議行動の写真を撮ってFACESにかければ、参加者一人一人の身元が判明する。その人たちを後に建造物侵入や交通妨害という微罪で立件することも容易になる。通常、デモ参加者に警察官が近づき、「身元を明かせ」「身分証を見せろ」などといえば大問題になるだろう。FACESのような顔認識システムはそれと同じことを可能にする。しかも、本人に知られることなくである。

これが日本ではできないわけ　このスクープの裏付けはリンチの刑事訴訟記録である。そこには捜査官の宣誓供述書が多数あり、コカインを買いながらリンチの写真を撮ったおとり捜査官や、FACESを操作した担当官の詳しい説明が記録されていた。こうした公的記録に基づけば、「関係者によると」のような匿名引用をすることなく、正確で出典の明らかな記事を書ける。記者コナークは取材経緯について2017年6月、米国調査報道記者編集者協会(IRE)大会の分科会講座「警察の監視を暴く」で報告し、ジョージタウン大学の研究が「記事の出発点」にあるものの

「裁判の過程で（捜査員による）多数の宣誓供述書がパブリック（公開）になった」ことが大きかったと打ち明けている。

裁判の過程で「パブリックになった」とはどういうことか。

訴訟記録は、米国ではすべて誰もが閲覧し、コピーできる（一部非開示決定を得た少数の例外はある）。こういう公開の扱いを受ける書類をパブリック・ドキュメントという。

パブリックとは「お上の、公式な」という意味ではない。そういいたいときは「オフィシャル」である。パブリックとはもともと「民」とつながる言葉であり、それゆえに「みんなの、公開の、誰もが使える」という意味である。裁判は、本人としてはあまり知られたくはない微妙な話題を取り扱うが、強大な権力行使の場であり、公開でなくてはならない。すなわちその場の情報は「プライベート（秘密）」の正反対の「パブリック（公開）」な情報となる。市民による監視、検証、論議を予定している公開の広場であり、エリートが大衆の目を排除して問題を解決する場ではない。そして、センシティブだったり恥ずかしく感じたりするため知られたくない話題であることと、私的事項でプライバシーとなることとは概念としては異なる。

捜査員の宣誓供述書が裁判でパブリックになったとは、それら文書は「民のもの」であること。市民が自由に閲覧でき、それゆえ取材し記事に引用もできるということだ。

米国やカナダでの筆者の取材経験では、訴訟記録は裁判所の窓口で申請書を書けば数日でコピーが送られてくるという場合もあるし、インターネットで即時ダウンロードできる場合もある。2012年に国際通貨基金（IMF）専務理事だったドミニク・ストロスカーンが性的暴行の罪によりニューヨークで逮捕・起訴された事件は報道の注目度が著しく高かったため、ニューヨーク州の裁判所が初公判前からウェブサイトに「ストロスカーン事件コーナー」を一時設け、検察側、弁護側から提出された手続き書面を自由にダウンロードできるようにした。2013年のボストン・マラソン爆破テロ事件を調べたければ、連邦裁判所が開設するデータベース「PACER（ペイサー）」で実行者の名前「ジョハル・ツェルナエフ」を検索すればいい。PDFファイルで記録が読め、この刑事裁判には当事者として、検察官（国）とツェルナエフだけでなく、ボストン・グローブや

CNNなど多数のメディアが名を連ねていることもわかる。訴訟手続きの中で、いくつかの固有名詞や書面がいったん非公開決定されたが、それを覆すためメディアが補助参加のような形で申立てをし、かなりの部分を公開させていた。裁判と記録の公開はこうしたメディアの努力と闘いによって実現していることもまた、公開されている。

　注目される大事件だけではない。訴訟記録は記者にとって調査の第一歩となる。企業不祥事の手がかりを知るには、企業が訴えられた訴訟で企業に不利な証言に踏み切った現・元社員を訴訟記録で見つけ、話を聞けないかお願いするという具合だ。政府関係の不祥事を探るにも同様の手法が考えられる。米国では裁判所での破産手続きの記録も公開されている。ウォールストリート・ジャーナル記者のケイティ・ステッチによると、破産手続きの記録は経済問題を調べるのに役立ち、学費ローンが若者を苦しめている実例を報じるのにも使えるという。

　この手法で政府の監視や社会問題の深掘りをすることが、日本の記者にはできない。

　訴訟記録は民事裁判のものだと閲覧はできるがコピーは取れない。記録自体、5年で廃棄される。刑事裁判の記録は検察官が保管し、法律上は希望者に「閲覧させなければならない」と義務付けられている──はずが、「更生を著しく妨げる恐れ」「関係人の名誉または生活の平穏を著しく害する恐れ」という例外規定が広く使われ、閲覧不許可や、許可されても多数の人名、固有名詞が黒塗りになり、検証や調査の用をなさないものとなっていることがむしろ通例化していると、記録閲覧を請求してきた記者たちはいう。

　訴訟記録の不開示は日本の不透明社会を表す氷山の一角である。国境を越えて権力の腐敗や企業犯罪を取材する国際調査報道ジャーナリスト連合（ICIJ）は2016年に「パナマ文書」、2017年に「パラダイス文書」の報道を手がけた。いずれもタックスヘイブンから流出した大量の秘密文書をICIJと連携する各国の記者が分析する調査報道プロジェクトだった。政治家や犯罪者が市民の目を逃れてタックスヘイブンで資産隠しをしていないか、企業が巧みな税逃れの手立てを講じていないか。数十か国から参加した記者が手分けし、それぞれの地元国を中心に調べる。最大のポイントは秘密文書から抜き出した彪大な人名リストを調べ、身元を割り出すことだ。イ

ンターネット検索を手始めに、あらゆる公開資料を当たる中で政治家や指定暴力団関係者、中央官庁の上級幹部、ビジネスエリート、資産家などと一致する名前が出てくる。多くは精査の過程で人違いとわかるが、中には「重要人物」本人と断定できる場合があり、内容に応じて記事になる。

　問題は、公表資料でわかる範囲が国によってかなり違うことだ。米国なら米証券取引委員会（SEC）の詳細な報告書、連邦捜査局（FBI）がウェブに公表している実名の入った有罪判決言い渡しのプレスリリース、財務省が同様に公表している経済制裁対象者の資料、前述した訴訟記録など多くを用いることができる。南ドイツ新聞の記者たちは出生証明書を用いて、パナマ文書の流出元であるタックスヘイブンの法律事務所「モサック・フォンセカ」設立者の一人でドイツ人のユルゲン・モサックの背景を調べた。出生証明書は出生地、父母の姓名と職業が記されている文書だ。筆者の所属する共同通信特別報道室はパナマ文書、パラダイス文書報道に参加した際、日本企業子会社の不正について調べるため香港やシンガポールの訴訟記録のコピーを取り寄せた。

　これらは、しかし日本ではいずれも利用困難だ。このほか法人の「真の持ち主」を探る鍵となる株主情報も登記され政府は知っているが、閲覧できるのは利害関係者に限られる。企業や富裕層の納税状況を知る手がかりになる高額納税者名簿の公表も廃止された。自動車のナンバーから所有名義など登録内容を知ることも日本では事実上不可能になった。新聞の過去記事データベースも、こと日本では一定期間を過ぎれば一部記事を匿名化したり、そもそも匿名報道が増える傾向にあったりし、英米に比べ調査資料として無意味なものになりつつある。

(2) 情報抑制の落とし穴

個人情報がなければ検証不能　個人情報やプライバシーの保護を求める声が強まっている。それは個人の権利を守るため大切であることは間違いない。一方、プライバシーと対になる「パブリックな情報」の概念や「情報の自由」を語る場面は日本においては乏しい。「こんなことを知られたら、自分なら嫌だ」との思いが唯一の座標軸となると「己の欲せざる所は人に施すなかれ」という儒教の精神に基づき「知らせない配慮」が先行するのも自然なことだ。

だが民主主義では市民が豊富で具体的な情報を知らされてこそ、主権者として判断し行動できる。その材料を提供するのは記者や研究者、市民団体など多様な人々だ。そうした人々が検証、調査する際、個人に行き着かねば事実が分からないことはあまりにも多い。真実を解明するなら、個人個人への聞き取りや、各個人の背景の分析が不可欠だ。たとえば東京電力福島第一原子力発電所の事故がなぜ起き、ここまで深刻なものとなったのかを調べるなら、同原発の現場に誰がいたのかを知ることが必要となる。個人情報、固有名詞があってはじめて、情報は「信じるもの」から「検証、活用するもの」に変わる。

　一般市民の名前が社会と歴史に刻まれることで得られるものは少なくない。米国の「ミランダ・ルール」は、警察に拘束された容疑者の弁護人選任権や黙秘権などの権利を保障するルールである。ミランダとは、強姦などの罪に問われた被告人アーネスト・ミランダの名前だ。市民ミランダが裁判で争い、米連邦最高裁の判断により確立したから「ミランダ判決」「ミランダ・ルール」と呼ばれる。被告人アーネスト・ミランダは強姦犯であるにせよ、闘って市民の権利をつくった歴史的な人物として市民たちの心に刻まれる。ルールを作るのは市民一人一人で、自分も例外ではあり得ないと知る。

　日本で捜査と情報収集の在り方に制限を加えた「GPS判決」が被告人岩切勝志の名を取り「岩切判決」「岩切ルール」と呼ばれることはまずない。このルールが市民岩切勝志の闘いではなく「最高裁が良い判決を出してくれた」と受け止められるとき、権力に歯止めを掛ける役割は市民誰もが担えるし、担っていくべきだというメッセージが届きにくくなるのではないかと恐れる。

公共情報が乏しいとき、取材スタイルは…

　公開情報が乏しいから権力を監視する記事が書けないなんてそれでも記者か、記者なら非公表の情報を独自人脈から得るものではないか——その批判はまったく正しい。実際、多くの記事がそのような人脈取材で書かれる。記者は公表されない情報を懸命な努力で入手し報道する存在であるべきだし、これは情報開示の水準が向上しても変わらない。

　人脈取材がよくないのではなく、それへの依存度合いが問題だ。もし「人脈が断たれれば終わり」となると、取材源に嫌われるわけにはいかな

い。できればライバル記者より好かれたい。情報を豊富に持つ者の多くは何らかの力を持つエリートだ。彼らと記者との力関係が「エリートと、エリートに嫌われるわけにいかない記者」に終始しては危険だ。その危険から記者を救うのが公開情報の拡大なのである。

　しばしば批判の対象になる日本の記者クラブのような団体は米国にもあり、首都ワシントンのホワイトハウスや各省庁の記者会組織と「インナーサークル」の在り方は尾形聡彦『乱流のホワイトハウス——トランプ vs. オバマ』(岩波書店、2017年)、佐々木伸『ホワイトハウスとメディア』(中央公論社〈中公新書〉、1992年)などに詳しい。米国にもあるのに、日本では「記者クラブが情報を独占し、当局と癒着している」といわれるのはなぜか。根本的な原因は、日本では記者クラブ以外の誰でも得られる「パブリックな情報」があまりに乏しいことにある。行政官庁の公式な広報発表文はフリーランスの記者であれ外国メディアであれ入手でき、ウェブサイトでも読める。だがそれ以上に詳しい内容となると非公式取材になり、誰にでも開かれたものといいづらくなっていく。

　記者クラブ所属記者であっても、所属メディアの「看板」ではなく個別に官庁内に人間関係構築を続け、多大な時間と労力を費やした人脈や信頼関係をつくっているからこそ情報が得られるという場合も少なくない。その場合、記者クラブ以外の記者でも同じように時間と労力を費やせば近い結果になるだろう。ただ、それは情報を官庁がパブリックにすることとはまったく異なる。大事件が起きたとき、警察が記者クラブの記者にのみ事件概要を明らかにすることに、知人の米メディア記者は「なぜパブリックに会見を開かないのか」と憤慨した。裁判所が、判決要旨を地元の司法記者にのみ提供し、取材に訪れたフリー記者には渡さないことが訴訟になったことがあるが、同じ文脈だろう。記者クラブの特権というより、当局が情報をあまりにも開示していないのである。

　ジャパンタイムズ記者だった神谷説子は裁判員制度の準備が進む2005年、休職して米カリフォルニア大学バークレー校のジャーナリズムスクールに客員研究員として留学し、陪審裁判を調査した。殺人事件の初公判の朝、裁判所内の検察オフィスで担当検察官のスティーブ・ダルポルトに話を聞いたときのことをよく覚えていると筆者(澤)に語り、こう振り返る。

「これからの裁判で実際に使うパネルや証拠のファイルを見せながら丁寧に説明してくれた。『こんなに見せてもらっていいんですか』と聞くと『パブリック・レコードだから当然ですよ』と言われたように思う」

　この殺人事件の公判中、神谷は連日ダルポルトを質問攻めにするのだが、ある日同じ裁判を取材していた地元紙の記者がダルポルトを訪れ、質問する場面も目撃する。ダルポルトが丁寧に答え、書面のコピーを渡すのを見てまた驚く。神谷は東京の司法記者クラブに所属し検察官や裁判官を取材した経験もある記者である。日本の検察取材には常に壁があり、正面からの取材ではどんなメディアの記者に対しても「言えない」「知らない」「公判で明らかにする」の連続だ。実のある取材をするには個別の人脈を構築するしかない。これが筆者を含め司法取材経験のある記者の常識だから、神谷が驚くのも無理はない。ダルポルトに「いつもこんな風に取材に応じるのか」と尋ねると「そうだね、話せないことは話さないけど、話せることは話すよ」といわれたという。神谷は振り返る。

「地元紙記者とのやりとりを見て、彼はパブリック・レコードである以上、話せることは話すのだと気付いた。検察官がpeople（民）を代表するということはそういうことなんだなと思った出来事だった。裁判の速記録も全部コピーをくれた。その後の裁判傍聴で別の検察官に声を掛けて話を聞いたこともあるが、質問には丁寧に答えてくれ、休廷中に『はいどうぞ』と証拠を見せてもらったこともある。ダルポルトさんは特別ではなく、米国の検察官の姿勢なのだと思う。同じ検察官でも"I represent the public"（私は皆を代表する）というときのpublicの概念が日米で違うように思った」

　正面から得られる公開情報が欠乏している状況下では、取材は人間関係に依拠せざるを得ず、人脈と厚意に頼る度合いが高まる。取材人脈を切るわけにいかない記者は苦悩することがある。

(3) 意義ある報道を増やす方法

日本の記者をどう支援するか　筆者が会社を休職して英国オックスフォード大ロイタージャーナリズム研究所に留学し、現地の報道について調べていたときのことだ。犯罪被害者支援団体「被害者サポー

ト」広報部長のポール・フォーセットがいった。

　「ジャーナリズムの役割は議論を巻き起こすことだ」

　フォーセットは「巻き起こす」ということを provoke、直訳すれば「挑発する」という表現で語った。英語では「挑発的なジャーナリスト」という表現も聞くことがある。だが議論を巻き起こすということは、物議を醸すということでもある。トラブル記事になれば社内で厄介者として扱われるかもしれない。

　そんなリスクに見合うのは何か。米国の記者たちの場合、何よりも自分の署名のある記事が特ダネとして大々的に報ぜられることだろう。栄誉でもあるし、何より転職の際の重要な資料となる。会社を渡り歩きながら有力メディアを目指す人が多い米国の報道界では「どんな記事を書いてきたか」が重要だ。いわば個人ブランディングだ。

　「メーガン・トゥーイは受賞歴を持つニューヨーク・タイムズの調査報道記者で、女性と子どもがどう扱われているかに多くの注意を向けてきた。他業種に広がるセクシュアルハラスメントと性的非行を暴いた取材チームとともに彼女は2018年ピュリツァー賞を受賞した」

　『ニューヨーク・タイムズ』が掲載している記者のプロフィールはこんな風に始まる。

　「2017年、彼女とジョディ・カンターは（米ハリウッド映画界の大物プロデューサーである）ハーベイ・ワインスタインが十数年にわたり続けたとされる女性への暴行を暴き、これが火を付ける形でセクシュアルハラスメントへの報いが世界的に広がった。この調査報道は2018年ピュリツァー賞、ジョージポーク賞国内報道部門ほかの全国的な賞を得た。……ロイター通信の記者だった際には、引き受けた里子がほしくなくなった里親がネットでつながった他人にその里子を引き渡す地下ネットワークを明るみに出し……2014年ピュリツァー賞の最終候補になるとともに他の賞も受賞した。記事に出た二人の人物は刑務所に送られた。シカゴ・トリビューンの記者としては……」

　受賞、転職、個人的な得意分野がこれでもかと盛り込まれ、個人ブランディングそのものだ。トゥーイだけではない。米国の記者プロフィールは

たくさんの賞、どんな記事を書いてきたかの紹介と、過去渡り歩いた会社での経歴が満載なのだ。筆者のような日本の記者だと「1990年入社、水戸、浦和（現さいたま）支局などを経て社会部、外信部、ニューヨーク支局……」と社内異動中心の記述になるのとは迫力が違う。

「賞」が米ジャーナリズム界で果たす役割は大きい。米国では、筆者が数えたところ大小合わせて300もの賞がある。メディア界のみならず大学、地域社会、市民団体など多様な授賞組織があらゆる角度から「良い報道」を見つけ出そうと力を尽くす。受賞は他の記者にとっての目標になり、書いた記者にとっては所属企業に顔が立つことにもなるから、新たに社会にとって「良い報道」を目指す記者が増える。賞はただ個人的な栄誉のためならず、報道を社会にとって意義深いものに導き育てる、市民からのメッセージなのである。日本のジャーナリズム界をより面白くしていくためのヒントが一つここにある。

弁護士と記者の協業は必須──「日本報道弁護団」を

警察の知られざる顔データ検索システムを暴いた報道の舞台裏や、訴訟記録を用いて社会問題や政府、企業の不正を明らかにするスクープの取り方といったノウハウを、米国の記者たちは調査報道記者編集者協会（IRE）大会などのワークショップで共有し学び合う。これに着想を得て日本でも生まれた場の一つ、2018年4月に開かれた「報道実務家フォーラム拡大版」には記者ら250人が集まった。開かれた講座は15にのぼる。テレビ東京の番組「ガイアの夜明け」が外国人実習生を低賃金で働かせていると思しき業者に迫った舞台裏、安倍晋三首相と親しい加計孝太郎氏が理事長を務める学校法人加計学園の獣医学部新設に関連し「総理の意向」とする文書が文部科学省にあったことを報じた朝日新聞のスクープの経緯などのほか、日本では情報開示が乏しい不動産取引のデータをどう得るか、被害者報道をどのように深めるかなどだ。いくつもの講座で「どこまで報じていいのか」「取材した企業の代理人弁護士から報じないよう警告書が来てしまった」「実名を出すことで問題にならないか」などの悩みも語られた。

報道現場では苦情やクレームへの不安が増大している。権力の監視、企業活動のチェックはどんな記者も取り組みたいテーマだが、それには取材報道のあらゆるプロセスで摩擦を生む。会社名を出していいのか？ 関係者の名前は？ 通行人が誰でも入っている会社の敷地だが、入ると問題

に？

　弁護士名の警告書が来たり、取材現場でもめたり抗議されたりすれば不安に駆られる。報道の軸になる事実関係や具体的な要素をぼかすのは読者や視聴者、すなわち市民に知ってもらうべきことを伝えないことだ。報道倫理に反する。だがトラブルは怖い――。

　「記者だけで判断すると、過度に保守的（報じるべき情報を報じない）になってしまうでしょう」

　記者の心中を見透かすように、米国のメディア専門弁護士にいわれたことがある。弁護士に相談した方が「これを書いても問題ない」「実名を出しても裁判で勝てる」といってもらいやすいというわけだ。法の素人では判断に根拠が持てず自信がない分、不必要に「守り」に入ってしまう。

　問題は、そんな「報道の味方」になり報道を後押ししてくれる弁護士がいるかどうか。

　ヒントになるのが米国の非営利組織（NPO）「報道の自由のための記者委員会」による法律支援サービスだ。記者委員会の顧問弁護団はホットラインを設置し、記者や報道機関の相談に応じるほか、ボランティア弁護士を組織して法的トラブルに対処したり、当局による情報不開示に訴訟で闘ったりして、情報の自由に貢献している。

　対応する範囲は「名誉毀損・プライバシー侵害」「取材活動」「（記者への）出頭命令」「文書閲覧・謄写、会合取材」など記者がぶつかる壁を網羅している。取材対象からの法的な威嚇や提訴だけではなく、情報公開請求での不開示決定、政府機関などの取材拒否、記者の締め出し、「匿名発表」などの問題に法的に対応し、場合によってはメディア側から権利を求めて提訴も辞さないというわけだ。確かに、報道側は訴えられたとき応じるだけでは、結果は「負けか引き分け」しかない。市民の情報の権利、メディアの権利を拡大するには攻めの姿勢が必要なのかもしれない。

　こんな記者と弁護士との協業があってこそ、権力を監視する報道を実行していくことが可能になる。報道実務にあたり何が危険で何が安全かの助言と、必要なら法的な闘争にも果敢に取り組む姿勢によって、市民が得られる情報を拡大できる。

　日本におけるメディア問題の弁護士といえば、これまでは「メディアを

相手にする」、つまり報道される当事者の立場を代弁しての議論が中心だった。今後は「市民に情報を自由に提供し報道する」「市民ができるだけ多くの情報を受け取り、議論する」立場を代弁するメディア弁護士の活動も大切になりそうだ。情報の自由な流れを守り、市民に豊富な情報を提供し、克明な歴史を記録することで権力監視に資する。そんな本来の報道倫理をまっとうするための、いわば「日本報道弁護団」のような存在が望まれる。

5　報道への政府介入

(1) テレビに対する権力の介入問題

はじめに　新聞や雑誌などの活字メディアと異なり、テレビなどの放送メディアは、政府権力からの介入がよく問題になる。

　その原因は放送法と電波法にある。放送メディアには、電波の有限性の観点から放送法や電波法など、活字メディアにはない、一定の規律立法が存在する。具体的には、放送法4条1項2号（政治的に公平であること）、3号（報道は事実をまげないですること）、4号（意見が対立している問題については、できるだけ多くの角度から論点を明らかにすること）の規定（以下、番組編集準則ともいう）と、電波法76条1項（総務大臣は、免許人等がこの法律、放送法若しくはこれらの法律に基づく命令又はこれらに基づく処分に違反したときは、3箇月以内の期間を定めて無線局の運用の停止を命じ、又は期間を定めて運用許容時間、周波数若しくは空中線電力を制限することができる。）の規定である。放送法4条1項各号が法規範であるとすれば、主務大臣である総務大臣は、電波法76条1項に基づいて、放送法違反を理由に電波停止措置を取ることができるという解釈が成り立つ。

郵政省（総務省）の見解　1984年まで、郵政省（当時）は、番組編集準則について、「法が事業者に期待すべき放送番組編集上の準則は、現実問題としては、一つの目標であって法の実際的効果としては多分に精神的規定の域を出ないものと考える。要は、事業者の自律にまつほかない。」としていた。

　その後、深夜の低俗番組に対する行政指導の根拠とされることがあった。

それが1993年に大きく変わる。「椿発言」事件をきっかけに、郵政省放送行政局長は、番組編集準則の政治的公平性の判断は郵政省が行うと国会で答弁した。このとき以降、行政指導が常態化するようになった。

「椿発言」事件とはどのような事件だったか。1993年6月の衆議院解散後の総選挙で、与党自民党が過半数を割り、非自民で構成される細川連立政権が誕生し、自民党は結党以来、初めて野党に転落した。同年9月21日、日本民間放送連盟（民放連）の放送番組調査会の会合で、テレビ朝日の椿真良・取締役報道局長が、与党大臣がテレビ朝日の番組に圧力をかけてきたとして、選挙時の局の報道姿勢に関して、「小沢一郎氏のけじめをことさらに追及する必要はない。今は自民党政権の存続を絶対に阻止して、なんでもよいから反自民の連立政権を成立させる手助けになるような報道をしようではないか」「日本共産党に意見表明の機会を与えることは、かえってフェアネスではない」との方針で局内をまとめた、という趣旨の発言をしたとされる。

同年10月13日、産経新聞が朝刊一面でこの発言を報道した。これを受けて郵政省放送行政局長は緊急記者会見で、放送法に違反する事実があれば電波法76条に基づく電波停止措置もあり得ることを示唆した。

同月25日、衆議院が椿氏を証人喚問し、同氏は民放連での軽率な発言を陳謝したが、社内への報道内容の具体的な指示については一貫して否定した。

翌1994年8月、郵政省は椿発言についてテレビ朝日に対して厳重注意の行政指導を行い、1998年、郵政省はテレビ朝日への再免許の際に、政治的公平性に細心の注意を払うよう条件をつけた。

放送倫理規定とBPO　憲法21条1項を受けて、放送法は1条2号で、「放送の不偏不党、真実及び自律を保障することによって、放送による表現の自由を確保すること」を原則として掲げ、3条は、「放送番組は、法律に定める権限に基づく場合でなければ、何人からも干渉され、又は規律されることがない。」として、放送メディアの自律的な放送番組編集の自由を規定している。放送法4条1項を法規範とすることは、その解釈運用を政治の手に委ねることになり、放送の自由を著しく損なうおそれがある。そのことはこの規定を行政指導の基準とすることにも当てはまる。政治的介入を正当化する根拠としてはならないのである。

2003年、日本放送協会および社団法人日本民間放送連盟は、放送倫理確立のための自律的取組を一層推進するために、放送倫理・番組向上機構（BPO）を設立し、放送倫理を自律的に遵守する体制を構築し運用するようになった。

(2) 21世紀に入ってからも続く政府の介入

2001年「女性国際戦犯法廷」番組改変事件　NHK が「女性国際戦犯法廷」を番組として報道するに際して、番組作成段階で安倍晋三官房副長官（当時）（現総理大臣）らが NHK の番組制作に介入し番組が改編されたとして、裁判で争われた事件である。のちに詳述する。

2004年「TVタックル」、「ニュースステーション」　総務省は、以下の番組についてテレビ朝日に厳重注意の行政処分を行った。

　「TVタックル」では、「自民党総裁選挙と北朝鮮問題」で、総裁選立候補者4人の内、藤井議員について、1997年2月の国会審議で拉致問題に関する野党の質問にヤジを飛ばす同議員の映像を流したが、この映像は別の質問に対するヤジをつなげた誤った編集だったとした。

　また、「ニュースステーション」では、総選挙期間中の放送で、民主党・菅代表らが番組に出演し、同党が選挙に勝った場合の主要官僚とマニフェストについて約30分にわたり報道したことに関して、「報道は事実をねじ曲げないですること」「政治的に公平であること」に問題があったとした。

2006年　731部隊安倍顔写真問題　TBS の「イブニング・ファイブ」において、第二次世界大戦中の731部隊を取り上げた中で、内容とは関係のない安倍官房長官（当時）の写真パネルが写ったとして、番組編成上問題があったとして、総務省が厳重注意の行政指導を行った。

2014年11月以降の政権および与党自民党からの政治介入　**2014年11月18日**　安倍首相が出演した TBS のテレビ番組で、アベノミクス政策に関する街頭インタビューのコメントが批判的なものばかりだったことについて、首相は、「選んでおられる。おかしいじゃないですか」と発言して、強く反発した。しかし、実際に街頭インタビューで政策に批判的だったコメントは、当時、8割ほどだったとされている。

　同月20日　政府与党である自民党が、筆頭副幹事長および報道局長名

で、在京テレビキー局の編成局長および報道局長に宛てて、衆議院選挙前に、「選挙時期における報道の公平中立ならびに公正の確保についてのお願い」と題する文書を送付した。文中には、「テレビ局が政権交代実現を画策して偏向報道を行い、それを事実として認めて誇り〔原文ママ〕、大きな社会問題となった事例も現実にあったところです」と、椿発言を意識した記載があった。

　同月26日　　自民党の報道局長が、24日放送のテレビ朝日の「報道ステーション」でアベノミクスを取り上げたことに関して、「アベノミクスの効果が、大企業や富裕層のみに及び、それ以外の国民には及んでいないかのごとく、特定の富裕層のライフスタイルを強調して紹介する内容だ」として、番組内容が政府の政策に批判的であることを問題視し、公平中立な報道を求める文書を送付した。

　2015年3月12日　　安倍首相が、自身の発言が番組への圧力になるかについて、「圧力と考える人は世の中にいない。番組の人たちは、それぐらいで萎縮してしまう人たちか。きわめて情けない。」と発言した。

　同月30日　　27日放送のテレビ朝日の「報道ステーション」で、元官僚が「官邸の皆さんからバッシングを受けてきた」と発言したことに対して、菅官房長官が「事実無根。放送法という法律がある。テレビ局がどのような対応をするか、しばらく見守りたい」と批判した。

　同年4月17日　　自民党の情報通信戦略調査会が、NHKの情報番組における「やらせ」疑惑報道、テレビ朝日の元官僚の発言について、放送法4条1項3号の「報道は事実をまげないですること」との規定を理由に、両局の幹部を呼び出して事情聴取を行った。また、同会長は、放送倫理・番組向上機構（BPO）について、政府関与も含めて、BPOの組織の在り方を検討すると述べた。

　同年6月25日　　自民党の議員37名が参加する「文化芸術懇話会」の会合において、出席議員が、当時の安保法案を批判する報道に関して、「マスコミを懲らしめるためには広告料収入をなくせばいい。文化人が経団連に働きかけて欲しい」と発言した。

　2016年2月8・9日　　自民党の高市総務大臣が、国論を二分するような政治的課題であっても、一定の場合には、番組編集が不偏不党の立場から明らかに逸脱していると認められるといった極端な場合には、政府が行

政指導をし、なお改善されない場合には、電波法76条に基づいて電波停止の措置を取ることができると発言した。一つ一つの番組のみから政治的公平性を判断することにも言及した。

　同月12日　　総務省が、高市総務大臣が発言した判断基準を「政治的公平の解釈について（政府統一見解）」として発表し、官房長官および首相は総務大臣発言を容認した。

(3) 女性国際戦犯法廷番組改編問題

女性国際戦犯法廷とは　　2000年12月、市民団体（故松井やよりが代表者となり、戦時・武力紛争下の女性への暴力を無くすために女性の人権の視点に立って平和を創る役割を担い、世界の非軍事化を目指すことを目的として設立された団体）が、アジア諸国のNGOとともに、東京で「日本軍性奴隷制を裁く女性国際戦犯法廷」を開催した（「性奴隷」という表現解釈については異論があり得るところであるが、ここではこのまま表記する。）。この法廷は各国の検事団、支援団体、判事団・法律顧問など、「法廷」に関わった多方面の人びととの意見を集約して練り上げた「法廷」憲章に基づいて開かれた。

海外メディアは「法廷」をどう報道したか　　「法廷」には143社305名のメディア関係者が参加し取材した。そのうち海外メディアは95社200名を占めた。海外メディアの関心の高さを示している。海外メディアの多くは「天皇裕仁に有罪判決」を見出しにならべ、「法廷」の核心は「責任者処罰」であることを明確に伝えた。

　これに対し、日本の主要メディアは、「法廷」について詳報する報道はなく、「法廷」は広く国民の関心の対象とならなかった。ただ、この一事から日本のメディアだけが他国のメディアに比べて戦争犯罪問題への取組み姿勢が弱いと考えるべきではない。戦争当事国にとって個人の戦争責任を問うことは極めて難しい問題である。そうであるだけに、NHKが「法廷」を一つの番組として作ったことの意義は大きい。

番組の改変　　2001年1月、NHKは、「戦争をどう裁くか」というシリーズの第2回目として「問われる戦時性暴力」と題する本件番組を放映した。きわめて重いテーマであるだけに、ニュース形式ではなく、特集企画として時間をかけて丁寧に番組づくりがな

第7章　調査報道による権力の監視——もうひとつの情報公開　263

されている。NHK は NHK エンタープライズ21に番組の制作を発注、同社はさらにドキュメンタリージャパンに下請していた。

　市民団体は、放送前に、NHK から「法廷」の内容をつぶさに紹介するとの説明があったことから放送内容に期待し、番組の制作に積極的に協力した。ところが、放送された番組では、「法廷」での加害兵士の証言が削除されたり、「法廷」の結論部分となる審理結果にも触れず、さらに「法廷」の主催者や審理対象さえわからない内容になっていた。NHK が事前に市民団体に説明していた内容とは明らかに違っていた。

提訴と一審判決　番組放送後、市民団体は、市民団体らと NHK らとの間には契約類似の関係が成立しており、当初説明した番組の趣旨が変更される場合は NHK らにはこれを説明する義務があったのにそれを怠ったなどと主張して損害賠償を求め、東京地方裁判所に提訴した。

　第一審判決（2004年3月24日〔東京地判平成16・3・24判タ1181号263頁〕）は、ドキュメンタリージャパンの市民団体に対する信頼の侵害事実のみを認め、無形損害として100万円の賠償責任を認めた。NHK に対する請求が認められなかったことから、市民団体は控訴した。

控訴審の審理の過程で明らかになった番組改変の経過　控訴審の最終局面を迎えようとしていた2005年1月、番組担当デスクが記者会見を開き、番組内容の改変には政治家の介入があったと告発した。このため、この問題は主要メディアでも大きく取り上げられた。

　控訴審では、番組担当デスクと番組プロデューサーの証人尋問が行われた。そこで、本件番組の編集過程が通常の編集過程と大きく異なる異常なものであったことが明らかになった。番組の事前試写には、通常ではあり得ない、番組制作局長、放送総局長、政治家対応を専門とする総合企画室担当局長が同席し、上層部から現場に様々な指示が出され、それが放送間際まで繰り返されたというのである。

　市民団体は、番組改変の最大の理由は政治家等により他律的に番組内容が改変されたことにあるとして、NHK に対する損害賠償請求額を増額した。

控訴審判決　控訴審判決（2007年1月29日〔東京高判平成19・1・29判タ1181号263頁〕）は、第一審判決では NHK

に対する責任を認めなかった部分を覆し、NHK を含めた 3 社に対する損害賠償を認めた。

すなわち、ドキュメンタリージャパンは、本件番組が女性法廷を中心に紹介し、実際に行われる法廷の手続の冒頭から判決に至るまでの過程を、被害者の証言や証拠説明を含めて客観的に概観できる形で取り上げるドキュメンタリー番組ないしそれに準ずるような内容の番組になるとの期待と信頼を生じさせたのに、その期待と信頼を侵害し、また、番組の制作過程において素材がさまざまに編集され得ることや番組の内容が変化していく可能性があったことについて説明すべきであったのにこれを怠った不法行為責任があるとした。

また、NHK も、ドキュメンタリージャパンとの実質的な共同作業により原告らの期待と信頼を侵害した不法行為責任があること、エンタープライズ21についても、ドキュメンタリージャパンのディレクターの取材活動を自己の活動として利用し原告らの期待と信頼を侵害し、原告に対して番組内容の改編の説明義務を行った不法行為責任があることを認定し、100万円の支払いを命じた。

控訴審判決では、NHK が国会議員等の意思を忖度して当たり障りのないように番組を改変した責任は重大であるとして、NHK に対し100万円を付加して支払うよう命じた。

控訴審判決の重要な事実認定　控訴審判決は、このような結論を導くにあたり、「本件番組の制作・編集及び放送までの間における一審被告 NHK と外部団体等とのかかわり等」の項の中で「国会議員等との接触等」として「平成13年1月25日、一審被告 NHK の平成13年度予算案が総務大臣に提出された……同月26日ころ、一審被告の政治部出身の総合企画室担当部長が一審被告 NHK と安倍官房副長官との面談の約束を取り付け、同月29日午後、首相官邸内にある官房副長官室において、〔一審被告 NHK 3名が〕官房副長官と面会した……安倍官房長官は〔一審被告 NHK 3名〕に対し、いわゆる従軍慰安婦問題について持論を展開した後、一審被告 NHK がとりわけ求められている公正中立の立場で報道すべきではないかと指摘した。安倍官房副長官は自身のホームページで『……明確に偏った内容であることが分かり私は、NHK がとりわけ求められている公正中立の立場で報道すべきではないかと指摘した。これは拉致問題に対

する沈静化を図り北朝鮮が被害者としての立場をアピールする工作宣伝活動の一翼も担っていると睨んでいた』と記載している」と事実認定し、本件番組の編集過程を詳細に認定した上で、そのような「経緯を辿った理由」についても「一審被告NHKの予算につき国会での承認を得るために各方面への説明を必要とする時期と重なり、一審被告NHKの予算担当者及び幹部は神経を尖らしていたところ、本件番組が予算編成等に影響を与えることがないようにしたいとの思惑から、説明のために〔一審被告NHK2名が〕国会議員等との接触を図り、その際、相手方から番組作りは公正・中立であるようにとの発言がなされたというものであり、この時期や発言内容に照らすと、〔一審被告NHK2名が〕相手方の発言を必要以上に重く受け止め、その意図を忖度してできるだけ当たり障りのないような番組にすることを考えて試写に臨み、その結果、そのような形へすべく本件番組について直接指示、修正を繰り返して改編が行われたと認められる」と判示した。

　控訴審判決は、NHKが政治家の発言を必要以上に重く受け止め、その意図を忖度して当たり障りのない番組に改編したと明確に認定した上で、NHKに憲法で保障された編集権があるとはいっても、このような編集過程からすると、NHKは編集権を濫用しまたは逸脱したと断じ、編集の自由の範囲内だとするNHKの主張を否定した。この判決に対し、NHKが上告した。

最高裁判決　　最高裁判決（2008年6月12日〔最判平成20・6・12判タ1280号98頁〕）は、控訴審判決を覆し、原告らの請求をすべて棄却した。原審が認定した番組編集過程における政治家等の意思を忖度して当たり障りのないように番組改変がなされたとの事実関係を一切認定しなかった。番組の趣旨、内容についての取材対象者の期待、信頼は原則として法的保護の対象にならないとし、きわめて例外的な場合として、放送された番組がこれと異なるものとなった場合に放送事業者が不法行為責任を負う余地があるとした上で、本件は例外的な場合に当たらないと判断した。

　メディアは、メディアの編集の自由を保障するものとして、判決を肯定的に受け取る報道を行った。

最高裁判決の問題点　最高裁判決は、メディアの取材ないし編集の自由と取材対象者の抱いた番組への期待なり信頼とを対立関係に置き、前者を尊重する立場から後者の要保護性を特殊例外的なものとした。

　しかし、このような捉え方はこの番組には妥当しない。番組は市民団体がNHK番組作成者に協力して作り上げたもので、通常のニュースでコメントを求められる識者などとは関係性がまったく異なる。識者のコメントが放送時間の都合などで全部または大幅にカットされたりすることはよくあるが、識者に損害はない。他方、この番組の場合、放送主体はNHKであるが、NHKと市民団体の協力関係はかなり深く、市民団体の放送に対する期待値はきわめて高い。だからこそ、番組担当デスクは控訴審の最終局面の時点で独自の判断で記者会見を行い、番組内容の改変に政治家の介入があったことを告発したのである。政治家の介入により編集過程がゆがめられた点こそが問題だったのである。つまり、対立の構図は、〈NHK〉対〈市民団体〉ではなく、〈NHK（番組作成者）＝市民団体〉対〈政治家〉だったのである。報道の自由は政治家によって歪められ、NHK内部で報道の自由を維持できなくなり、本来、協力関係にあった市民団体を裏切る展開となったのである。

　最高裁の報道の自由尊重論は、本来最もあってはならない報道の自由の担い手に対する政治権力の介入という大問題を覆い隠すものになっている。

女性国際戦犯法廷から窺えるメディアの課題　女性国際戦犯法廷事件の問題点は控訴審で明らかになり、判決で明確に認定された。この事実認定は、将来、再び起こりかねない政治権力の介入の問題を考える上で、きわめて有益である。しかし、被告NHKに不利な証言をしたデスクとプロデューサーは番組制作の現場から外され、最高裁判決後の2009年には定年までかなりの年数を残したまま退職した。

　NHK以外のメディアでも「法廷」をニュースで取り上げ、市民の間で話題になり様々な議論が起こっていれば、NHKの番組だけが目立つこともなく、政治介入は起こりにくかったかもしれない。政治介入が起こっても、それをメディア各社が報道すれば、政治介入こそが社会的に注目され、その是非が議論され、NHKは番組内容を変更する状況に追い込まれなかったかもしれない。

6　調査報道の充実のために

(1)　はじめに

　諸外国では記者は一ジャーナリストとしてマスコミ各社を渡り歩くのが当たり前になっている。記者は自分ならではの調査報道の成功を"勲章"にして、メディアの世界で評価され、他社に移っていき、ジャーナリストとしての名声を高め、成功していく。そこには、一人のジャーナリストとして調査報道に力を注ぐ動機付けが明確にある（→本章4〔澤〕）。

　これに比べて、日本では新聞記者は学生が就職先として選んだメディア企業のサラリーマンの仕事である。定年まで同じ会社で働くことを予定して就職する。そのような新聞記者にとって重要なのは、読者や他社による評価ではなく、社内の評価である。そうなると、世間の批判で炎上するおそれがある調査報道よりも、全社横並びの発表ジャーナリズムの方が、記者にとっても会社にとっても無難になる。

　しかも、ただで読めるネットニュースの広がりは、月数千円の購読料を払わなければならない紙媒体の新聞の売上げを急激に低下させている。現にアメリカでは多くの新聞社が倒産し、新聞社は存亡の危機に立っている。

　しかし、そうであればこそ、組織性と継続性と社会的信用のあるメディアはこれまで以上に権力監視のための調査報道に力を注ぐことによって社会的存在意義を示すべきである。マスコミの調査報道を強化することこそが今日の課題である。

(2)　知る権利の保障

　スノーデンの内部告発をイギリスの新聞『ガーディアン』が本国で報道せず、アメリカで報道することにした理由は、イギリスには実質的な検閲制度「DA通告」があるのに対して、アメリカでは憲法修正第1条で表現の自由、報道の自由の制限を禁止していたからである。現に『ガーディアン』のこの選択により、スノーデンの内部告発は世界中に広がった。

　これを日本について見ると、現行憲法は第21条で表現の自由を保障しており、最高裁大法廷決定（最大決昭和44・11・26刑集23巻11号1490頁）は、「報道の自由は、表現の自由を規定した憲法21条の保障のもとにあ」り、「報道のための取材の自由も、憲法21条の精神に照らし、十分尊重に値い

するものといわなければならない。」と位置付けている。このような憲法の規定と最高裁決定からすれば、日本ではアメリカ同様、調査報道が尊重されるべき憲法状況があるといえる。

(3) 記者クラブの機能

記者クラブ担当であることを利用するメリット　記者クラブを担当する記者は、毎日、記者クラブに通い、その記者クラブが入っている建物の役所の職員と日々顔を合わせていた。記者と職員の距離の近さが一種の信頼関係を作り、通常では入手できない情報を手に入れることができる。北海道新聞が北海道警捜査費裏金追及をしたときの取材班を北海道警記者クラブを担当する記者で構成したのは、この点を取材の強みと考えたからだ。そして現に強みは発揮された。北海道新聞が途切れることなく捜査費裏金追及報道をすることができたのは、捜査費の裏金化を嫌悪するという点において記者たちと考えを同じくする警察官が多数いたからである。

閉ざされた記者クラブから開かれた記者クラブへ　かつて記者クラブでの記者会見（記者レク）には記者クラブに加盟するメディアの記者しか参加できなかった。まさに特権であった。このような環境は、記者クラブ加盟社にとって情報独占をもたらすメリットがあったが、それ以上に、意識しないまま情報を提供する権力側の意向に従う従属性を身につけさせてしまうデメリットの方が遥かに大きい。

一般市民はすぐれた記事を読みたいのであって、記者クラブ加盟社の記者の書く記事だけが読みたいわけではない。記者クラブの記者会見が記者クラブに加盟していないフリージャーナリストにも開かれるなら、優れたフリージャーナリストの質問の仕方、回答の引き出し方を学ぶことができる。記事の内容も多彩になり、深みを増すにちがいない。

調査報道に対する記者クラブ加盟社の立ち位置　北海道新聞以外の記者クラブ加盟社も揃って北海道警裏金追及をしていれば、北海道警本部長が不正経理を認める時期はもっとずっと早かったに違いない。それだけでなく、後日、北海道警が北海道新聞やその取材班を狙い打ちにして反撃してくることもなかったに違いない。

北海道新聞以外の北海道警記者クラブ加盟社が北海道新聞と同じテーマで調査報道を行わないとしても、北海道新聞の記者が冷遇されていること

について北海道警に抗議し、北海道新聞の記者を同じように扱わなければ記者クラブ加盟社全社が記者会見に出席しないという声明を出し、そのとおり行動していたならば、それ自体が大事件であり、北海道警は北海道新聞の記者を冷遇できなくなった。取材班の後任の北海道警担当の北海道新聞の記者たちは北海道警に差別されずに済んだ。

　記者クラブ加盟社が報道の自由を強化するために意識的に発言、行動するようになれば、記者クラブは報道の自由を強化する一つの拠点になり得るだろう。

⑷　刑事裁判記録の閲覧制限の見直し

刑事裁判記録の過剰な閲覧制限　日本では、刑事確定訴訟記録法により、訴訟終結後、地方検察庁が保管し（2条1項）、閲覧請求があれば、原則として閲覧させなければならない（4条1項本文）としているが、例外を「訴訟記録の保存又は裁判所若しくは検察庁の事務に支障のあるときは、この限りでない。」（同項但書きによる刑事訴訟法53条1項の援用）と曖昧な規定をしているため、運用実務ではほとんど閲覧が認められていない。もっとも、年間2万件余の閲覧請求に対してほとんど閲覧が認められているとのことであるが、これは交通事故における実況見分調書がほとんどであることと、閲覧請求時に閲覧を認める範囲での閲覧請求をするよう誘導する運用が行われていることによるもので、刑事裁判記録の閲覧が広く認められていることによるものではない。取材のための刑事裁判記録の閲覧を認めない実務が横行している。

映画『スポットライト──世紀のスクープ』　2015年に映画化されて世界の注目を浴びた『スポットライト──世紀のスクープ』では、全米最大のカトリック都市ボストンで、『ボストン・グローブ』紙のチームが聖職者による性的虐待とその継続を許した組織ぐるみの隠ぺい（ボストン教会にとどまらず、バチカン組織そのものの腐敗体質）という大問題を調査報道によって明らかにした過程が表現されている。

　取材チームは、大勢の被害者や加害神父を特定して事実関係を詳細に把握する必要があった。その導入になったのが、裁判所に保管されていた刑事裁判記録だった。記者たちは刑事裁判記録を読み込み、被害の深刻さと、同じ加害者名が繰り返し出てくる異常さに気づく。記者たちは虐待児童側

で関与した弁護士や教会側で関与した弁護士双方にアクセスした。当然のことながら、どちらの弁護士も依頼者を世間の晒し者にしたくないと、非協力的だった。幾度も取材の目的や報道することの意義を訴え、説得し、弁護士たちはついに記者に貴重な情報を提供するようになる。取材チームは手に入れた情報をすぐに記事にせず、被害者弁護士の紹介で被害者本人にも会う。慎重な裏付取材を積み重ね、大胆に問題提起記事を書く。カトリック教会の政治勢力の強いボストン市で読者がどういう反応を示すか。沈黙か、抗議が殺到するか。どちらもでなかった。驚きと称賛の嵐だった。

　この報道のポイントは、刑事裁判記録が保管されていたことと、それを記者が閲覧できたことだ。このいずれかが欠けていたら世紀のスクープはなかった。このスクープを実現させたのが、アメリカの連邦裁判所の公式データベース「PACER」だ。裁判記録はパブリック・ドキュメント、つまり市民に公開、共有された公的書類と考えられており、誰でもクレジットカードを登録すれば、裁判所が保管している訴訟記録を検索できるのだ（澤康臣『グローバル・ジャーナリズム』（岩波書店〈岩波新書〉、2017年）206頁以下。本章4〔澤〕も参照）。

　日本の憲法でも、「裁判の対審及び判決は、公開法廷でこれを行ふ。」（82条）と、裁判の公開を規定している。この規定の解釈として訴訟記録の公開（公開制度の中身をどのようにするかは議論の余地があるが）を考えることが可能なのではないだろうか。

市民目線からの刑事裁判の見直し　刑事裁判は法廷で問題のすべてを解決しているわけではない。被告人の処罰が正しいかどうかだけを判断しているに過ぎない。

　訴訟手続の当事者でなかった記者が刑事裁判記録からさまざまな疑問を抱き、その疑問をもとに取材を重ね、刑事裁判では問題にされなかった社会的な課題を記事の形で公表するようになるならば、多くの市民は警察・検察・裁判所・弁護士が行う刑事裁判の争点だけが問題ではないことに気づき、逮捕報道に熱狂することの軽さにも気づくであろう。そうなれば、逮捕報道中心主義を脱して裁判報道、刑事事件で問題になっていること以外の報道に関心が広がるだろう。

　そのようにしていくために、閲覧の自由を真っ先に実現しようとするのではなく、保存場所（地方検察庁でよいか）や保存期間（法律で定めなくて

よいか）などを法律で定めるよう、弁護士会が積極的に考えてもよいのではないだろうか。

(5) 適正手続の保障に関する報道

　弁護士にとって被疑者、被告人に適正手続が保障されるべきは当然であるが、一般市民にとっては必ずしもそうではない。このギャップは一般市民が適正手続の保障を実感する経験がなく、メディアの犯罪報道が逮捕中心主義になって、被疑者が逮捕された時点で事件の関心が冷めてしまうからだ。

　一般市民が適正手続に関心を持つようになれば、警察捜査、検察捜査、公判手続で適正手続の保障が意識されるようになり、当たり前になっていくに違いない。冤罪はもちろんあってはならないことであるし、冤罪でなくても不当な扱いを受けることもあってはならない。そのような観点から捜査や裁判の過程を報道してこそ、一般市民は適正手続の保障の重要性を実感することができるのである。

　メディアは、警察の仕事ぶりに焦点を当てた警察と同じ視点からの捜査報道よりも、被疑者・被告人の適正手続の保障という観点からの取材、報道を積極的に行うべきである。犯罪被害者を取り上げる場合であっても、単に被害者としての類型的なコメントをとってよしとするのではなく、犯罪捜査上の扱いの問題点や私生活上の苦悩など事件発生後の諸事情を取材、報道するべきである。そうすることによって一般市民は犯罪報道を単なる捕り物として見るのをやめ、自分たちの社会生活につながる問題として受け止めるようになるであろう。

(6) 取材源を守るということ

　我が国では、報道の自由を守るために取材源の秘匿は絶対だ、ということがよくいわれるが、果たしてそうか。

　「パナマ文書」では、南ドイツ新聞に情報を提供した者はだれかわからないままである。南ドイツ新聞は特定しようとすればできたのかもしれないが、していない。また、外部に対しても、情報提供者の特定につながる可能性のある情報を知らせていない。

　これと対極をなすのがスノーデン氏である。同氏は、内部告発をしよう

とする相手がまともに対応してくれるようになるまでは自分がだれであるかを隠していた。その後、内部告発しようとしている相手が自分の内部告発をまともに取材し世界に発信してくれそうだと判断したところで、自分が何者であるかを相手に知らせた。しかも、それは同時に内部告発の経過を撮影させ、内部告発が記事として公開されるときには自分の姿を全世界に見せるという、自分を世界中に曝す選択だった。

　スノーデン氏は、自分を隠すという手段を選ばなかった。匿名を守ろうとしても、暴露された情報に接近できる者は限られていることや、スノーデン氏の欠勤状況などから、内部告発者がスノーデン氏であることにNSAが気づくのは時間の問題に過ぎなかった。それまでの間、スノーデン氏の同僚たちは執拗な身辺調査を受け、一時的にせよ内部告発者として疑われる可能性がある。スノーデン氏の家族も執拗な調査を受けることになったに違いない。スノーデン氏はこのような事態を避けたいと考えた。そのためには自分が内部告発者であることをNSAに知らせるしかなかった。むしろ全世界に一気に知らせてしまえば、自分の命を狙う者がいるとすればNSAしかないという状況を世界に知らせ、自分が暗殺されにくい状況を作った。なによりも匿名でないことによって、彼のもたらした情報の信用性は著しく高いものになった。

　ここに示されているのは、取材源を秘匿することと取材源を守ることは異なるということだ。重要なことは、取材源を守ることであって、秘匿することではない。メディア側が取材源を隠していても、組織内で「犯人」（内部告発者）探しが行われ、「犯人」がわかってしまい、差別的な扱いを受けることがある。そのとき、メディアは「自分は取材源を言っていない」という弁解はできるとしても、「取材源を守った」とはいえないのではないか。それで取材源は納得するだろうか。

　取材源を守るとは具体的にどのようにすることなのか。個々の内部告発ごとに考える必要がある。

(7) 取材力を上げるための研究交流

　世界の多くの国々や地域では、記者という仕事は大学を卒業した直後に特定の企業に就職し、定年まで同一の企業で働き続けるという職業ではない。一人のジャーナリストとしてメディア間を移動したり国を移動したり

することは珍しくない。映画『スポットライト』でカトリック教会の秘密を暴露する企画を進めた編集長は、他紙からボストン・グローブ社に移って来たばかりだった。他の記者たちも、記者以外の職業経験を持った者がメンバーになっていた。

　しかし、日本では、記者は大学卒業後、特定のメディアに就職し、そこで定年まで働くことが原則形態になっている。したがって、一人のジャーナリストのような過程を経てジャーナリストとしての力をつけていくという方法は考えにくい。そこで、日本の現状を前提とした上で、記者が優秀なジャーナリストに近づく具体的な方法を考える必要がある。

　記者がジャーナリストとして優秀になっていくには、一企業内の人間関係の中だけで努力しても限界がある。ジャーナリストとして広い視野を持って記者の仕事をしようと思う記者ほど、そのことを強く認識しているはずである。アメリカではすでに活発に行われており、2016年に調査報道記者編集者協会（IRE）が大会を開催し、そこでは「記者による記者のための講座」が約200もあり、全米と海外を合わせて1800人が参加したという（→本章4〔澤〕）。日本でも、早稲田大学は、「アカデミズムの場とジャーナリズムの場を連携させるツールの研究開発」のために「ジャーナリズム研究所」を発足させた。

　ジャーナリストを志向する記者にとって、素晴らしい調査報道がどのような取材経過で実現したのかを具体的に学ぶことは、自分が新たな調査報道に取り組むとき、何に注意し、どのような手順で進めていくかを考える貴重なヒントになる。これがあるかないかは調査報道の実現の可否に影響するに違いない。

　我が国では、これまで記者もメディアも取材のノウハウを他の記者、他社の記者に教えることはとんでもないことだと考えられていなかっただろうか。そうだとすれば、それは、苦労して取材し成果を得た経過を他人に教えてしまったら、その後、他の記者が同じような取材の仕方をすることで、自分の取材がやりにくくなるのではないかとの危惧感があるからだろう。

　しかし、現に自分が行った調査報道のために取材した過程を振り返って考えてみればよい。ある時期にある取材が成功した要因はさまざまであり、取材した記者でさえ自覚していない事情も絡んでいる可能性もある。そう

考えると、自分だけのノウハウだと思っていたことを他の記者に教えたところで、まったく同じことを実現できるわけではない。自分自身、同じ成功を幾度も繰り返すことができないことを承知しているはずだ。取材は取材する記者と取材される側の相関関係で展開する。いくら教えても教え切れることではない。教わる側にとってプラスになることは、教える側にとってマイナスになることではない。それどころか、教えることで、教わる側からの質問に曝され、自分の取材の仕方を改めて検証する機会を持つことができ、さらにレベルの高い調査報道をするための力を身につけることができるのである。

このような経験交流が毎年行われるようになるならば、経験交流に参加した記者のレベルは確実に上がるであろう。

問題はそのような記者を会社が求めるかである。

(8) マスコミの連携

報道の自由は、それぞれ自立したメディアが自身の考えに基づいて行使する。安易にマスコミ相互が連携すべきではない。それはマスコミの自己否定になりかねない。

重要なことは、法律の解釈ではない。法律の解釈は、そのときどきの為政者の強さ如何によって、簡単に捻じ曲げられる。法律の解釈の曲解が効果的だとわかれば、法律の解釈の曲解は日常化し、法治社会が空洞化しかねない。

そうならないようにするには、活字メディアと放送メディアが、共同して権力チェックの役割を果たすべきである。現在のマスコミは、政権を擁護する論調と政権を批判する論調に二分する傾向にある。政権に対するスタンスにはさまざまな立場があってよい。多元的な意見が確保されるためには、政権等によるマスコミへの介入に対しては絶対に許されてはならない。少なくとも、メディアへの政治的権力の介入に対しては、政権に対するスタンスを超えて各メディアが連携し、介入を絶対的に排除する必要がある。

[参考文献]
〈1に関して〉
ノーム・チョムスキー（鈴木主税訳）『メディア・コントロール──正義なき民主主義と国際社会』（集英社〈集英社新書〉、2003年）
〈2(2)に関して〉
北海道新聞取材班『追及・北海道警「裏金」疑惑』（講談社〈講談社文庫〉、2004年）
大谷昭宏・宮崎学・北海道新聞取材班『警察幹部を逮捕せよ！──泥沼の裏金作り』（旬報社、2004年）
原田宏二『たたかう警官』（角川春樹事務所〈ハルキ文庫〉、2009年）
高田昌幸『真実──新聞が警察に跪いた日』（KADOKAWA〈角川文庫〉、2004年）
〈2(3)に関して〉
高田昌幸・大西祐資・松島佳子編著『権力に迫る「調査報道」──原発事故、パナマ文書、日米安保をどう報じたか』（旬報社、2016年）
〈2(4)に関して〉
朝日新聞取材班『権力の「背信」──「森友・加計学園問題」スクープの現場』（朝日新聞出版、2018年）
〈3に関して〉
ルーク・ハーディング（三木俊哉訳）『スノーデンファイル』（日経BP社、2014年）

シンポジウムへの

メッセージ

ドイツ連邦憲法裁判所裁判官
ヨハネス・マージング教授
Prof. Dr. Johannes Masing

三浦なうか ［訳］

　日本弁護士連合会の皆様、この度は、この素晴らしいテーマの選定に対してお祝いの言葉を申し上げたいと思います。

　監視から市民を守るということは、我々の今の時代の大きな課題の一つです。特にそれはIT化が進んでいくこの世の中におきまして、個人の自由というものを守るという課題です。
　自由と治安の緊張関係は、自由主義に基づく立憲主義国家にとって非常に重要なテーマになってきています。
　憲法はずっと昔から自由と治安のバランスをとることに努めてきました。
　バランスとはすなわち治安を守ることを優先しないという意味です。
　つまり、自由を保障するということは、治安に関するリスクが一部残ってしまうということを受け入れることです。
　憲法がそのバランスを保つ努力をしてきたことは、アメリカにおける革命、あるいはフランス革命の時代から見ることができます。以下の基本原則がそうです。

　　nulla poena sine lege 　罪刑法定主義
　　in dubio pro reo 　　　疑わしきは罰せず
　　ne bis in idem 　　　　一事不再理

　それに加えて、郵便の秘密、そして電気通信の秘密も加えられました。

こういった保護において、全ての場合、立憲主義国家は治安というものが必ずしも保障されない、すなわち、危険のもとになっているような人物も時には自由の中に残ってしまうということも受け入れています。

情報技術の発展により、監視についての新しい方法が次々に開発され、そのために市民一人一人の全ての活動を記録することができるようになりました。

これは自由を強く脅かすものです。

この脅威は一人一人の人格権に及びます。

すなわち、一人一人が自分の自由の行使において、何をしているかということが全て監視されうるようになりました。

我々連邦憲法裁判所は、通信履歴の保存に関する決定におきまして、次のように述べました。

「市民による自由の行使を完全に捕捉し記録してはならない、ということは、ドイツ連邦共和国において、憲法に基づくアイデンティティーの一部である。これは、テロリズムという危険に直面している今日においても同じである」と。

これは、幸いにも、今日におきましては、ルクセンブルクの欧州司法裁判所の意見とも一致しております。

自由主義諸国のこれからの共通の課題は、こういった技術革新の世の中においても、自由の精神をいかに守っていくかということでありますし、また、日弁連の皆様におかれましては自由の精神を治安当局に対しても守ることです。

監視とはデータを収集することです。監視は常に基本権への介入・侵入を意味します。だからこそ、法律で規制しなければなりません。監視には具体的な理由や目的がなければなりませんし、独立した監督機関による監督がなされるべきことや、一定期間が過ぎたら必ずデータを消去するということが規定されていなければなりません。

それを実際に保障するのが司法の役割です。

監視は、必ず個別ケースに限定されるべきものであり、具体的な危険性があることが条件であり、個々人の私生活の中核領域は可能な限り完全に保護され、効果的な独立した監督機関による監督があるという、非常に厳格な制限を設けて初めて利用が許されるものでなければなりません。

今日におきます個人情報保護の課題というものは、国家による監視だけではなく、民間によるデータの処理、アルゴリズムの力、そして自由対ネット上における個人のコミュニケーションの保護のバランスなどがあり、こういったこと全てがデータ保護に関する法的な規定を求めるものです。

　法的基盤があるからこそ、市民はそれに対応できますし、また、独自に安全措置をとることが必要になります。

　日弁連の皆様が今回選ばれましたシンポジウムのテーマは国家による監視措置についてですが、これは法治国家にとって非常に重要なテーマだと思います。特にテロリズムに対抗するために警察や情報機関による情報収集の範囲が拡大されているからです。だからこそ、ここで制限を設けることが重要だと思います。

　このビデオメッセージは、日本弁護士連合会の皆様と我々ドイツの法曹関係者が、法治国家と自由という共通の精神で結ばれている証としてお送りします。皆様がこのシンポジウムにおいて、今後、この分野で自由をどのように守っていくかを考えてくださると信じております。ご活躍とご健勝をお祈り申し上げます。

（2017年6月12日）

情報は誰のためにあるのか
――おわりにかえて

三宅 弘

1 危機的状況に抗して

(1) 新たな戦時立法の動きに対する日弁連の取り組み

　民主党政権下において、情報公開法改正案の提案がされていたが（日本弁護士連合会の2010年4月30日付け「『情報公開制度の改正の方向性について』に対する意見」、同年7月15日付け「『情報公開制度の改正の方向性について』に対する追加意見書」参照）、政権交代後の自公政権下においては、継続課題とはされなかった。他方、2013年12月に特定秘密保護法が採決強行のうえ制定された。さらに、2014年7月1日の臨時閣議において、集団的自衛権行使容認の閣議決定がなされ、2015年9月には、集団的自衛権の行使を可能とする武力攻撃事態法改正案やPKOの「駆け付け警護」を盛り込んだ国連平和維持活動法改正案など、計10法案の一括改正に加え、海外で他国軍を後方支援する国際平和支援法案からなる安全保障関連法が採決を強行して制定された。その後、2017年6月には、277の行為類型を処罰の対象とするテロ等準備処罰法、いわゆる共謀罪法の採決が強行された。戦前の治安維持法、国防保安法、軍機保護法等は、1945年8月のポツダム宣言受諾によって無効な法律となっていた。これらの動きについては、積極的平和主義の展開という見方もあるが、自衛隊の権限の強化とともに、情報法制に関連する新たな戦時立法が法制化されたという状況にある。

　このような状況において、日弁連は、憲法21条1項の保障する市民の知る権利を具体化し、発展させるために、「情報自由基本法（仮称）」を制定

すべきことを提言してきた（2016年2月18日付け「情報自由基本法の制定を求める意見書」、本書第6章参照）。

さらに、2017年10月に大津市で開催された日弁連の第60回人権擁護大会（以下、大津人権大会という。）シンポジウム第2分科会においては、第一に、「情報は誰のもの？」という問題を憲法理念に基づいて解明した。ここにいう憲法の理念とは、個人が尊重される民主主義社会の実現である。

第二に、拡大し続ける現代監視社会におけるプライバシー権の危機的状況ならびに、現代日本における情報公開と権力監視の不十分さがもたらしている国民主権および知る権利の危機的状況を直視し、それらの状況の深刻さを明らかにした。

第三に、これらの危機的状況を踏まえつつ、個人が尊重される民主主義社会という憲法理念を実現するためのさまざまな対策等をもって、大津人権大会「個人が尊重される民主主義社会の実現のため、プライバシー権及び知る権利の保障の充実と情報公開の促進を求める決議」（https://www.nichibenren.or.jp/activity/document/civil_liberties/year/2017/2017_2.html）として、主として以下の提言を採択した。

1　超監視社会におけるプライバシー権保障の充実
　(1)　公権力が、自ら又は民間企業を利用して、あらゆる人々のインターネット上のデータを網羅的に収集・検索する情報監視を禁止すること。
　(2)　監視カメラ映像やGPS位置情報などを取得し、それを捜査等に利用するに際して、これを適正化するため、新たな立法による法規制を行うこと。
　(3)　捜査機関による通信傍受の対象犯罪を更に拡大し、また、会話傍受を可能とする立法を行わないこと。加えて、通信傍受の適正な実施を監督する独立した第三者機関による監督を制度化すること。
　(4)　市民監視を拡大し、市民の自由を著しく萎縮させるおそれの強い、組織犯罪処罰改正法によって多数新設された、いわゆる「共謀罪」の規定を削除すること。
　(5)　公安警察や自衛隊情報保全隊などの情報機関の監視権限とその行使について、法律により厳格な制限を定め、独立した第三者機関による監督を制度化すること。
　(6)　マイナンバー（共通番号）制度が、あらゆる個人情報の国家による

一元管理を可能とする制度となり、市民監視に利用されることのないよう、制度上・運用上の問題点を明らかにし、廃止、利用範囲の大幅な限定、民間利用の禁止等の対応を行うこと。
2 　知る権利の保障の充実のための情報公開の促進と権力監視の仕組みの強化
　(1)　公的情報の公開、保存及び取得に関し、基本理念と基本事項を定める情報自由基本法（仮称）を制定すること。
　(2)　行政機関の保有する情報の公開に関する法律等を改正し、本来市民が入手すべき情報を、行政機関が恣意的に隠匿できない情報公開制度を確立すること。
　(3)　公文書等の管理に関する法律上、電子データが「行政文書」とされていることを踏まえて、全ての電子データを長期間保存することとし、また、行政文書の恣意的な廃棄等が行われないよう監視するために独立性の強い第三者機関を設けること。
　(4)　秘密保護法について、廃止を含めた抜本的見直しを行うこと。
　(5)　内部告発者の保護を強化するとともに、公益通報制度を周知すること。
　(6)　メディアによる権力監視を一層強化するために、自律的に多様な報道を行うことが促進される仕組みを構築すべきであること。

⑵　超監視社会とプライバシー権・知る権利の意義

　これらの提言を展開するに至った契機は、本書においても詳論したとおり、いわゆるスノーデン・ショックに由来する。2013年 6 月、元NSA（米国国家安全保障局）局員エドワード・スノーデン氏は、米国政府がインターネット関連企業の協力を得て、全世界のインターネット上のデータを監視できる情報環境を作り、秘密裏に活用していた実態を内部告発し、世界を震撼させた。同氏の内部告発は、国家が高度デジタル技術等を用いて国境を越えて秘密裏に個人の行動を過去にまで遡って監視することが可能な社会（超監視社会）の下で、プライバシー権が脅かされている実態と、国家が隠匿していた公的情報が情報公開制度や内部告発等により市民に公開されることの重要性を明らかにした。
　日本においても、インターネット、監視カメラ、GPS装置など、大量の情報を集積する技術が飛躍的に進歩し、マイナンバー制度も創設された。また、改正組織犯罪処罰法により、いわゆる「共謀罪」の規定が多数新設

されたことで、市民に対する監視が強化されることへの懸念も指摘されている。

　公的情報の公開については、特定秘密保護法が施行され、政府が恣意的に情報を隠匿する懸念が高まる中、PKO派遣部隊の日報や加計学園の獣医学部設置の過程文書が不存在扱いされた。また、森友学園への国有地売却経緯に関する交渉記録をすべて保存期間１年未満の文書と曲解して行政機関の判断だけで短期間で廃棄するとともに、その同時期に決裁文書を改竄（改ざん）するなど、情報公開と市民の知る権利を無視する民主主義の危機というべき運用が政府によってなされている。

　このままでは日本は、保護されるべき私的情報が国家により自由に収集・利用され、公開されるべき公的情報が公開されない国になってしまいかねない。パノプティコン（政府による一望管理）と呼ばれる社会化である。こうした現状に歯止めをかけ、個人が尊重される民主主義社会を実現するためには、プライバシー権および知る権利の保障を充実させるとともに、情報公開の促進を図ることの重要性を改めて確認する必要がある。

　人は監視されていると感じると、自らの価値観や信念に基づいて自律的に判断し、自由に行動して情報を収集し、表現することが困難になる。すなわち、プライバシー権および知る権利は、個人の尊重にとって不可欠な私的領域における人格的自律を実現するとともに、表現の自由の不可欠な前提条件となっており、立憲民主主義の維持・発展にも寄与する極めて重要な人権である。私的領域における個人の主体的な自己実現があってこそ初めて自由な表現行為に到達できるのである。

　したがって、大量の情報が集積される超監視社会とも呼ぶべき現代にあって、個人が尊重されるためには、公権力により監視対象とされる個人の私的情報は必要最小限度とし、公権力が私的情報を収集、検索、分析、利用するための法的権限と行使方法等を限定することを定めた法制度を構築すべきである。

　また、個人が尊重される民主主義社会の実現のためには、その手段である民主政の過程が健全に機能しなければならない。代表民主制下において国民が自律的に代表者を選任し政策形成に参加するためには、公的情報が国民に対して十分に公開されていることが不可欠である。そのためには、知る権利の保障の充実と、情報公開を促進する制度の整備が必要である。

あらためて、本書においても紹介した情報自由基本法の制定（https://www.nichibenren. or. jp/activity/document/opinion/year/2016/160218_4. html）や情報公開法・公文書管理法の改正を意義付けておきたい。

　さらに、知る権利の実現には、メディアによる自律的な報道や内部告発による権力監視が大きく奉仕するのであり、弁護士による報道の裏付け証拠のチェック等も含め、これらを萎縮させない仕組みの構築も重要である。違法秘密は「特定秘密」としては保護に値しないという公益通報制度による内部告発者の保護の強化、さらには秘密保護法の廃止を含めた抜本的見直しも求められている。また、いわゆる「共謀罪」の規定の削除や、新しい捜査方法の立法による規制や独立した第三者機関による監督の制度化も必要である。

　こうした知る権利および情報公開の重要性に照らせば、行政機関において重要な政策決定に係る意思形成過程の公的情報は必ず記録・保存させ、恣意的な秘密指定や廃棄を許さず広く公開させるとともに、メディアによる権力監視の仕組みを一層強化して、メディアが自律的に多様な報道を行うことが促進される仕組みを構築する必要がある。

2　公文書管理をどうすべきか

(1)　次々に明らかになる問題

　前記のとおり、日本国憲法施行70周年に当たる2017年、日弁連は、第60回の記念となる人権擁護大会において、危機的状況に抗しつつ、国民主権の理念に則り、平和に生き、個人が尊重される民主主義社会という憲法理念を実現するためのさまざまな対策を掲げた前記1(1)記載の1および2の提言を実現していくことを決議した。

　一方、2017〜2018年にかけて、公文書のあり方を霞が関がいかに理解していないかを明らかにする種々の問題が生じた。その象徴が2014年に集団的自衛権行使容認の閣議決定が行われた際に内閣法制局が作成した国会審議の想定問答資料であった。次長まで上がった電子文書を長官は決裁せず、紙は残さないので行政文書ではないとした。情報公開にも最初、応じなかった。公文書管理法は「組織として共用したものは行政文書」と定める。決裁供覧した文書だけでなく、職員の机の上にあり、本人以外も手に取れ

るバインダーや送信メールの添付ファイルは行政文書である。それゆえ、次長まで上げて一旦「組織として共用したもの」は、公文書に当たる。しかし、法制局の長官ですら、このことを理解していなかった。

　加計学園の問題では、文部科学省から内閣府に出向した職員が「官邸の最高レベルが言っている」という文書をつくり、文科事務次官に上げた。菅義偉官房長官に「怪文書」と言われたが、当該職員と事務次官とで共用したのだから、日付や作成者の名前が書いていなくとも公文書であり、情報公開の対象になる。

　自衛隊の南スーダンPKO派遣にかかる日報は、安全保障法制の国会審議において国論を二分した「駆け付け警護」に関わる貴重な記録である。総括報告を作成したら日報は用済み廃棄できるとして、日報の情報公開請求に対して文書不存在として取り扱うことなど、決してあってはならないことである。調査結果が出るまでに時間がかかり過ぎたことは問題であるが、2017年7月の特別防衛監察による改善策として、情報公開請求の対応を一元的に管理し、「文書不存在」については事後的に検証する運用は評価できる。イラク派遣にかかる日報が、防衛省および自衛隊から顕出されたことは、その改善策の実現でもある。電子データも適正に管理して、情報公開請求に対し、正面から向き合い、できる限り部分的にでも公開して、シビリアンコントロールとその背後にある国民の監視の下での防衛・外交にかかる情報政策が戦略的に構築されるべきである。

　公文書管理にかかる森友交渉記録廃棄問題、加計問題さらに南スーダン日報問題（本書第6章、加計問題については第7章も参照）をふまえて、2017年12月に、公文書管理のガイドラインを見直した。しかし、改正ガイドラインにおいては、会議録は「双方がすり合わせ、上司の決裁を経る」ことになった。スカスカで内容のない文書しか残らなくなるおそれがある。充実した公文書管理のためには、各課に新設した公文書管理官を兼務でまとめて公文書管理庁をつくるのがよいというのが日弁連の意見でもあり、著者の考えでもある。

　しかし、現政権は、特定秘密を扱う独立公文書管理監を局長級に格上げして、その下に担当審議官を配置し、同時に、「公文書監察室（仮称）」を設置して、違法秘密の内部告発にも対処しようとするにとどまる。

　もうすぐ憲政記念館を改築して国会議事堂の前に国立公文書館の新しい

建物が建つのだから、ワンフロアを公文書管理庁にして、米国の国立公文書記録管理局のように全省庁を指示・監督する体制にしてもらいたい。安倍1強の下で膿を出し切るならば、それぐらいの公文書管理法改正はすぐできるはずだと考えたい。

(2) 行政の透明性と説明責任を確保するために

そもそも、1990年代以降、行政の透明性と説明責任が問われるようになり、行政手続法と情報公開法を制定した。情報公開法が施行されるようになるや、今度は官僚が「文書不存在」と言いだした。国立公文書館に文書を移管すると原則公開だから、手元に置いておきたいわけだ。そこで勝手に捨てさせないために公文書管理法をつくった。これが改革の流れだ。

公文書管理法をつくる際、私も与野党の修正協議に関わったが、罰則は入れなかった。どうすれば未来の国民に説明責任を果たせるかを考える法律だし、刑法に公文書変造禁止罪もあるので、まさか判子をついた書類を改ざんするとは思いもしなかった。

公文書改ざん問題をめぐる国会の証人喚問が、大阪地検が財務省理財局長を起訴するかどうかに振り回されている現状を考えれば、コンプライアンスの一部、たとえば改ざんはいけないなどは公文書管理法にも規定化すべきであろう。人事院所管の懲戒処分に免職等の基準を盛り込んで足りるのか、一定期間経過後の検証は必要であろう。

私は公文書管理委員会委員として2017年12月に公文書管理ガイドライン見直しを了承したが、その時点で財務省の決裁文書の改ざんの話は出ていなかった。国会も国民も、この改ざんに、1年間すっかりだまされた。ガイドライン改正だけで、果たして、正確で詳しい公文書が保存されるのか。特に、閣議や省議に準ずる会議の議事録で相手方の確認をとった文書だけを保存するということで、スカスカの空疎な文書しか作成されなくなることは、極めて危険である。2018年7月からの再見直しの作業では、電子メールの長期保存を含む電子公文書の管理体制の整備と、これによる改ざん防止策の確立が喫緊の課題である。

内閣人事局ができ、官僚人事を一元管理し始めたのと、森友問題における財務省による国有財産の売払決裁書の改ざんや隠蔽は無関係ではないだろう。人事局で機動的な人事を始めたことは評価するが、どういう人事上

の基準で審査してその人が選ばれたのかの透明性と説明責任は必要だ。内閣人事局の人事記録は重要な政策決定の記録であるから、公文書として保存、管理され、いずれは利用請求に応じて開示されるべきである。そのためにも、男性女性の別や主観的な人物評価にとどまらない、客観的評価基準が必要である。そして、内閣人事局の透明性の確保のためにも、ジャーナリストや市民による情報公開法や公文書管理法の積極的な活用が求められるのである。

(3) 知る権利の再構成と公文書管理

1(1)で述べた、大津人権大会「個人が尊重される民主主義社会の実現のため、プライバシー権及び知る権利の保障の充実と情報公開の促進を求める決議」において、知る権利を中核とする情報自由基本法の制定と、行政機関が恣意的に隠匿できない情報公開制度の確立と権力監視の強化を求めた。知る権利については、かつてレペタ事件（最大判平成元・3・8民集43巻2号89頁）において、情報の受領を妨げられない権利として認められた。その後、特定秘密保護法22条1項において、同法の適用にあたっては、「国民の知る権利の保障に資する報道又は取材の自由に十分に配慮しなければならない」とする実定法上の用語としても規定された。いわゆるSNS（ソーシャル・ネットワーキング・サービス）の構築された現在は、マスメディアにとどまらず何人においても、取材および報道が可能となった時代でもある。何人も、情報公開法・条例、公文書管理法・条例に基づく、情報収集権である政府情報公開請求権としての知る権利を保有しており、この知る権利は、表現の自由（憲法21条1項）の構成要素として、特定秘密保護法の解釈適用においても尊重される憲法上の権利である。公文書管理もまた、何人にも保障された情報収集権を含むものとしての知る権利の再構成を前提として運用される必要があろう。

日本弁護士連合会第60回人権擁護大会
シンポジウム第2分科会実行委員会

□委員長　　　　三宅　　弘（第二東京）
□副委員長　　　瀬戸　一哉（埼玉）　齋藤　　裕（新潟県）　水谷　敏彦（富山県）
□事務局長　　　吉澤　宏治（山梨県）
□委員（バックアップ委員含む）

清水　　勉（東京）　　　　　　坂本　　団（大阪）
水永　誠二（東京）　　　　　　太田　健義（大阪）
山下　幸夫（東京）　　　　　　豊永　泰雄（大阪）
中村　秀一（東京）　　　　　　石橋　徹也（大阪）
古家　和典（東京）　　　　　　結城　圭一（大阪）
出口かおり（東京）　　　　　　齋藤　亮介（京都）
小川隆太郎（東京）　　　　　　山口　宣恭（奈良）
鈴木　雅人（第一東京）　　　　浅井　勇希（滋賀）
海渡　雄一（第二東京）　　　　新海　　聡（愛知県）
二関　辰郎（第二東京）　　　　藤川　誠二（愛知県）
藤田　　裕（第二東京）　　　　加藤　光宏（愛知県）
牧田潤一朗（第二東京）　　　　石坂　俊雄（三重）
金　　昌浩（第二東京）　　　　芦葉　　甫（三重）
水町　雅子（第二東京）　　　　笠原　一浩（福井）
大島　義則（第二東京）　　　　川本　　樹（金沢）
早川　和宏（第二東京）　　　　平田かおり（広島）
彦坂　敏之（神奈川県）　　　　岸田　和久（鳥取県）
中野　智昭（神奈川県）　　　　武藤　糾明（福岡県）
海渡　双葉（神奈川県）　　　　吉田　俊介（佐賀県）
森田　　明（神奈川県）　　　　岡田雄一郎（長崎県）
瀧田　和秀（千葉県）　　　　　上垣内悦子（大分県）
青木　達也（千葉県）　　　　　齋藤　祐介（沖縄）
角口　貴秋（茨城県）　　　　　野呂　　圭（仙台）
藤本　利明（栃木県）　　　　　田村　智明（青森県）
内山　　宙（静岡県）　　　　　森　　晋介（徳島）

＊記載内容は大会開催時のもの。かっこ内は所属弁護士会

●───執筆者一覧（執筆順）

Edward Snowden（エドワード・スノーデン）　[プロローグ]
　NSA（国家安全保障局）、CIA（中央情報局）、DIA（国防情報局）元局員。2013年6月、アメリカ政府による無差別な個人情報収集の実態を告発し、世界に衝撃を与えた。

田村智明（たむら・ともあき）　弁護士　[第1章]

曽我部真裕（そがべ・まさひろ）　京都大学大学院法学研究科教授　[第2章]

武藤糾明（むとう・ただあき）　弁護士　[第3章1～3]

瀬戸一哉（せと・かずや）　弁護士　[第3章4]

海渡雄一（かいど・ゆういち）　弁護士　[第4章]

Steven Shapiro（スティーブン・シャピロ）　[第5章]
　米国弁護士。ACLU（アメリカ自由人権協会）元リーガル・ディレクター

山口宣恭（やまぐち・のぶやす）　弁護士　[第6章]

清水 勉（しみず・つとむ）　弁護士　[第7章1～3、5・6]

澤 康臣（さわ・やすおみ）　共同通信記者　[第7章4]

Johannes Masing（ヨハネス・マージング）　[メッセージ]
　ドイツ連邦憲法裁判所裁判官

三宅 弘（みやけ・ひろし）　弁護士　[おわりにかえて]

〈翻訳協力〉

[プロローグ]　笠原一浩　金 昌浩　鈴木雅人　二関辰郎　牧田潤一朗

[第5章]　笠原一浩　鈴木雅人　二関辰郎　牧田潤一朗

[メッセージ]　三浦なうか

●──編者
日本弁護士連合会第60回人権擁護大会シンポジウム第2分科会実行委員会

監視社会をどうする！
──「スノーデン」後のいま考える、私たちの自由と社会の安全

2018年9月25日　第1版第1刷発行

編　者──日本弁護士連合会第60回人権擁護大会シンポジウム第2分科会実行委員会
発行者──串崎　浩
発行所──株式会社　日本評論社
　　　　〒170-8474　東京都豊島区南大塚3-12-4
　電　話──03-3987-8621　FAX 03-3987-8590（販売）
　振　替──00100-3-16
　印　刷──精文堂印刷株式会社
　製　本──株式会社難波製本
　装　幀──図工ファイブ

検印省略　©2018 Japan Federation of Bar Associations
ISBN 978-4-535-52357-9

JCOPY 〈(社)出版者著作権管理機構　委託出版物〉本書の無断複写は著作権法上での例外を除き禁じられています。複写される場合は、そのつど事前に、(社)出版者著作権管理機構（電話 03-3513-6969、FAX 03-3513-6979、e-mail: info@jcopy.or.jp）の許諾を得てください。また、本書を代行業者等の第三者に依頼してスキャニング等の行為によりデジタル化することは、個人の家庭内の利用であっても、一切認められておりません。